COORDENAÇÃO EDITORIAL
Ivana Moreira

HABILIDADES SOCIOEMOCIONAIS

Por que essas competências precisam ser desenvolvidas na primeira infância?

Literare Books
INTERNATIONAL
BRASIL · EUROPA · USA · JAPÃO

© LITERARE BOOKS INTERNATIONAL LTDA, 2021.

Todos os direitos desta edição são reservados à Literare Books International Ltda.

PRESIDENTE

Mauricio Sita

VICE-PRESIDENTE

Alessandra Ksenhuck

DIRETORA EXECUTIVA

Julyana Rosa

DIRETORA DE PROJETOS

Gleide Santos

RELACIONAMENTO COM O CLIENTE

Claudia Pires

EDITOR

Enrico Giglio de Oliveira

REVISORES

Samuri Prezzi e Ivani Rezende

CAPA

Victor Prado

DESIGNER EDITORIAL

Victor Prado e Lucas Yamauchi

IMPRESSÃO

Gráfica Paym

Dados Internacionais de Catalogação na Publicação (CIP)
(eDOC BRASIL, Belo Horizonte/MG)

H116	Habilidades socioemocionais: por que essas competências precisam ser desenvolvidas na primeira infância? / Coordenadora Ivana Moreira. – São Paulo, SP: Literare Books International, 2021. 16 x 23 cm
	Inclui bibliografia ISBN 978-65-5922-179-0
	1. Primeira infância. 2. Emoções em crianças. 3. Afeto (Psicologia). I. Moreira, Ivana.
	CDD 618.92

Elaborado por Maurício Amormino Júnior – CRB6/2422

LITERARE BOOKS INTERNATIONAL LTDA.

Rua Antônio Augusto Covello, 472
Vila Mariana — São Paulo, SP. CEP 01550-060
+55 11 2659-0968 | www.literarebooks.com.br
contato@literarebooks.com.br

SUMÁRIO

7   FILHOS MELHORES PARA O MUNDO
Ivana Moreira

9   PREFÁCIO
Bete Rodrigues

13   A CRIANÇA INTERIOR
Amanda Gamero

21   A FORÇA DE UMA MÃE
Ana Paula S. Alves

29   MAIS HARMONIA E CONEXÃO FAMILIAR ACESSANDO A INTELIGÊNCIA DO CORAÇÃO
Anne-Françoise Kaufmann

37   AUTONOMIA - DANDO ASAS E ORIENTANDO O VOO
Blenda Lima

43   FAMÍLIA E ESCOLA NA CONSTRUÇÃO DAS HABILIDADES SOCIOEMOCIONAIS
Bruna Biazoto

51   *BRAINSPOTTING*: UMA ABORDAGEM REVOLUCIONÁRIA PARA TRATAMENTO DE TRAUMAS
Conceição Santos

57   A IMPORTÂNCIA DO AMBIENTE ESCOLAR NO DESENVOLVIMENTO DA PRIMEIRA INFÂNCIA
Cristina Martinez

63   APRENDIZAGENS QUE POSSIBILITAM OUTRAS
Daniela de Moraes Garcia de Abreu

71   APRENDENDO A FALAR E A SE RELACIONAR
Deborah Zarth Demenech

79   AS HABILIDADES SOCIOEMOCIONAIS, A CRIANÇA E O PAPEL DA FAMÍLIA
Fabiana Nunes Ribas

87   A VIDA É UM PARQUE DE DIVERSÃO. VOCÊ ESTÁ PRONTO PARA BRINCAR?
Gabi Moutinho

95   USO ABUSIVO DE TECNOLOGIA NA PRIMEIRA INFÂNCIA
Gabriella Di Girolamo Martins

103   HABILIDADES SOCIOEMOCIONAIS NA PRIMEIRA INFÂNCIA
Gladys Garcia

111   TUDO COMEÇA COM OS PAIS, NÃO TEM OUTRO CAMINHO. É PRECISO TER ESSA CONSCIÊNCIA.
Graziela Paiva

119   O MENINO QUE DEMOROU A DESENVOLVER HABILIDADES NA VIDA
Isadora Farias Carvalho Lacerda

125   MERGULHANDO NAS EMOÇÕES
Ivana Freitas de Oliveira

133   NA DÚVIDA: BRINQUE!
Jemna Musser Leal Rhoden

141   A PRIMEIRA INFÂNCIA E OS PRINCÍPIOS DA FORMAÇÃO DA PERSONALIDADE
José Antonio Pinto e Ednaldo José da Silva

149   AUTORREGULAÇÃO DO ADULTO: FORMA DE APRENDIZAGEM DE EQUILÍBRIO E RESILIÊNCIA NAS CRIANÇAS
Juliana Viero

157   APRENDENDO COOPERATIVAMENTE NA PRIMEIRA INFÂNCIA
Lea Veras e Natália Ghidelli

165   HABILIDADES SOCIOEMOCIONAIS E A MÚSICA
Léia Maria Galioni Grechi

173   OS BENEFÍCIOS DA COOPERAÇÃO POSITIVA
Lucélia Castro

179   O DESENVOLVIMENTO SOCIOEMOCIONAL E O AMBIENTE ESCOLAR NA PRIMEIRA INFÂNCIA
Luciene Santos

187 ESCOLA E FAMÍLIA JUNTOS NO DESAFIO DE DERRUBAR MUROS E CONSTRUIR
PONTES
Luís Antônio Namura Poblacion

195 COMO DESENVOLVER AS HABILIDADES SOCIOEMOCIONAIS A PARTIR DE UMA
PARENTALIDADE CONSCIENTE
Rejane Villas Boas Tavares Corrêa

201 O "FELIZES PARA SEMPRE" NA PRIMEIRA INFÂNCIA
Roberta Nascimento Soares

209 UM CAMINHO PARA O DESENVOLVIMENTO DAS HABILIDADES SOCIOEMOCIONAIS
NA PRIMEIRA INFÂNCIA
Sandra Silva

217 FELICIDADE E HABILIDADES SOCIOEMOCIONAIS: QUAL A RELAÇÃO ENTRE ELAS?
Sarah Marins

225 NEUROCIÊNCIA DAS EMOÇÕES E SUA CONEXÃO COM A APRENDIZAGEM
Suelen Braga

231 TRANSTORNO DO DÉFICIT DE ATENÇÃO E HIPERATIVIDADE (TDAH) E A SUA
RELAÇÃO COM AS HABILIDADES SOCIOEMOCIONAIS
Viviane Vieira Kreusch

241 A BNCC E AS EMOÇÕES NA PRIMEIRA INFÂNCIA
Viviani Amanajas

FILHOS MELHORES PARA O MUNDO

Nunca se falou tanto sobre habilidades socioemocionais. Hoje, compreendemos que essas capacidades – que ultrapassam a dimensão cognitiva e envolvem de forma mais profunda o lado emocional e psicológico de todo ser humano – são fundamentais para a formação de um cidadão e para o convívio em sociedade.

Ouvi pela primeira vez o termo "alfabetização emocional" há alguns anos, numa palestra da psicóloga mineira Patrícia Nolêto, autora do livro *Filhos em construção* e uma das idealizadoras dos *workshops* "Treinamento de Pais". Foi a especialista quem chamou minha atenção para a necessidade de ensinar às crianças, desde a primeira infância, a reconhecer e lidar com as próprias emoções.

Meus dois filhos, Pedro e Gabriel, já são adolescentes. Eu ainda me preocupo com as notas que eles tiram na escola. Quero, naturalmente, que eles sejam capazes de absorver o conteúdo proposto e possam progredir de série com os colegas da mesma faixa etária. Mas me preocupo principalmente com a capacidade que eles têm (ou não) de lidar com as emoções. Quantos jovens chegam ao fim do ensino médio com notas espetaculares, totalmente preparados para o vestibular, mas incapazes de lidar com as outras pessoas e superar os desafios da vida?

Não quero que isso aconteça com os meus meninos. Depois de entrevistar muitos especialistas, das mais diversas formações, e de ler muito a respeito do tema, estou convencida de que contribuir para o desenvolvimento das habilidades socioemocionais de uma criança deveria ser a prioridade de toda mãe, de todo pai. Não é tarefa simples. Até porque, para contribuir no desenvolvimento dos filhos, é preciso que esses pais prestem atenção no desenvolvimento das próprias competências socioemocionais.

Desenvolver habilidades e competências emocionais desde os primeiros anos da vida ajuda a formar crianças mais empáticas e felizes. Uma criança capaz de reconhecer os seus sentimentos, e expressá-los, consegue tirar melhor proveito de seus "recursos internos" para buscar o bem-estar próprio e também o bem-estar coletivo.

Não por acaso, o desenvolvimento das habilidades socioemocionais consta da Base Nacional Comum Curricular (BNCC), o conjunto de normas que todas as redes de ensino do país, públicas e privadas, são obrigadas a cumprir para elaboração dos currículos escolares e das propostas pedagógicas. Naturalmente, a escola é ambiente propício para a alfabetização emocional dos pequenos. Mas o trabalho não pode se resumir aos muros da escola. Os pais têm papel fundamental neste processo.

Nesta obra, profissionais experientes no desenvolvimento das habilidades socioemocionais discorrem sobre a importância e dão dicas de como os pais podem contribuir por meio de atividades simples, que trabalham as competências dos pequenos (e também dos adultos).

Se você, como eu, quer criar filhos melhores para o mundo, certamente vai encontrar, nas próximas páginas, motivação e inspiração para ensinar seus filhos a falar sobre emoções, a acolher tanto as próprias necessidades quanto as necessidades do outro – e serem muito mais felizes.

Ivana Moreira é jornalista, educadora parental e mãe de dois meninos, Pedro e Gabriel. Passou por alguns dos maiores veículos e comunicação do país: jornal O Estado de S. Paulo, jornal Valor Econômico, rádio Bandnews FM, tevê Band Minas, jornal Metro e revista Veja. Em 2015, fundou a Canguru News, plataforma de conteúdo sobre infância. Tem três certificações internacionais como educadora parental: pela The Parent Coaching Academy (Inglaterra), pela Escola da Parentalidade e Educação Positivas (Portugal) e pela Discipline Positive Association (Estados Unidos).

PREFÁCIO

Foi com muita alegria que aceitei o convite para escrever o prefácio deste importantíssimo livro sobre habilidades socioemocionais. Apesar de termos ouvido falar muito sobre esse tema, poucos são os bons livros de referência em português para mães, pais e educadores que querem compreender melhor esse conceito e ajudar seus filhos e alunos a desenvolverem habilidades sociais e emocionais em suas próprias vidas.

Vários pesquisadores dedicaram seus estudos no "biopsicossocial", como, por exemplo, Wallon, Piaget, Vygotsky, Adler entre outros. Howard Gardner deve ter sido um dos primeiros a mencionar a inteligência **interpessoal** (ou social) e a inteligência **intrapessoal** (ou emocional) em seu livro *Multiple Intelligences- the Theory in Practice,* lançado em 1993, quando definiu a teoria das inteligências múltiplas.

Em 1995, Daniel Goleman, em seu livro *Emotional Intelligence* (Inteligência emocional), se debruçou sobre esse conceito que havia sido desenvolvido inicialmente por Peter Salovey e John Mayer.

Goleman foi um dos fundadores do que viria a ser uma das maiores referências de estudos sobre Aprendizagem Socioemocional (SEL): a CASEL – *Collaborative for Academic, Social and Emotional Learning* (Aprendizagem Colaborativa, Acadêmica, Social e Emocional) - organização internacional, fundada em 1994 e sediada em Chicago, EUA.

A CASEL identifica cinco competências essenciais que "educam os corações, inspiram as mentes e ajudam as pessoas a navegar no mundo de forma mais eficaz":

- *Self-awareness* – Autoconsciência/autoconhecimento – Você se conhece?
- *Self-management* – Autorregulação/autogerenciamento – Você controla suas emoções/pensamentos/comportamentos?
- *Social awareness* – Consciência social/Empatia – Você compreende os outros?
- *Relationship skills* – Habilidades interpessoais ou sociais/de relacionamento – Você tem relacionamentos positivos (saudáveis e gratificantes)?
- *Responsible decision making* – Tomada de decisão responsável – Você pratica a tomada de decisões responsável/faz escolhas construtivas?

Segundo essa organização, "a aprendizagem socioemocional (SEL) é parte integrante da educação e do desenvolvimento humano. ASE/ SEL é o processo pelo qual todos os jovens e adultos adquirem e aplicam os conhecimentos, atitudes e habilidades necessárias para desenvolver identidades saudáveis, gerenciar emoções e atingir objetivos pessoais e coletivos, sentir e demonstrar empatia pelos outros, estabelecer e manter relacionamentos de apoio e tomar decisões responsáveis e cuidadosas. A SEL promove a igualdade e a excelência educacional por meio de parcerias autênticas entre escola, família e comunidade para estabelecer ambientes de aprendizagem e experiências que apresentam relacionamentos de confiança e colaboração, currículo e instrução rigorosos e significativos e avaliação contínua. A SEL pode ajudar a abordar várias formas de desigualdade e capacitar jovens e adultos a cocriar escolas prósperas e contribuir para comunidades seguras, saudáveis e justas."

Não faz muito tempo que o foco da educação estava exclusivamente no desenvolvimento das competências cognitivas e produtivas. O objetivo da escola era quase que exclusivamente ensinar conteúdos acadêmicos, fornecer informações científicas, embasadas em teorias sólidas (aprender a conhecer). Alguns cursos também ensinavam ofícios, habilidades específicas para que os jovens aprendessem competências "produtivas" (aprender a fazer) e se preparassem para o mercado de trabalho.

Em 1996, Jacques Delors coordenou a elaboração do relatório para a Unesco da Comissão Internacional sobre Educação para o século XXI: Educação – um tesouro a descobrir (*Learning: the treasure within*), no qual apresentou os quatro pilares da Educação:

- Aprender a conhecer;
- Aprender a fazer;
- Aprender a viver juntos, aprender a viver com os outros (conviver);
- Aprender a ser.

Observem que era o começo de uma preocupação mundial em preparar as próximas gerações para o desenvolvimento de habilidades sociais (o conviver) e emocionais (aprender a ser).

Existem diversos programas para desenvolver habilidades socioemocionais pelo mundo. No Brasil, esses programas estão sendo incentivados pela Base Nacional Comum Curricular (BNCC) que recomenda o desenvolvimento de dez competências essenciais. Destaco:

8. Autoconhecimento e Autocuidado – cujo objetivo é cuidar da saúde física e emocional, reconhecendo suas emoções e a dos outros, com autocrítica e capacidade para lidar com elas.

9. Empatia e Cooperação – cujo objetivo é fazer-se respeitar e promover o respeito ao outro e aos direitos humanos, com acolhimento e valorização da diversidade, sem preconceito de qualquer natureza.

10. Responsabilidade e Cidadania – cujo objetivo é tomar decisões com princípios éticos, democráticos, inclusivos, sustentáveis e democráticos.

Mais de duas décadas de pesquisa demonstram que a educação que promove a aprendizagem socioemocional dá resultados concretos na vida escolar:

- Melhora no comportamento - autodisciplina, motivação, compromisso, participação;
- Melhora no aprendizado e nos resultados acadêmicos;
- Melhora na vida pessoal e nos relacionamentos interpessoais;
- Redução no absenteísmo - maior presença = maior aprendizado;
- Redução taxa de evasão escolar;
- Redução em advertências e expulsões;
- Alunos se sentem mais conectados às escolas;

- Há um retorno dos investimentos (prevenção);
- Aumenta mobilidade socioeconômica;
- Alunos relatam aumento no senso de autoestima, cooperação, perseverança, empatia, habilidades de comunicação entre outras habilidades.

Desenvolver habilidades socioemocionais significa desenvolver habilidades essenciais que podem determinar o sucesso na vida de um indivíduo, mais do que habilidades cognitivas. Portanto, agradeço a dedicação de cada um dos coautores desta obra, que generosamente compartilharam seus conhecimentos, reflexões e experiências acerca de uma educação integral, não apenas voltada para aspectos acadêmicos. Espero que, como mães, pais e educadores possamos aplicar com sabedoria esses conteúdos em nossas vidas pessoais e profissionais.

Bete P. Rodrigues é mãe desde 1997, madrasta experiente e atualmente "vódrasta" de um lindo garotinho. Atua na área da Educação há mais de 35 anos, tem mestrado em Linguística Aplicada (LAEL – PUC-SP) e, atualmente, é palestrante, coach para pais, consultora em educação e professora da COGEAE – PUC-SP desde 2006. Tem larga experiência como professora, coordenadora e diretora pedagógica em diferentes contextos (escolas de línguas, escolas particulares e públicas, ONGs). É trainer em Disciplina Positiva para profissionais da Educação e da Saúde, certificada pela Positive Discipline Association e tradutora de sete livros da série Disciplina Positiva entre outros materiais. Criadora do curso de Formação Integral de Educação Parental.

1

A CRIANÇA INTERIOR

Alguém, alguma vez, ouviu que é preciso cuidar da criança interior? Essa figura é uma parte simbólica da psique, que se manifesta inconscientemente no adulto, quando se comporta de maneira infantilizada, e surge inconscientemente. De fato não há quem seja totalmente desenvolvido. O autoconhecimento é fundamental para o resgate da criança interior, na busca de autonomia e um viver saudável.

AMANDA GAMERO

Amanda Gamero

Advogada, graduada pela Universidade Ibirapuera-Unib; e psicóloga, graduada pela Faculdade Anhanguera de São Bernardo. Pós-graduada em Psicologia Jurídica pela Universidade Venda Nova do Imigrante-Faveni, docente da disciplina de Sociologia ministrada para o Ensino Médio, escritora e poetisa, autora da obra *Relacionamentos descartáveis: um olhar psicanalítico na mudança dos afetos e o impacto no psiquismo humano*, publicada em 2020, e coautora na obra *Habilidades Psicoemocionais: por que essas habilidades precisam ser desenvolvidas na primeira infância?*, publicada em 2021 pela editora Literare Books.

Contatos
amandagameropsi@gmail.com
11 95210 2076

Quem não ouviu dizer ser preciso cuidar da criança interior? Que existe um aspecto infantil dentro de cada um? Que a criança interior está ferida? O conceito de criança interior é simbólico e está associado a padrões de comportamento do sujeito.

A infância remete a palavras como brincadeiras, liberdade, espontaneidade, pureza, travessuras, ingenuidade e instintividade. Nesse período, o sujeito está em formação, absorve aquilo que está em seu ambiente, obtém aprendizado social, desenvolvimento psicomotor, cuidado recebido pelos pais ou cuidadores. Esse conjunto influenciará na construção da personalidade da criança.

Discorrer sobre infância é uma tarefa desafiadora, pois engloba circunstâncias salutares e não salutares na formação da personalidade do sujeito e comportamento na vida adulta. A criança interior é uma parte arquetípica que ficou recalcada e, na maioria das vezes, se apresenta inconscientemente no cotidiano. Qual adulto nunca teve um comportamento infantil? Quem nunca viu um adulto fazer birra ou alguma traquinagem? Certamente isso é muito comum.

Por vezes, a compleição infantil revisita de uma forma reversa quando o sofrimento psíquico é latente, ou seja, está oculto na psique e se manifesta inconscientemente. O que isso significa? Quer dizer que o comportamento do sujeito tem ligação com esses aspectos infantilizados destrutivos em razão de um trauma[1] que, embora não aparente, pode ser comparado a uma ferida aberta.

É preciso compreender o que a criança interior deseja comunicar. Essa comunicação aparece no adulto em forma de comportamento para anunciar carência afetiva, sensação de não pertencimento familiar ou em outro grupo social, maus-tratos, insegurança, medo, abandono, situações de abuso psicológico, físico ou sexual, dentre outras questões.

É fato que não existe ninguém que passe pela vida sem marcas, sem traumas. O importante é o que será feito disso e qual o significado será atribuído para ser possível um viver mais saudável.

A criança simbólica na psique

O conceito de criança interior é simbólico. Trata-se de um lugar do aparelho psíquico que armazena experiências infantis e que aparece no adulto em forma de comportamento. A infância é uma construção que se edifica até a adolescência, mas quando ocorre a passagem para a vida adulta, para onde foi a criança interior? Ela

---

1 Trauma significa ferida.

ficou recalcada no sujeito e se mostra em diversas facetas. Nas palavras de Winnicot (2013, p. 10), não é possível afirmar que o desenvolvimento da psique e do corpo do bebê irá se formar de modo satisfatório.

Pensar em infância é esbarrar em sentimentos de liberdade, autenticidade, pureza, felicidade e se lembrar de travessuras, inconsequências. A criança, ainda em formação, age instintivamente e não possui juízo de valores ou a capacidade de avaliar profunda e analiticamente a realidade, enquanto gradualmente incorpora conceitos como certo e errado, ética, moral (WINNICOTT, 2013, pp. 48-49).

É no brincar que o pequeno sujeito se desenvolve, na brincadeira de fazer de conta, na fantasia, nas histórias que imagina, que muito diz a respeito de si e de seus aspectos sublimemente quando, após os dois anos se concebem mentalmente, o que reverbera na recreação (WINNICOTT, 2013, pp. 25-26).

Toda criança necessita de alguém que fará a figuração materna e paterna e isto independe do sexo e do gênero do sujeito. Pode ser que esse papel seja exercido por uma cuidadora ou um parente próximo, como um tio ou um avô que acolhe esse bebê no mundo. São mães e pais, sejam biológicos ou não, que vão segurar essa criança, amparar nos braços, olhar dentro dos seus olhos no momento da amamentação, fato muitíssimo importante, aqui entendido que o alimento emocional é essencial tanto quanto a necessidade de alimentá-la com o leite (WINNICOTT, 2013, pp. 21).

O amamentar é uma maneira de segurá-la, protegê-la, à medida que a necessidade securitária é básica para qualquer sujeito. A necessidade de receber amor e de pertencimento são condições fundamentais para um desenvolvimento infantil saudável (WINNICOTT, 2013, pp. 21).

Quando uma criança não recebeu um ambiente seguro, sentirá o mundo como um lugar inóspito, inseguro para viver e se expressar. Se houve falta de carinho, toque, afago, beijo, abraço, a ausência da comunicação física, como as batidas do coração e a respiração da mãe, o embalar o bebê, olhá-lo como se fosse seu espelho, não se sentirá pertencente ao ambiente. No caso de escassez de amor, soará como se não fosse bem-vinda, seja em meio a um relacionamento, o que inclui as relações interpessoais de maneira geral. (WINNICOTT, 2013, pp. 88-89).

O período que se denomina primeira infância, do nascimento aos seis anos de vida, é crucial na constituição emocional e psicológica do sujeito, pois se lhe foi proporcionado um ambiente inseguro, ou recebeu atenção, carinho e amor insuficiente, poderá acarretar sulcos em sua alma (WINNICOTT, 2013, pp. 6).

Um adulto traumatizado tem sua criança interior ferida. Uma vez ocorrido o trauma, não existe possibilidade de ser apagado. Ainda que possa ser recalcado ou esquecido, o efeito surtirá na personalidade e no comportamento. Ao que parece, existe uma tendência de que as situações traumáticas se repitam. E, enquanto não for atribuído um novo significado a essa ferida, haverá sofrimento. Nesse sentido, uma psicanálise bem-sucedida servirá para desenrolar os nós, liberar os processos evolutivos e as tendências hereditárias do sujeito (WINNICOTT, 2013, pp. 90-91).

Se não é possível apagar um trauma, é viável lidar de uma maneira mais saudável, de modo que o adulto não fique refém de si. Nesse sentido, Winnicott (2013, pp. 79-80) infere que tudo aquilo que fez parte da experiência do sujeito não se perde, ainda que fique em plano inalcançável à consciência.

Nesse sentido, Winnicott (2013, p. 6) afirma que "existem muitas razões pelas quais algumas crianças são atingidas, antes que sejam capazes de evitar que sua personalidade seja ferida ou lesada por algum acontecimento". Assim, é importante pensar na motivação em gerar filhos, conforme se passa a expor.

Para que ter filhos?

A cultura religiosa transmite a ideia de que é preciso gerar para dar continuidade à família e deixar descendentes e um legado. De fato, conforme assevera Winnicott, (2013, p. 46), "a vida psicológica do indivíduo não tem início exatamente no momento em que ele nasce, pois, primeiramente, foi concebido mentalmente".

Pode ser simplesmente por uma vontade que nasceu naturalmente ou por questões sociais, visto que culturalmente aceite o fato de que as pessoas devem se casar e ter filhos, ou, como inferiu Winnicott, (2013 pp. 43-44), foi o filho concebido por acidente "que deixa os pais inicialmente surpresos, quando não aborrecidos, devido aos imensos distúrbios que isso traz para suas vidas", quando se refere à gravidez não planejada ou não desejada.

A maternidade e a paternidade não são nada simples e românticas como se banaliza comumente. Os pais se constroem em seus papéis de genitores. É necessário um "seio bom"[2] para haver um desenvolvimento infantil satisfatório (WINNICOTT, 2013, p. 21).

Muitos genitores não estavam preparados para a maternidade ou paternidade, seja por questões psicológicas, como falta de amadurecimento, seja porque não planejou a gravidez ou qualquer outro motivo. Muitas crianças sofrem abandono de pais, como se fossem órfãs de pais vivos que não deram conta de exercer essa missão. Fato é que nem todas as crianças terão lares saudáveis (WINNICOTT, 2013, pp. 66-67).

Não é incomum encontrar mães e pais que projetam[3] seus desejos frustrados em seus filhos. Protegem excessivamente ou maltratam, porque foram maltratados. A projeção, em linhas gerais, é atribuir a outra pessoa aspectos de si (ZIMMERMANN, 1999, p. 103).

Após discorrer sobre os aspectos que envolvem a maternidade e a paternidade, passa-se a analisar de que forma a criança interior surge ferida e o que fazer para seu resgaste. Winnicott (2013, p. 6), menciona que pode ocorrer que a mãe não possa dedicar-se integralmente aos cuidados do bebê.

Quando a criança interior está ferida

Existem várias hipóteses em que as crianças podem ser atingidas antes que sejam capazes de evitar que sua personalidade seja lesionada, visto que existem condições que não são premeditadas e que afetam a vida psicológica do sujeito (WINNICOTT, 2013, p. 6).

Quando a família é mal-estruturada, existe a possibilidade do desencadeamento da identificação projetiva uns nos outros, e os papéis de mãe, pai e filho podem ficar confusos ou borrados (WINNICOTT, 2013, p. 104).

A família bem estruturada apresenta condições básicas tanto na distribuição dos papéis como na posição e manutenção dos mesmos, a fim de fomentar um clima de

---

2 Seio bom significa a maternidade e a paternidade que foram satisfatórias (WINNICOTT, 2013, p. 21).

3 Identificação Projetiva é um mecanismo de defesa do ego e se manifesta de forma inconsciente, quando aspectos do sujeito são negados e atribuído a outros.

liberdade e respeito. É fato que quando se forma uma família, cada membro levará de maneira internalizada a representação de suas famílias originais dotadas de valores, modelos e conflitos. Existe grande possibilidade de que os pais sejam reeditados em seus filhos, fator chamado de transgeracionalidade (ZIMMERMANN, 1999, p. 104).

Crianças que viveram um ambiente não acolhedor e se traumatizaram experimentaram grande desconforto emocional, ansiedade, medo, insegurança. Assim, o que aconteceu na tenra idade não fica na infância. E o adulto carrega a criança sofrida, maltratada e ferida até que seja possível pegá-la pela mão, acolhê-la e proporcionar a segurança, o amor e o carinho que a ela faltou e lhe mostre que, a partir desse momento, é o adulto que fará frente para segurá-la e ampará-la (WINNICOTT, 2013, p. 53).

Os traumas podem ocorrer quando a criança não se sente compreendida. E no seu ambiente, os provedores ou figuras objetais oferecem um ambiente ameaçador, excitante em demasia ou perturbador (ZIMERMAN, 1999, p. 111).

Winnicott (2013, p. 37) trouxe à luz o conceito da mãe suficientemente boa, que significa que não gratificará nem frustrará o bebê excessivamente. Mesmo assim, algumas vezes, a criança experimentará a sensação da fralda suja, até que seja possível ser trocada. Haverá situação de espera pela mãe, pois não será possível atendê-la de imediato (WINNICOTT, 2013, p. 52).

É preciso estar atento aos sinais, principalmente quando essa criança toma o lugar do adulto, que conduzirá sua vida e suas relações imaturamente. Inúmeras são as situações em que a criança interior ferida ou que sofreu trauma se manifesta e o sujeito tentará elaborar a ferida para aliviar a angústia (ZIMMERMANN, 1999, p. 113).

Quando a criança interior grita, os seus aspectos não saudáveis prevalecem. É preciso resgatar a criança, trazer para o presente para que esse sujeito se permita crescer e amadurecer. No íntimo, o trauma está ligado a alguma forma de violência, muitas vezes cometida de maneira sutil ou silenciosa (ZIMMERMANN, 1999, p. 114).

Considerações finais

Pelo exposto, é possível inferir que o grupo familiar é o grande responsável a determinar o bem-estar ou o mal-estar de saúde mental do sujeito. Isso dependerá se houve um ambiente facilitador para a criança e se suas necessidades foram atendidas. Destaca-se a importância das figuras objetais, aqui denominadas como mãe e pai, ou aqueles que fizeram o papel dessas figuras.

É necessário cuidar da criança interior. Dizer-lhe que a partir de agora é o adulto que está à frente. Metaforicamente, é dizer para si: "Venha comigo, eu a acolherei. Darei a você, atenção, amor, afetos e lhe suprirei naquilo que lhe faltou, numa atitude de amor e perdão consigo".

Se em algum tempo houve negligência e permissão para que a criança fosse ferida, abusada, maltratada, quando o aspecto negligenciado e adoecido emerge à consciência, é possível agir diferente. Metaforicamente, é preciso segurar a criança pela mão e dizer-lhe: "estou aqui para você e por você!". Quem falará não é aquele sujeito indefeso do passado, mas o adulto que se desenvolveu.

Uma atitude positiva, assertiva e desenvolvida consigo pode levar a um melhor conhecimento de si. Tratar-se de maneira responsável e com responsabilidade emocional.

Manter um olhar saudável para si mesmo é de fundamental importância. É o primeiro passo para promover o bem-estar. Quando colocada luz nas questões internas, o sujeito conduzirá e não será conduzido pela criança interior, pois terá consciência de que essa criança é um aspecto de si mesmo que merece atenção e cuidado e que é possível ser suficientemente bom consigo.

Referências

WINNICOTT, D. W. *Os bebês e suas mães.* São Paulo: Martins Fontes, 2013.

ZIMMERMANN, D. E. *Fundamentos psicanalíticos: teoria, técnica e clínica.* Porto Alegre: Artmed, 1999.

2

A FORÇA DE UMA MÃE

A força de uma mãe começa com a constante busca de amar e ser amada, mas esse é um processo que, para começar, é necessário primeiro descobrirmos a mulher que nos tornamos após a maternidade e educá-la com valores que encontramos durante essa jornada.

ANA PAULA S. ALVES

Ana Paula S. Alves

Esposa, mãe atípica do Murilo, um menino adolescente e especial; da Duda, uma moça já na fase de vestibular. Educadora parental, formada pela Parent Coaching Brasil, hipnóloga clínica, *coach* formada pelo IBC, analista comportamental pelo IBC (Instituto Brasileiro de Coaching), especialista em *Coaching Teen* pela Parent Brasil, extensão em Mentalidade de Desenvolvimento Contínuo na PUC com Leandro Carnal e Ándre Duah, graduanda em psicopedagogia. Diretora e coordenadora do Instituto AME. Fundadora do CEVITEC (Centro de vivência transformadora em educação e coaching) e idealizadora do Programa Força de Uma Mãe.

Contatos
www.psacoachingparental.com
psacoachongparental@gmail.com
Instagram: @anapaula_santanaalves / @cevitec_
11 94494 3660
11 95185 8952

A força de uma mãe está no seu aprendizado, não somente nos seus acertos.
Nessa linda jornada, encontrei muitas dificuldades em entender a mulher que me tornei após ser mãe. Encontrei-me com sentimentos e sentidos que jamais pensei que seriam tão grandes e fortes dentro de mim.

Quando nos tornamos mães, percebemos que muitas coisas mudam em nós. Já *não vamos mais conseguir ser a mesma mulher de antes*. Os sentidos e os significados que tínhamos *já não são mais os mesmos, e tudo se* torna intenso e diferente.

Com toda franqueza, ser mãe é umas das coisas mais fascinantes e nobres que descobri em minha vida. Também é um dos maiores desafios que passamos diariamente.

Muitas vezes pensei que estar no controle, principalmente do *sim* e do *não* resolveria muitas coisas. Em outras pensei: "o que realmente significa o sim e o não?"

Achei que ser mãe era mais fácil. Entretanto esse amor que toma conta de nós transforma nossa identidade, porque ser mãe é se tornar um ser humano melhor para o mundo, porque reconhecemos em nós coisas que jamais pensaríamos que tivéssemos. E acredite, buscar e conhecer a sua melhor versão é incrível.

Entraremos em uma jornada de reflexões da beleza da maternidade? Para começar com esse processo, é necessário descobrirmos a mulher que existe em cada uma de nós.

"Era uma vez uma mulher, quando de repente... ficou grávida (com ou sem planejamento), mas uma coisa é certa: essa mulher está sendo transformada. Além do físico, essa mudança é complexa e duradoura."

Reflita:
Você se lembra da mulher que era antes de ser mãe?

_____

_____

O que esse papel da maternidade lhe trouxe. No que ela a transformou?

_____

_____

Ser mãe é um convite irrecusável que a vida nos traz com novos aprendizados, os quais nunca aprenderíamos se não fôssemos mães.

No entanto você que está aqui lendo tudo isso quer entender qual é sua grande oportunidade.

É uma oportunidade de autoconhecimento insubstituível.

Ser mãe é algo que aprendemos enquanto somos. Um mundo de questões começa a surgir, e todas as dúvidas são aprendizados e não podemos ter vergonha de não saber como lidar com as situações que nos está sendo apresentada. Portanto, a forma que buscamos as respostas é a forma que buscamos as melhores escolhas. É preciso se libertar da fortaleza que criamos muitas vezes para não sermos julgadas e nos dar a oportunidade de buscar respostas enquanto nos questionamos.

Na maioria das vezes, podemos tomar algumas decisões precipitadas, tentando nos livrar da pressão dos conflitos. Dessa forma perdemos o que há de mais importante, que é a oportunidade da vivência.

Uma educação de valores

A educação nasce dos valores, que é uma prática cotidiana, o primeiro passo para que os bons valores se apresentem no seu papel de mãe.

É saber qual é seu mundo.

Digo tudo isso porque temos, como pais, uma exigência muito grande em conhecimentos e respostas. *É exposta* na sociedade em julgamentos e condições sobre como cuidar de nossos filhos. A maioria de nós veio de uma educação dos anos 70 e 80, completamente diferente ao que se retrata atualmente.

Assumo que resisti muito ao fato de não criar meus filhos com a mesma rigidez e regras com as quais fui criada, mas como seres que replicamos o que aprendemos, quando percebi estava fazendo as mesmas coisas com meus filhos. Por exemplo:

Sou a adulta e estou no controle, eles são só crianças e estão aqui para obedecer. Certo? Então:

— Faça isso porque estou mandando.

— Não estou perguntando o que você quer, faça isso agora mesmo!

— Se não quer ver seus brinquedos no lixo, então guarde logo.

— Para ser algo bom na vida, precisa estudar e ir bem na escola.

Estava replicando exatamente aquilo que eu não queria, e o mundo da maternidade no qual eu sonhava era completamente diferente daquele que eu estava praticando. Mas essa virada de chave aconteceu quando percebi que eu não educava minha filha, e sim criava o que a sociedade dizia ser o correto. E eu não sabia praticar outra coisa. Foi quando entendi que eu preciso procurar em mim a força da mãe que eu queria ser para meus filhos.

Quando conheci a Parentalidade Consciente e aprendi que educar com consciência significa educar com meus instintos e sonhos, de ter filhos felizes e seguros, do que educar com medo, autoridade e opiniões dos outros. Para isso acontecer, precisamos nos autoconhecer e conhecer nossos valores.

O que são valores?

Os valores que vamos ver a seguir nos auxiliam a lidar com erros e acertos, e nos dá a direção para onde queremos levar nossos filhos.

Como diz a música de Milton Nascimento: "Há de se cuidar do broto para que a vida lhe dê flor e frutos".

O sentido dessa prática pode vir mais tarde com a maturidade, mas o hábito precisa começar cedo.

Entenderemos um pouco sobre o que são valores.

Os valores são importantes, pois eles sustentam aquilo que pensamos; e tudo o que você faz tem um valor por trás. Podemos até dizer que, quando estamos com valores claros, eles são a motivação dos nossos esforços diários. E garanto que esse é um ótimo exercício para ter e buscar as respostas, principalmente para transparecer o seu próprio jeito de ser.

A seguir, colocarei algumas palavras e você pode circular ou sublinhar no máximo cinco palavras que se conectam com você. Elas são:

Diversão	Amor	Família	Aprendizado
Realização	Compaixão	Plenitude	Felicidade
Harmonia	Segurança	Igualdade	Paz
Equilíbrio	Honestidade	Fé	Espiritualidade
Solidariedade	Força	Pontualidade	Disciplina
Rotina		Positividade	

Quando temos nossos valores definidos, podemos começar a criar formas de regulação definitivas de energia e informações para tudo aquilo que é necessário, e o caminho para que o aprendizado se torne eficiente.

Os valores nos ensinam a entender o crescimento de maneira ecológica. É assim que chamamos no *coaching* quando queremos que todos em nossa volta sejam atingidos positivamente. Pensar de maneira ecológica é pensar que seja bom para toda a família. É assim que se cresce em harmonia.

Pensando de maneira ecológica os valores, podemos hoje mudar nosso repertório e trazer na comunicação uma ação mais positiva.

Exemplos:

— Sei que suas prioridades diferem da que estou pedindo, mas isso precisa ser feito agora.

— Eu te amo, mas isso precisa ser feito agora.

— Onde os brinquedos precisam estar quando se termina de brincar?

— Como você se sente com seu empenho na escola?

Enfim, mudamos a forma de representar aquilo que queremos comunicar com mais segurança, e isso faz com que eles se sintam amados. Dessa forma, é possível entender o que seu filho está passando naquele momento, ou até mesmo o que ele pode estar sentindo para ter uma reação agressiva ou irritada.

Pensar de maneira ecológica

"É compreender por que fazemos o que fazemos e quebrar ciclos de padrões repetitivos" (DANIEL J. SIEGEL).

Dentro desse pensamento, podemos tirar algumas perguntas, como:

— Por que eu faço o que eu faço? Qual o significado das minhas ações?

— Por quem eu quero realizar essa transformação? E qual será o impacto disso na minha vida hoje?

— Como minha família será afetada com essas realizações?

As suas respostas aqui podem mostrar seu pensamento de maneira ecológica e onde seus valores podem levar você a construir o que está buscando e para quem. Assim estabelecer conexões verdadeiras, seguras e claras a ponto de saber resolver os conflitos de maneira pacífica e eficaz.

Os desafios para educar comportamentos

Assim como conhecer os valores, é importante você saber o que vai enfrentar para construí-los. Precisamos entender os desafios que há para educar as birras, agitações, egoísmo, mentirinhas, timidez, inseguranças, a falta de limites, desobediências, ansiedade, o controle do *sim* e do *não*.

Pesquisas indicam que crianças que tiverem uma conexão positiva maior na infância, constroem mais resiliência. E para isso é preciso:

1) Escuta ativa

Ouvir com dedicação, compreender o que a criança quer dizer para ensiná-la a lidar com suas emoções e o que realmente ela precisa naquele momento. Dessa forma, compreender seu conteúdo e sentimentos.

2) Diálogo constante

A comunicação, quando praticada com a forma de compreensão e calma, pode fortalecer os vínculos e criar admiração e respeito. O diálogo funciona como uma fórmula para lidar com conflitos sem defesas, mas acolher para ser acolhido.

3) Criar confiança

Eduque seu filho para ser confiante, falando sempre a verdade e sem segredos para que ele não tire conclusões e fantasie situações. Deixe as situações sempre claras para ele. As crianças estão sempre atentas às mentirinhas sem dizer que a confiança torna o ambiente saudável e harmonioso.

4) Paciência e amor

"Minha paciência tem limite". Se existe uma coisa que não pode ter limite no educar é a paciência e o amor. Quando se acaba a paciência, a confiança enfraquece e se estabelecem o medo e as ameaças. E um detalhe de quando acaba a paciência significa que estamos desistindo.

5) Acordos

Lembre-se de que em todos os acordos podem existir ganhos e perdas, mas é o ideal para uma boa convivência, além de gerar flexibilidade e responsabilidades. Os rompimentos de acordos geram consequências de perdas de confiança, para que manipular o acordo não vire um hábito.

6) Afeto e elogio

O afeto e o bom humor aumentam a autoestima, trazem momentos de calma e suprem necessidades que possam surgir de ausências. O ato de amor e afeto são ingredientes de altíssimo valor para educar, contando com elogios que valorizam o sentimento de ser importante e contribuem com afirmações e certezas.

"Use e abuse dos ingredientes de valor, mas esteja bem atento aos elementos que podem desandar a receita "(MARIA HELENA MARQUES).

Hoje estamos vivendo um período de muitas incertezas, principalmente por conta da nova variante do vírus da covid-19 e todo caos que ele vem trazendo. E sei que uma das maiores preocupações é: "Que mundo ficará para meu filho?"

Gostaria de deixar uma reflexão sobre tudo que falamos até aqui. O que conseguiremos neste momento é fazer com que nossos filhos sejam melhores para este mundo novo que está por vir. Muitos cientistas já previram e citaram, assim como Freud, a "busca" da estruturação da psiquê" e, principalmente no mundo dos negócios, "O Mundo Vuca", o mundo que simboliza a dificuldade da mudança e do entendimento é a busca do novo mundo volátil, o mundo da adaptação.

Por esse motivo, nosso papel é trazer o apoio para o desenvolvimento dos nossos filhos. E não estamos aqui para garantir a eles os resultados, mas que possam ter uma base segura de autoconhecimento e resiliência.

Referências

GÓES, J. *A liberdade de ser quem você é*. São Paulo: Editora Planeta , 2018.

GOLDSTAJN, M. H. *A importância das Primeiras Relações na Constituição do Humano*. São Paulo, 2020.

MARQUES, M. H. *Como educar com bons valores*. São Paulo: Paulus, 2012.

NELSEN, J. *Disciplina Positiva*. São Paulo: Manole, 2015.

SIEGEL, D. *Parentalidade Consciente*. São Paulo: nVersos, 2020.

THOMAS, L. *A mamãe coach*. São Paulo: Literare Books, 2018.

3

MAIS HARMONIA E CONEXÃO FAMILIAR ACESSANDO A INTELIGÊNCIA DO CORAÇÃO

Neste capítulo, os pais e educadores entenderão a importância de gerenciar as emoções desde a infância. Aprenderão o papel da inteligência do coração no desenvolvimento das habilidades socioemocionais e como acessá-la por meio do estado chamado coerência cardíaca. Estar em coerência significa melhor comunicação entre os membros da família, menor reatividade e maior conexão com os seus valores.

ANNE-FRANÇOISE KAUFMANN

Anne-Françoise Kaufmann

Heartmath coach e *trainer* no Brasil e Benelux. Administradora graduada pela Faculdade Getulio Vargas (com Bolsa de melhor desempenho acadêmico), carreira em Marketing estratégico em *startups* (Procter&Gamble; Ferrero, Pillsbury). Formação no programa "Vivendo Valores na Educação" pelo Instituto Brahma Kumaris/Unesco; atuação nas creches do Centro Jovem do Colégio Santa Cruz. Participação na Mentoria de parentalidade consciente Iara Mastine. Formação em Vivências com a Natureza pelo Instituto Romã/Método Joseph Cornell. Praticante de meditação há mais de 18 anos. Terapeuta corporal com enfoque em massagens de caráter terapêutico, visando restabelecer o ritmo do organismo e o bem-estar (Massagem rítmica pelo Instituto Askelpios); massagem de Breuss (Suíça); massagem para grávidas e crianças (Suíça); massagem sueca clássica e suas variações; aplicação de Reiki Nível II.

Contatos
www.heartsoncare.com.br
contato@heartsoncare.com.br
Instagram:@heartsoncare
Facebook: heartsoncare
11 97338 7111

Quando comecei a me amar, reconheci que minha mente pode me perturbar
e pode me deixar doente.
Mas ao conectá-la ao meu coração, minha mente se tornou uma aliada valio-
sa. Hoje chamo essa conexão de
Sabedoria do coração.
CHARLIE CHAPLIN

Autoeducação e conexão entre o pensar e o sentir

Sabemos que não é possível educar os filhos sem praticar a autoeducação. Portanto, ao abordar o tema das habilidades socioemocionais das crianças, precisamos dar ferramentas aos pais para estes poderem desenvolver as próprias habilidades socioemocionais, que então permearão o espaço familiar e ajudarão os filhos a desenvolvê-las.

Outro ponto importante é que a habilidade socioemocional só pode ser de fato desenvolvida com a ativação do nosso sistema rítmico (sentir) e com nosso sistema neurosensorial (pensar).

A coerência cardíaca permite fazer essa conexão entre o sentir e o pensar proporcionando a "inteligência do coração" ou o "pensar pelo coração", muitas vezes chamada de sabedoria. Ela, portanto, permite regular as emoções de maneira quase instantânea e, consequentemente, diminuir muito a reatividade, formando *um escudo protetor* a agentes de estresse.

Definição da coerência do coração

O Instituto Heartmath®, que estuda e pesquisa o coração há mais de 25 anos, define a coerência cardíaca como um estado ideal e cientificamente mensurável no qual a mente e as emoções são alinhadas e em sincronia com a orientação intuitiva do coração.

Praticar o estado de coerência cria uma cascata de eventos neurais e bioquímicos que beneficiam todo o corpo. Principalmente nossa estabilidade mental e emocional, ajudando mente e corpo a se recuperarem e se revitalizarem. A coerência individual também nos conecta energeticamente uns com os outros, criando uma coerência social.

Tecnicamente, a coerência cardíaca é medida pela variabilidade cardíaca, ou seja, a soma dos intervalos entre cada batida do coração.

Em termos gráficos, ela se traduz por uma curva sinusoidal harmoniosa, em contraste com um estado de estresse.

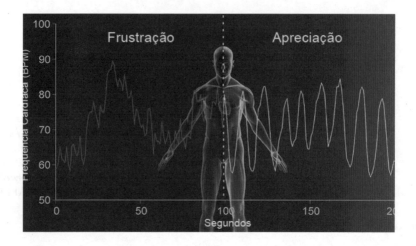

Na prática, para alcançar esse estado, você precisa aprender a ativar o seu coração por meio de uma respiração específica.

A técnica básica, e que dá entrada para um nível de coerência quase instantaneamente, chama-se "Respiração focada no coração" Tm, técnica também desenvolvida pelo Instituto Heartmath®. Ela permite que, em qualquer momento e a qualquer hora, você fique em um estado neutro, não reativo, apesar dos eventos estressores que possam estar à sua volta. É como se estivesse no olho do furacão, onde, apesar de toda a turbulência, sente tranquilidade para analisar e decidir a melhor forma de atuar, mantendo a confiança, sem entrar nele.

Uma vez treinado, em questão de segundos ocorre uma cascata de mudanças fisiológicas no seu corpo e em sua mente. O importante é saber que o coração é o grande orquestrador dessas mudanças, permitindo manter a calma, ter um pensar mais abrangente e, consequentemente, achar melhores soluções.

Isso porque o coração, como revelam as pesquisas científicas, possui 40.000 neurônios, tendo, por assim dizer, um minicérebro contido nele, que se comunica com o cérebro e com o corpo por várias vias (neurais hormonais, eletromagnéticas e pelo próprio ritmo dos batimentos). Mais importante ainda é saber e ter consciência de que o coração se comunica mais com o cérebro do que o cérebro com o coração.

Portanto, quando ativamos o coração para entrar em coerência cardíaca, ocorre, quase instantaneamente, os seguintes efeitos fisiológicos:

- Os hormônios de adrenalina e cortisol que estavam sendo produzidos em excesso diminuem;
- E o corpo passa a produzir três hormônios em maior quantidade: ocitocina (também conhecida como o hormônio do amor), DHEA (hormônio de bem-estar) e Iga (um dos hormônios de imunologia).

Em exames de sangue feitos durante um estudo científico, seguindo exercícios de coerência, os valores de ocitocina sobem muito. O hormônio ocitocina é um elemento-chave para a compaixão, o amor, as relações, o comportamento social e a saúde.

Além disso, sabe-se também hoje que qualquer um desses hormônios permanece no sangue por pelo menos 12 horas, portanto, vão se acumulando. No caso dos hormônios de estresse (adrenalina e cortisol), à medida que se acumulam em quantidades acima do necessário para o corpo, eles nos deixam mais reativos. Por isso, quando chegamos ao fim do dia, muitas vezes tendemos a perder a paciência e reagir desproporcionalmente, com eventos pequenos e insignificantes ou cometer algo injusto com nossos filhos, sem entender por que fazemos isso.

A boa notícia é que, quando ativamos a coerência e, portanto, os três hormônios (DHEA, Iga, Ocitocina), estes também permanecem no corpo por mais de 12 horas e vão se acumulando temporalmente. Forma-se uma espécie de escudo protetor, nos deixando naturalmente menos reativos quando chega um novo fator estressante. Isso ocorre natural e fisiologicamente, sem precisar pensar ou racionalizar.

Outro grande benefício é que no estado de coerência cardíaca, as vibrações emitidas do coração para a amígdala indicam a esta que está tudo bem, portanto ela pode deixar passar mais informações ao nosso córtex pré-frontal.

Isso significa que, além de ficarmos mais calmos e centrados, também conseguimos acessar melhores alternativas ou soluções para um problema.

Quanto maior o estresse, mais o coração manda sinais ao cérebro para frear o que é passado para o córtex (supressão cortical) => menor capacidade de raciocínio.

Inversamente – quanto mais estou em coerência, mais informações são passadas ao cérebro (facilitação cortical) => maior capacidade de raciocínio.

Uma das possíveis práticas

Descrição da técnica "*Quick Coherence*®(Coerência Rápida)" da Heartmath®

1. Traga sua atenção e consciência para o seu coração, para o centro do seu peito. Imagine que sua respiração está fluindo para dentro e para fora da área do coração ou do peito, respirando um pouco mais lenta e profundamente do que o normal. Encontre um ritmo fácil que seja confortável.

2. Ative um sentimento positivo e renovador – talvez você possa reviver uma ocasião em que sentiu amor ou apreciação por uma pessoa, um animal de estimação, um momento na natureza ou uma realização, ou simplesmente inspire uma atitude de amor ou gratidão.

A prática da coerência pode ser feita por qualquer pessoa: adultos, adolescentes e crianças. Ela é extremamente benéfica e um grande auxílio na educação, tanto na família como na escola.

Níveis altos de coerência permitem a mudança de circuito neuronais, o que significa mudança nas reações automáticas a certos estímulos. Isso é muito positivo na relação pais e filhos, abrindo espaço para uma escuta ativa e novas possibilidades.

Quando a coerência é praticada por todos os membros da família, ou na escola por uma classe e seu professor, o resultado se multiplica ainda mais. Atinge-se o que se chama de coerência social. Isso porque o coração, como mencionado no começo do capítulo, emite também ondas eletromagnéticas que são captadas pelo menos a um metro de distância (e possivelmente mais) pelos corações ao redor.

Portanto, uma coisa que todo pai e educador pode fazer ao se defrontar com uma criança que está tendo dificuldade em se controlar emocionalmente, em primeiro lugar é ele mesmo entrar em estado de coerência. Muitas vezes, simplesmente isso já é suficiente para a criança conseguir acalmar-se e gerenciar suas emoções.

Outro aspecto importante para a criança é ela aprender a nomear e mapear as suas emoções ao longo do dia. Isso é geralmente rapidamente aprendido por ela, pois, contrariamente à maioria dos adultos, ela não julga as suas emoções e não tem receio de olhar para elas.

As emoções desagradáveis são como sinalizadoras de que algo não vai bem e precisa ser olhado. Elas não são ruins. Na verdade são úteis. Não deveriam ser abafadas e também não dramatizadas, mas sim olhadas com respeito para podermos entender o que elas querem sinalizar. Qual situação essa causando esta emoção? Isso é conhecido como mapa emocional. O estado da coerência ajuda a perceber ou desvendar o que está por trás daquela emoção desagradável, e bem como diz uma das premissas da parentalidade consciente: verificar qual necessidade não está sendo atendida.

Essa percepção da necessidade não atendida é fundamental na relação pais-filhos. Tanto para os pais perceberem qual necessidade não está sendo atendida neles, também qual não está sendo atendida na criança.

Por fim, a prática da coerência, por ser rápida, fácil de atingir e feita em qualquer lugar, permite pequenas paradas diárias de 30 segundos a um minuto, que servem como um reequilíbrio energético. Importante e muito revelador é nos observarmos com sistemas de energia.

Estudos de universidades americanas revelam que as emoções são responsáveis por até 70% do nosso gasto diário de energia. As emoções desagradáveis drenam energia, enquanto as emoções agradáveis restabelecem nossa energia. Assim, é de fundamental importância ensinar à criança desde pequena como reequilibrar a sua balança ao longo do dia.

Gosto de usar a imagem de uma criança pequena que está na praia construindo seu castelo de areia e corre com o balde para o mar, para enchê-lo e derramar água no castelo. A primeira vez, ela volta correndo afoita e, quando chega, de tanto balançar o balde, a água quase toda caiu no caminho. Porém, na segunda tentativa, tendo observado o que aconteceu, ela anda alguns passos e para até a água se estabilizar e, assim sucessivamente, conseguindo, portanto, chegar ao castelo com o balde cheio.

É assim que a criança e nós educadores podemos fazer ao longo do dia: pequenas paradas rápidas, porém energizadoras, que permitem chegar ao fim do dia com o balde cheio. Isso possibilita, além de calma e harmonia, um adormecer mais rápido e um sono melhor, bem como maior foco e redução de ansiedade.

O Instituto HeartMath (IHM) projetou o programa *Early HeartSmarts* (EHS)TM para treinar professores com intuito de orientar e apoiar crianças (3-6 anos de idade) no aprendizado de autorregulação emocional e competências socioemocionais adequadas à idade, com o objetivo de facilitar o seu desenvolvimento emocional, social e cognitivo.

Os resultados de uma pesquisa feita com 375 crianças de 3 a 6 anos demonstrou que, em geral, há evidências convincentes da eficácia do programa EHS em aumentar o desenvolvimento psicossocial total em cada uma das quatro áreas de desenvolvimento medidas.

Também uma pesquisa entre mais de 11.000 adultos revelou significante melhoria de vários aspectos ligados ao estresse, após apenas 6 a 9 semanas da prática da coerência (ver gráfico abaixo).

Compartilho um texto de autor desconhecido que resume, numa conversa entre um adulto e uma criança, a importância de estar conectado à inteligência do coração.

Pequena flor

— Criança, como se chama?
— Flor azul!
— Por que esse nome?
— Porque eu vivo minhas emoções à flor da pele, dia, noite, em todos os momentos.
— O que isso significa?
— Isso significa que estou ouvindo meu coração.
— Seu coração está falando com você?
— Bem, sim!
— Conta-me o que ele te diz...
— Ele fala comigo sobre emoções.

— É só isso?

— Sim, viva as emoções em loucura e paixão, fraquezas ou aflição.

— Menina, todo mundo está vivendo emoções, sabe?

— Não, eu não acredito, os grandes escondem suas emoções em um canto do seu coração e esquecem-nas.

— E por que eles estão fazendo isso?

— Porque eles estão assustados!

— Por que eles estão assustados?

— Eles têm medo de esperança...têm desespero.

— E você, Flor Azul, não tem medo?

— Sim, sim... Estou muito assustada! *Mas não deixo de ouvir meu coração.*

— E por que me diz?

— Porque se eu não ouvir meu coração, eu vou morrer.

— Morrer? E por quê?

— *Porque são as emoções no meu coração que me dizem que estou bem viva.*

— Então, Pequena Flor Azul, aqueles que escondem e enterram suas emoções em um canto do seu coração morreram?

— Sim, eles perderam seus sonhos, o maravilhoso e a magia do seu coração.

— E como você sabe?

— Quando olho para os grandes à minha volta, vejo que eles sorriem, mas os olhos deles não brilham; choram, mas não tem lágrima nas bochechas. Eles gritam, mas nenhum som sai da boca; dizem "eu te amo", mas não pensam.

— Pequena flor, você está triste?

— Sim!

— Por quê?

— Eu gostaria de lhes dizer para ouvir o coração deles. Ele fala tantas coisas lindas, mas eu não sei como dizer a eles.

— Flor azul, sorria com todo o seu coração!

— Por quê?

— Porque acabaste de lhes dizer..." Autor desconhecido

Referências

HEARTMATH INSTITUTE. *Facilitating Emotional Self-Regulation in Preschool Children: Efficacy of the Early HeartSmarts Program in Promoting Social, Emotional and Cognitive Development.* Disponível em: <https://www.heartmath.org/research/research-library/educational/facilitating-emotional-self-regulation-in-preschool-children/>. Acesso em: 20 out de 2021.

KIRSHENBAUM, M. *The emotional energy factor: the secrets high-energy people use to beat emotional fatigue.* São Paulo: Delta, 2003.

THE HEART-BRAIN CONNECTION. *HeartMath.* Disponível em: <https://www.heartmath.com/science/>. Acesso em: 20 out. de 2021.

4

AUTONOMIA — DANDO ASAS E ORIENTANDO O VOO

Neste capítulo, os pais encontrarão maneiras para promover a autonomia de seus filhos. Os pais terão a oportunidade de refletir se a maneira com que criam seus filhos está realmente os preparando para se tornarem adultos que, muitas vezes sozinhos, lidem com a própria vida. Tantas são as autonomias necessárias até estar pronto para saber cuidar de si e, por isso, é importante incentivá-las desde cedo.

BLENDA LIMA

Neuropsicopedagoga, letróloga e pós-graduanda em Reabilitação e Estimulação neuropsicológica infantil. Possui diversos cursos na área da Educação, entre eles Ensino de Língua Inglesa para crianças pela PUC-SP(2014). É apaixonada pelo desenvolvimento infantil, aprendizagem e neurociências.

Blenda Lima

Contatos
www.blendalima-neuropsicopedagoga.negocio.site/
atendimento.espacopotencial@gmail.com
Instagram: Blenda Lima Neuropsicopedagoga
Facebook: @blenda.lima.neuropsicopedagoga

*O primeiro instinto da criança é agir sozinha, sem a ajuda de outrem,
e o seu primeiro ato consciente de independência é defender-se dos que
procuram ajudá-la.*
MARIA MONTESSORI

Autonomia significa muito mais do que simplesmente crescer. É também ter autoconfiança para fazer certas coisas e se tornar independente, a capacidade de agir e pensar por si mesmo. Ao se tornar autônomo e, assim, ficar mais distante dos pais, a criança desenvolve também sua autoestima, criando uma força interior estável e rica que ajudará a evitar o tédio e a livrar-se da dependência de outras pessoas.

Na natureza, poucos seres nascem tão dependentes quanto os humanos. É necessário um longo período para sermos capazes de andar, nos alimentar e poder nos relacionar corretamente com tudo que nos cerca.

Quando os pais ajudam o filho a desenvolver a sua autonomia, mostram que confiam nele e que se orgulham das suas realizações. Também significa deixá-lo exercer a sua liberdade enquanto o protege - mas sem excesso. Os pais muitas vezes tendem a fazer coisas pelos filhos de modo ajudá-los, apressar as coisas ou porque pensam erroneamente que seus filhos não serão capazes de realizar a tarefa sozinhos. Quantas vezes você já amarrou o cadarço do seu filho ou pendurou o casaco no armário sem pedir ao seu filho para fazer isso? O motivo mais comum dado pelos pais é que faz mais rápido. Com certeza, mas ao fazer tudo sozinho, você não está incentivando seu filho a tomar a iniciativa. E, primeiro, você o está desencorajando de tentar pequenos desafios que ele provavelmente poderia enfrentar.

Desde o nascimento até a velhice, nossa capacidade de agir com algum senso de autonomia está diretamente relacionada à nossa capacidade de conexão. O que isso significa para os pais que criam um filho pequeno? Se quisermos que nossos filhos sejam independentes, para sair e enfrentar o mundo, temos que dar a eles total confiança que eles podem voltar para nós quando necessário. Autonomia e conexão: isso é apego seguro.

Os pais desejam que seus filhos sejam independentes, mas, por outro lado, também observamos muitos pais superprotetores.

A preocupação que os filhos se frustrem e o medo de perder sua autoridade torna a autonomia dos filhos uma tarefa complexa para os pais.

Portanto, é importante que os pais reconheçam a importância da autonomia para o desenvolvimento dos filhos. Afinal, esse processo não está relacionado apenas à capacidade de fazer certas coisas do cotidiano sem a ajuda de um adulto.

A autonomia está diretamente relacionada ao desenvolvimento da consciência moral, pois permite que a criança tome decisões, faça escolhas, busque objetivos e assuma riscos com base nos valores e restrições ensinados pela família.

Nossos filhos não podem ser salvos da frustração. Portanto, quanto mais bem preparados estiverem, mais fácil será para eles superarem os tempos difíceis.

Portanto, desde a infância, eles devem ser ensinados a serem independentes. Ao observar cada faixa etária, os pais podem incorporar à rotina certos hábitos que ajudam a estimular a independência do filho. Veremos algumas maneiras práticas e que podem ser adaptadas à sua realidade.

- Rotina

Dê ao seu filho pequenas tarefas para realizar todas as manhãs: arrumar a cama, escovar os dentes, se vestir etc. Lembre-o de fazer essas tarefas se ele tende a esquecer, mas deixe que ele faça sozinho.

- "Você consegue fazer isso sozinho!"

Tente usar essa pequena frase em vez de fazer tudo por seu filho. Essa frase-chave pode ser muito útil para momentos como: "Mãe, desenhe um dinossauro!", "Abra minha caixa de suco para mim, por favor!", "Me ajude a montar quebra-cabeça." A ideia não é abandonar seu filho às atividades dele, mas mostrar que ele pode fazer certas coisas sem a sua ajuda, embora ainda saiba que você está perto.

Os pais treinadores de emoções podem fazer sua parte para ajudar as crianças a se sentirem mais poderosas também. As crianças aumentam a autoestima quando recebem opções sobre o que vestir, o que comer, como jogar e assim para frente. Outra estratégia importante é permitir que as crianças tenham autonomia para fazer as coisas que estão prontas para fazer. Quer estejam aprendendo a lavar o cabelo ou jogar um novo jogo de computador, as crianças precisam de seus pais para oferecer incentivo e orientação sem serem intrusivos. Se seu filho fica frustrado tentando amarrar seu próprio sapato, por exemplo, resista ao impulso de assumir, um movimento que transmite sua crença na incompetência da criança. Em vez disso, ofereça palavras de compreensão como "Cadarços longos às vezes podem ser complicados". Então, mesmo que a criança acabe precisando de sua ajuda, você reconheceu que entende o que ele está experimentando.

- Uma vassoura, uma esponja e um espanador só para ele

Para encorajar seu filho a participar das tarefas domésticas, arrume sua casa para ele poder ajudá-lo mais prontamente. Mantenha um armário de cozinha na altura dele, onde você guardará os copos, utensílios, tigelas e pratos das crianças. Assim, seu filho poderá ajudar a arrumar a mesa, preparar lanches etc.

- Relaxe!

Você está sempre estressada com o tempo? Você se preocupa com a bagunça? Aprenda a manter a calma e permitir que seu filho faça as próprias experiências.

- Amamos desafios

Diariamente, tente dar ao seu filho um pequeno desafio, de modo a estimular seu desejo de experimentar algo novo e, certamente, se orgulhar de sua conquista. Precisa de ideias? Peça-lhe para se servir de um copo de leite sem derramar ou para amarrar o cadarço sozinho, por exemplo.

- Incentive suas ideias

Tente não interromper o impulso criativo de seu filho. Caso contrário, ele pode relutar em tomar iniciativas. Incentive seu filho a correr pequenos riscos, a tentar coisas novas ou a mudar estratégias. Você é seu guia para o sucesso. As falhas também devem ser percebidas como lições de vida ou como novos desafios a serem superados.

- Ensine seu filho a assumir responsabilidades

Mesmo que seu filho seja pequeno, isso não significa que ele não possa se responsabilizar por ações específicas como alimentar o animal de estimação, por exemplo. Você pode considerar essas ações como tarefa, mas seu filho verá como um privilégio e um sinal de confiança.

Por exemplo, no caso de crianças de dois anos, os pais podem encorajá-las a comer sozinhas, sob a supervisão de um adulto, é claro, para evitar situações perigosas. Ensinar crianças a ir ao banheiro também é uma forma importante de desenvolver independência nos primeiros anos de vida.

Embora essas atividades sejam essenciais para a criação dos filhos, muitas famílias insistem em dar comida na boca dos filhos e prolongar o desfralde por temer as consequências dessa autonomia.

Com a supervisão contínua, essas etapas são rapidamente dominadas pelas crianças, contribuindo para sua melhor adaptação ao ambiente escolar, que já exige autonomia por parte dos alunos.

- Permita que seu filho tome pequenas decisões

Em um esforço para dar limites aos filhos, os pais muitas vezes impedem que as crianças tomem certas decisões porque acreditam que essa liberdade pode impedir que uma criança obedeça às ordens da família.

Mas é importante ressaltar que conceder autonomia não significa que seu filho não cumprirá os limites que você estabeleceu. No dia a dia, é importante que os pais coloquem os filhos em situações que os incentivem a tomar pequenas decisões.

Por exemplo, deixar o seu filho escolher com que roupa sairá com a família ou pedir ao seu filho que escolha um local do quarto onde arrume os seus brinquedos são atitudes simples, mas têm grande impacto no desenvolvimento da autonomia e responsabilidade das crianças, porque reconhecem serem responsáveis por certas decisões.

Com o tempo, o seu filho começará a analisar com mais calma as suas escolhas, ponderando os prós e contras que podem ter. Essa é uma atitude importantíssima para o desenvolvimento dos jovens.

Não sabemos o que nossos filhos enfrentarão no decorrer da vida, mas sabemos que o que eles aprendem de nós e conosco como construirão as capacidades necessárias para seu futuro.

Referências

GOTTMAN, J. *Raising an emotionally intelligent child*. New York: Editora SIMON & SCHUSTER PAPERBACKS, 1997.

MONTESSORI, M. *Mente Absorvente*. Tradução de Wilma Freitas Ronald de Carvalho. Rio de Janeiro: Editora Nórdica, 1949.

SIEGEL, D. *Raising a secure child*. New York: Editora The Guilford Press, 2017.

5

FAMÍLIA E ESCOLA NA CONSTRUÇÃO DAS HABILIDADES SOCIOEMOCIONAIS

Família e escola são as bases para o desenvolvimento infantil, tanto cognitivo quanto socioemocional. Um ambiente acolhedor, criativo e respeitoso dá espaço para que habilidades como empatia, responsabilidade, felicidade, criatividade e autoconhecimento aflorem com naturalidade.

BRUNA BIAZOTO

Pedagoga, psicopedagoga clínica, especialista em inclusão e graduanda em Psicologia.

Bruna Biazoto

Contatos
www.brunabiazoto.com/
contato@brunabiazoto.com
Instagram: @sabermaisoficial
Facebook: @sabermaispp

Através dos outros, nos tornamos nós mesmos
LEV VYGOTSKY

Para estimular as habilidades socioemocionais, o indivíduo precisa interagir socialmente, passando por três esferas com maior peso: familiar, escolar e profissional.

É importante salientar que todos os estímulos que recebemos ao longo da vida são melhores absorvidos considerando a frequência e qualidade, como também a predisposição do indivíduo para esses estímulos. Porém, certos estímulos vinculados às habilidades socioemocionais nem sempre foram julgados como essenciais.

Na Idade Média, a infância durava o tempo da amamentação. Logo após, as crianças eram vestidas como miniadultos e exerciam tarefas de "gente grande", e a imaturidade era vista como um defeito. Com o passar dos anos, as famílias começaram a reconhecer a criança como um ser que precisa de cuidado e afeto. Mas, ainda assim, não eram estimuladas as habilidades socioemocionais.

Na década de 80, Howard Gardner, psicólogo cognitivo e educacional, criou a Teoria das Inteligências Múltiplas, identificando nos seres humanos sete categorias de inteligências, entre elas: a inteligência interpessoal (baseada no autoconhecimento) e a inteligência intrapessoal (relacionada à empatia).

Contudo, somente na década de 90, surgiu o CASEL (*Collaborative for Academic, Social, and Emotional Learning*), nos Estados Unidos, uma organização cujo objetivo é integrar as habilidades emocionais e sociais ao meio acadêmico. Estava surgindo um novo olhar para as habilidades socioemocionais, agora permeada no meio acadêmico.

Em 2018, no Brasil, a BNCC (Base Nacional Comum Curricular) trouxe em seu texto a inclusão de habilidades socioemocionais a serem trabalhadas para preparar a criança e o adolescente para viver em sociedade. Dentre essas habilidades, estão: autoconhecimento, autocuidado, responsabilidade, solidariedade, colaboração, empatia, organização, ética, cidadania e criatividade.

Após anos de pesquisas e investigação, fica claro que as habilidades socioemocionais fazem parte da vida do ser humano desde antes do nascimento e percorrem toda sua vida. Essas habilidades servirão para o indivíduo gerenciar melhor seus sentimentos, conseguir enxergar o ponto de vista do outro com empatia, manter relações saudáveis, ser criativo e resolver problemas, dentre outros pontos.

Tais habilidades devem ser trabalhadas desde o nascimento, ainda no âmbito familiar e, mais adiante, no âmbito escolar, quando a criança será inserida em um ambiente diferente do qual está acostumada.

"Estudos como os apontados por Nunes (2009) mostram a criança como um sujeito integral em seu processo de desenvolvimento, e assim deve ser explorada pela escola, ou seja, como um corpo físico, intelectual, social e emocional. Afirma que a escola deve contribuir para que a criança aperfeiçoe sua autoconfiança, maneje suas emoções, controle seus impulsos, promova e aumente a empatia e a resiliência eficazmente, adequada e saudável, de maneira que apresente uma melhoria significativa em seu desenvolvimento cognitivo, mental e social" (ROCHA E VERCELLI, 2020).

Porém, devemos considerar que a geração de adultos de hoje não foi devidamente estimulada a trabalhar e exercer suas habilidades socioemocionais. Adultos do século XIX entravam na escola para ouvir ensinamentos, treinar repetidamente e voltar para casa. Não éramos instigados a duvidar, não dávamos opinião, não falávamos sobre nossas angústias e não trazíamos os problemas de casa para serem discutidos na escola. Se isso acontecesse, éramos repreendidos por nossos pais e ignorados pela escola.

Sendo assim, além de estimular as habilidades socioemocionais nas crianças, precisamos reconhecer nossas inabilidades e aprender junto à nova geração a reconhecer novos caminhos e soluções para tudo o que nos é apresentado.

Quero que meus filhos entendam o mundo, mas não só porque o mundo é fascinante e a mente humana é curiosa. Quero que eles o entendam para que se posicionem a fim de tornar o mundo um lugar melhor.
HOWARD GARDNER

O papel da família

Mesmo antes do bebê nascer, já acontece interação com ele pelos carinhos na barriga da mãe, músicas e conversas com o bebê. Quem já não ouviu dizer que, quando alguém da família começa a conversar com o bebê ainda na barriga da mãe, ele reage ficando mais agitado?

Essas interações serão reafirmadas e estimuladas logo que o bebê nasce e, consequentemente, as respostas a esses estímulos deverão aparecer.

Alguns minutos após o nascimento, os bebês já podem imitar expressões faciais dos adultos, sugerindo que entram no mundo prontos para a interação social (MELTZOFF E DECETY, 2003).

O sorriso acompanhado por um contato visual específico é particularmente gratificante para os adultos e o primeiro sorriso social autêntico – que surge por volta das seis primeiras semanas – deixa os pais extasiados, diz Bentzen.

É pelas expressões do bebê e das reações dos familiares que começam as interações sociais. Utilizando-se de imitações e recompensas, o bebê interage com a família tornando-se um ser social.

Pela interação social, podemos estimular as habilidades socioemocionais como: empatia, felicidade, autoestima, ética, paciência, autoconhecimento, confiança, responsabilidade, autonomia e criatividade.

Segundo Oliveira e Marinho-Araujo, a família é considerada a primeira agência educacional do ser humano e é responsável, principalmente, pela forma com que o sujeito se relaciona com o mundo.

Considerando que a base do desenvolvimento da criança se dá no ambiente familiar, mediado pelos membros desse lar, a qualidade dessas relações impactará nas futuras relações que a criança terá no mundo externo. A família deve estar envolvida e atenta ao cuidado em dialogar, ao estímulo positivo, à escuta ativa, aos limites que devem ser impostos e à maneira como a relação pai/mãe-filho é estabelecida.

Portanto, essa atenção da família tem um peso enorme na formação daquela criança, pois, conforme Nunes (2009 p.19):

> *A criança que cresce acreditando que é uma pessoa merecedora de valor tem sua capacidade produtiva e criativa estimulada, adapta-se com mais desembaraço a novas situações, tende a ser mais coerente e ponderada em suas escolhas, é mais aberta e receptiva ao diálogo e acata os limites com mais condescendência.*

Fator ambiental, nível socioeconômico, escolaridade dos pais e/ou cuidadores, conflito parental também influenciarão no desenvolvimento dessa criança, assim como em suas habilidades socioemocionais.

Apesar da família ter um papel fundamental para formação integral dessas crianças, à medida que elas crescem passam a fazer parte do contexto escolar, o que possibilitará novas experiências socioemocionais e cognitivas essenciais para o desenvolvimento saudável (BERRY & O'CONNOR, 2010).

Dando, então, uma segunda oportunidade para desenvolver as habilidades socioemocionais que por hora não ficaram tão bem estabelecidas, considerando os aspectos familiares deficitários.

> *O ideal da educação não é aprender ao máximo, maximizar os resultados, mas é antes de tudo aprender a aprender, é aprender a se desenvolver e aprender a continuar a se desenvolver depois da escola.*
> JEAN PIAGET

O papel da escola

A escolha da escola para muitos pais é uma grande questão. Alguns escolhem com base na localização; quanto melhor o acesso, melhor. Outros partem de indicações de amigos e familiares. Existem ainda pais que percorrem várias escolas até encontrarem uma que lhes agrade. A verdade é que a escola ideal para todos não existe.

Uma escola pode ser ideal para uma determinada criança, mas essa verdade não se aplica a todas as crianças, nem mesmo a irmãos. Cada ser é único e estabelece conexões diferentes com ambientes e pessoas diferentes.

Porém, uma questão é prioritária, família e escola devem manter a postura, terem valores parecidos, caminharem com o mesmo objetivo. Entra aí a primeira habilidade socioemocional para a escolha da escola, a família deve ter autoconhecimento para garantir escolhas assertivas em relação aos seus valores. Lembrando que, para a criança buscar o autoconhecimento, ela precisa ser ensinada a isso, logo os adultos que a rodeiam devem saber como fazê-lo.

Assim que a escolha foi feita, a criança deverá encontrar na escola um clima acolhedor para se sentir segura nesse novo ambiente. O professor deve identificar no aluno angústias e anseios para ser capaz de ajudá-lo.

A relação professor-aluno deve ser positiva, desenvolvendo na criança a felicidade e a vontade de descobrir e criar. A relação com outras crianças se dá por meio do lúdico, em que o principal objetivo não é o resultado, mas sim a interação com o outro, como descreve Silva (2011):

"Na atividade lúdica, o que importa não é apenas o produto da atividade, o que dela resulta, mas a própria ação, o momento vivido. Possibilita a quem a vivencia momentos de encontro consigo e com o outro, momentos de fantasia e de realidade, de ressignificação e percepção, momentos de autoconhecimento e conhecimento do outro, de cuidar de si e olhar para o outro, momentos de vida".

De acordo com Haynes, Emmons e Ben-Avie (1997), o clima escolar está relacionado à qualidade e à consistência das interações pessoais na escola, as quais influenciam o desenvolvimento cognitivo, social e psicológico dos alunos.

Os conflitos também estimularão as habilidades socioemocionais, partindo que, por meio de um conflito, a criança terá a oportunidade de colocar-se no lugar do outro, com criatividade convencê-lo a participar de sua brincadeira, desenvolver a paciência caso seus desejos não sejam atendidos. Intervenções frente aos conflitos precisam ser gerenciadas por um adulto que fará a mediação, oferecendo oportunidades de escolhas e apontando as consequências de cada uma delas. Cabe à criança fazer a escolha e arcar com as consequências.

Para o século XXI, precisamos de crianças questionadoras, capazes de resolver os problemas da vida, que sejam resilientes frente aos desafios e que encontrem, em seus pares, solidariedade e parceria. Essas habilidades não são desenvolvidas do dia para noite, são um treino para toda a vida e começa assim que nascemos.

Referências

BENTZEN, W. R. *Guia para observação e registro do comportamento infantil*. São Paulo: Cengage Learning, 2018.

BERRY, D.; O'CONNOR, E. Behavioral risk, teacher-child relationships, and social skill development across middle childhood: A child-by-environment analysis of change. *Journal of Applied Developmental Psychology, 31,* 1-14, 2010.

BRASIL. Ministério da Educação. *Base Nacional Comum Curricular*. Brasília, 2018.

HAYNES, N.; EMMONS, C.; BEN-AVIE, M. School climate as a factor in student adjustment and achievement. *Journal of Educational and Psychological Consultation, 83,* 321-329, 1997.

MELTZOFF, A. N.; DECETY, J. *What imitation tells us about social cognition*. *Philosophical Transactions of the Royal Society, B.,* 2003.

NUNES, V. *O papel das emoções na educação*. São Paulo: Casa do Psicólogo, 2009.

OLIVEIRA, C. B. E. de; MARINHO-ARAUJO, C. M. *A relação família-escola: intersecções e desafios*. *Estud. psicol,* Campinas, v. 27, n. 1, pp. 99-108, março de 2010. Disponível em: <https://doi.org/10.1590/S0103-166X2010000100012>. Acesso em: 27 mar. de 2021.

ROCHA, P. K. da; VERCELLI, L. de C. A. *Habilidades socioemocionais na escola: guia prático da educação infantil ao ensino fundamental.* Roseli Bonfante. Dialogia, São Paulo, n. 35, maio/ago. 2020. Resenha, p. 283-287. Disponível em: <https://doi.org/10.5585/dialogia.n35.17437>. Acesso em: 11 mar. de 2021.

SILVA, A. G. da. *Concepção de lúdico dos professores de Educação Física infantil.* Universidade Estadual de Londrina. Londrina: PR, 2011.

TEODORO, M. L. M.; ALLGAYER, M.; LAND, B. Desenvolvimento e validade fatorial do Inventário do Clima Familiar (ICF) para adolescentes. *Psicol. teor. prat.,* São Paulo, v. 11, n. 3, p. 27-39, 2009. Disponível em: <http://pepsic.bvsalud.org/scielo.php?script=sci_arttext&pid=S1516-36872009000300004&lng=pt&nrm=iso>. Acesso em: 28 jan. de 2021.

6

BRAINSPOTTING: UMA ABORDAGEM REVOLUCIONÁRIA PARA TRATAMENTO DE TRAUMAS

Brainspotting: método neurobiológico utilizado para proporcionar regulação emocional.

CONCEIÇÃO SANTOS

Psicóloga clínica, neuropsicóloga, especialista em análise transacional, facilitadora de TRE (Terapia corporal), consteladora familiar, EMDR e terapeuta em *Brainspotting*.

Conceição Santos

Contatos
CRP/ DF 01-7457
Celular: 61 99209 0884
E-mail: ceissasantos001@gmail.com
Facebook: Conceição Santos - Psicoterapeuta
Instagram: @ceissasantos.psi

Onde você olha afeta como você se sente
DAVID GRAND

O conceito de trauma é uma experiência que pode afetar um indivíduo, interferir em sua vida e marcá-lo de modo que pareça ser impossível superar. E podemos observar uma quantidade significativa de pessoas que se tornam vítimas de traumas.

Vale enfatizar que a pessoa pode perder o controle emocional, irritar-se com outras pessoas e consigo mesma, apresentar sintomas e doenças psicológicas sem um motivo aparente. Entretanto, isso tudo pode ser reflexo de um trauma o qual é reencenado por não ter sido processado de maneira adaptativa quando o evento ocorreu. Dessa forma, o indivíduo pode sentir-se como se um elástico o puxasse para repetir algo que ele não entende, pois as pessoas que passam por experiências traumáticas podem não compreender o que aconteceu com elas justamente pela maneira única com que cada um vive a experiência.

Além disso, a pandemia da covid-19 e seus efeitos catastróficos têm deixado as pessoas mais inseguras. Atualmente as relações são permeadas por estados de ansiedade e medo, pois, a cada dia que passa, as pessoas se mostram mais estressadas e menos conscientes da origem de seus sofrimentos. Sendo que essa realidade pandêmica tem um potencial muito grande de fazer com que a pessoa reviva o trauma passado. Porém, graças à grande onda de conscientização, essas pessoas têm, felizmente, procurado ajuda.

O *Brainspotting* é um método psicoterápico de neuroprocessamento de traumas, descoberto pelo americano David Grand no ano de 2003, o qual utiliza a ponteira para rastrear o *Brainspot* (ponto no cérebro), assim como as sensações corporais e a linguagem (com exposição reduzida, o cliente fala sobre seus problemas se desejar), para identificar a cena traumática que está impactando a vida da pessoa. Para auxiliá-lo, o terapeuta também pode utilizar os dois óculos, sendo que um tem o olho direito, e o outro, esquerdo liberados, para manter a atenção do cliente no ponto de fixação do olhar. Dessa maneira, o ponto de mirada corresponde ao local em que o trauma se configurou no cérebro, é reportado pelas sensações corporais internas do paciente e pelos reflexos corporais observados pelo terapeuta. A presença empática do terapeuta pode favorecer a capacidade do cérebro de fazer a regulação emocional e a homeostase natural do sistema.

Devido à pandemia, algumas pessoas apresentam uma piora em seu quadro psicológico, especialmente aquelas portadoras de traumas precoces, a exemplo de uma paciente com fobia de avião a qual teve os seus sintomas intensificados em função do momento atual. Logo, ela buscou ajuda psicoterápica a fim de solucionar esse quadro fóbico, sendo tratada com a o método *Brainspotting*. Em função de seu trabalho como executiva, a cliente necessita viajar constantemente de avião. Sobretudo, o que chamou a atenção da terapeuta foi a ativação corporal da cliente quando essa marcava uma viagem e durante os preparativos. Ela se desesperava ao se imaginar entrando no avião e as portas se fechando, portanto ela revivia uma cena traumática da qual não tinha consciência.

Vale destacar que a cliente é recém-divorciada, tem uma filha e um neto, considera-se competente no trabalho, mas apreensiva frente ao futuro. Ela conheceu seu ex-esposo ainda na adolescência. Logo se apaixonaram, resultando em casamento. Porém há dois anos ele se envolveu com outra mulher. Eles se divorciaram, mas ele se manteve um pai cooperativo.

Ela relata ter tido um bom casamento, porém, como sempre viajou muito, quase não ficava em casa, o que causou muitas desavenças entre o casal. Dessa forma, ela se sente incomodada devido à sobrecarga ocasionada pela separação. Como consequência, ela tem apresentado mais insegurança e medo de entrar em aviões.

Além disso, ela relata que sempre foi ansiosa, mas ultimamente tem piorado muito, principalmente quando pensa que terá que viajar novamente de avião. Sente-se com as extremidades frias e suadas, as pernas trêmulas, pensamentos intrusivos e disfuncionais e a garganta seca. Seu nível de sofrimento emocional está atrapalhando seu desempenho em suas atividades no âmbito profissional e familiar. Outrossim, lugares fechados sempre lhe causaram mal-estar. Desde longa data, o medo e insegurança fazem parte de sua vida, considerando que os pais brigavam muito a ponto de se agredirem fisicamente. Ainda mais, sente-se muito sozinha em viagens, necessitando de companhia para realizá-las, mesmo que a viagem seja a trabalho.

Nas sessões com a terapeuta, ela afirma que começou a se incomodar com o fato de ter que viajar sozinha após a separação, porém o isolamento da pandemia tem agravado seu medo. Ao ser indagada sobre sua família de origem, ela relata que seus pais faleceram há algum tempo. Além de não ter sido amamentada, foi criada com distância emocional por parte dos pais e sofreu agressões físicas. Ela se sente ressentida ao tomar consciência de que não merecia ser violada dessa maneira.

Durante as sessões com *Brainspotting*, observou-se, que após a cliente manter um ponto de olhar, ela começou a escanear suas sensações corporais e sentimentos. É provável que o olhar naquele ponto lhe traga uma memória traumática a ser trabalhada. A terapeuta solicitou que ela mantivesse o ponto de olhar e observasse se tinha acessado algo como emoção, sensação física e lembranças de cenas traumáticas. Como resultado, ela apresentou muitos tremores, extremidades das mãos e pés frios, sudorese e respiração ofegante, tal como quando entrava em aviões.

A priori, ela trouxe uma cena que não lhe causava nenhuma ativação, pois a considerava uma brincadeira de criança. No entanto, ela não havia feito a conexão de que se tratava de uma experiência traumática. A paciente relatou que, quando ela tinha ela tinha quatro anos, brincava com o irmão de oito anos na casa da avó materna. Ele

54 | Habilidades socioemocionais

a trancou no armário durante pouco tempo, mas ela considerou muito. Ela gritou, porém ele riu muito e demorou a soltá-la. Ao sair, ela chorou bastante, mas os pais não a acalentaram; não deram importância ao fato. Consequentemente, após chorar por muito tempo, ela adormeceu por exaustão em sua cama.

Dando seguimento à sessão, ela fez uma correlação da lembrança do ocorrido em aviões com a memória traumática de quando tinha quatro anos, naquele episódio em que ela ficou presa dentro do armário da avó. Todo o medo, desespero, aperto no peito e sudorese que a criança sentiu ao ser trancada no armário da avó se manifestavam quando ela se encontrava no avião.

O trabalho com o *Brainspotting*, no caso dessa paciente, permitiu acessar o trauma que ela trazia por toda sua vida, embora ela não fizesse essa correlação entre a queixa do presente com a lembrança do passado.

A parte cognitiva do cérebro é responsável pela compreensão das experiências potencialmente traumáticas, mas é na parte mais primitiva dele que ficam as sensações corporais, as quais geram comportamentos disfuncionais de reatualização das memórias. Ademais, a ferida emocional causada pelo trauma se manifesta em sintomas físicos e emocionais, bem como as limitações decorrente dela.

Postula-se que no trauma a resposta pode não fazer muito sentido no momento da reatualização, porque, quando ele aconteceu, o sistema nervoso ainda não estava preparado para suportar a carga energética relativa a ele. Os elementos relacionados à cena ficam arquivados de maneira fragmentada no cérebro. Como no caso relatado da paciente referente à fobia de avião, o trauma é reativado, fazendo o sistema se desorganizar novamente. Vale lembrar que, se não tratada, essa experiência de teor traumático, bem como os sintomas decorrentes dela, podem se arrastar por toda a vida.

Para melhor compreensão do caso descrito da paciente, importante observar o funcionamento do cérebro, corpo e mente. O cérebro se divide em três partes: o neocórtex é responsável pela cognição; o sistema límbico, onde se situam as emoções; por último, nem por isso menos importante, está o cérebro reptiliano (tronco cerebral), a parte mais instintiva e reflexa. Logo, para que o organismo funcione bem, é importante que os três cérebros funcionem organizadamente mantendo a comunicação e organização dos níveis físico, comportamental e emocional do indivíduo.

No caso citado, o sistema nervoso autônomo simpático era ativado, causando desregulação das emoções e dos comportamentos. E o que isso quer dizer? Toda vez que a paciente viajava sozinha e as portas do avião se fechavam, ela se desregulava e o trauma se reatualizava. Ou seja, o trauma se deu quando ela ficou trancada no armário da casa da avó, gritou e chorou, mas ninguém a socorreu, compreendeu ou afagou.

Atualmente, estão acontecendo muitas pesquisas com o *Brainspotting* e suas bases na Neurociência. A neuroplasticidade cerebral viabiliza a constatação de que uma estimulação adequada pode fazer com que novas sinapses sejam construídas. A partir disso, os neurônios podem traçar novos caminhos, formando novas redes neurais. Um dos princípios do *Brainspotting* é a posição ocular, encontrada no campo visual da cliente, que auxilia o reprocessamento do trauma, propiciando autorregulação e a homeostase do sistema.

O terapeuta segue o princípio da incerteza, por isso ele dá atenção à demanda do cliente, ao fenômeno que surge como real, às experiências apresentadas. É o cliente quem mostra o caminho a seguir. O terapeuta não tem resposta pronta ou conselhos a oferecer. Ele usa de sua presença empática, aguardando as informações do ponto de fixação do olhar, sensações corporais, da fala, reflexos oculares para alcançar homeostase do sistema. Dessa forma, o terapeuta necessita estar sintonizado com o sistema subcortical do cliente.

A presença compassiva do terapeuta, com as ferramentas do método *Brainspotting*, ativa a capacidade de autorregulação do cérebro. Como pôde-se observar, ao passo que a cliente focou sua atenção nas ativações corporais de quando ela viajava de avião e as portas se fechavam, seu cérebro a levou à cena traumática de ter ficado presa aos quatro anos, que, ao ser reprocessada, libertou-a para viajar sem toda a ativação emocional antes verificada.

Sentir-se segura frente ao futuro fez diferença para a paciente, pois daí ela não precisou mais usar resposta de luta, fuga e congelamento (resposta emitida durante o *stress* do trauma), quando exposta ao medo de algo real ou não em sua vida. Portanto, ela passou a ter tranquilidade diante das viagens, tão necessárias para o seu trabalho. Ao regular o seu sistema nervoso, ela redirecionou sua energia para a vitalidade, deixando a vida seguir seu curso natural.

A terapeuta a ajudou a conhecer e promover a sua autoregulação, compreendendo, manteve sua presença empática e sem julgamentos. Proporcionando segurança e tranquilidade, o que resultou em crescimento saudável nos âmbitos emocional, pessoal e social.

Após o tratamento com o *Brainspotting*, a cliente já foi capaz de pensar em entrar em um avião sem as ativações iniciais. Ela logo conseguiu voar com as próprias asas, pois seu corpo e cérebro entenderam que a vivência traumática havia ficado no passado.

Referências

BERGMANN, U. A neurobiologia do processamento de informação e seus transtornos: Implicações para a terapia EMDR e outras Psicoterapias. *Trauma Clinic*, 2014.

FUZIKAWA. C. Brainspotting: Um nova abordagem psicoterápica para o tratamento de trauma. *Revista Brasileira de Psiquiatra*. ABP. Ano 5, n. 3, 2015.

GRAND, D. Brainspotting: A nova psicoterapia revolucionária para mudança rápida e efetiva. Brasília. *Trauma Clinic*. Brasília, 2016.

GUYTON, A. C. *Neurociência Básica, Anatomia e Fisiologia*. 2. ed. Rio de Janeiro: Guanabara Koogan, 2008.

LEVINE, P. *O despertar do tigre*. São Paulo: Summus Editora, 1993.

LEVINE, P. *Uma voz sem palavras:* como o corpo libera o trauma e restaura o bem-estar. São Paulo: Summus Editora, 2010.

7

A IMPORTÂNCIA DO AMBIENTE ESCOLAR NO DESENVOLVIMENTO DA PRIMEIRA INFÂNCIA

A primeira tarefa da educação é ensinar a ver. Temos que educar o olhar, ter habilidades e sensibilidades para a poética da infância, no chão e no céu da escola, por um olhar sensível à primeira infância.

CRISTINA MARTINEZ

Cristina Martinez

Mãe do Henrique, casada, pedagoga, apaixonada pelo desenvolvimento infantil. Diretora e mantenedora da Escola de Educação Infantil Ver Crescer há 19 anos e formada pela Unifesp em Medicina Comportamental. Também possui certificado CCE *Continuing Coach Education* – International Coach Federation – *"Coaching as a Strategy for Achievement"*, certificado *Coaching* Infantil, método *KidCoaching* Instituto de Coaching Infantojuvenil-RJ. Formada em Constelação Sistêmica Familiar – Ápice desenvolvimento Humano – *Coaching* Estrutural Sistêmico Organizacional – Ápice desenvolvimento Humano – e *Expert Parent Coaching* Brasil, curso em andamento com a fundadora da Parent Coaching Brasil, Jacqueline Vilela. Facilitadora do Programa Encorajando Pais, curso em andamento com a psicóloga Aline Cestaroli. Também ministra palestras e *wokshops* voltados à primeira infância e presta assessoria e mentoria pedagógica para educadores.

Contato
www.vercrescer.com
crismartinez@vercrescer.com
Instagram: @vercrescer
Facebook: @vercrescer
11 99741 7644
11 95588 4001

Educar a mente sem educar o coração não é educação.
ARISTÓTELES

Educar é formar mente e coração. O dia a dia escolar é permeado pela comunicação, diálogo e busca o desenvolvimento de maneira criativa, possibilitando o pensar, sentir e interagir. Vale ressaltar que o afeto e o acolhimento na primeira infância são fundamentais para a boa adaptação e para o processo favorável de evolução escolar.

Por ser um ambiente de convívio diário onde as crianças passam a maior parte do tempo, o espaço físico do ambiente escolar precisa ser descontraído para que as crianças sintam-se à vontade. Principalmente na educação infantil, em que as crianças começam a exercer a capacidade de questionamentos e desenvolvimento da personalidade, a escola passa a ter papel fundamental nesse processo.

É na primeira infância que o cérebro da criança está a todo vapor. Nesse período, acontecem milhares de conexões, essenciais na formação e expansão das estruturas cerebrais. O cérebro dos pequenos é moldado a partir das experiências e do ambiente em que vivem.

A criança necessita de uma rotina prazerosa no ambiente escolar. Deve ser proporcionado um espaço agradável e seguro para desenvolver a criatividade, autonomia e confiança. Nesse espaço, a criança é estimulada a interagir e partilhar suas descobertas com o seu grupo e desenvolver suas potencialidades.

Quanto mais estímulos positivos a criança receber, mais resultados positivos ela colecionará ao longo da vida, o que a tornará um adulto mais consciente e inteligente emocionalmente.

Em 2000, o Fórum Mundial sobre Educação da UNESCO criou, em Dakar, os quatro pilares da educação para o século XXI. Os pilares focam a questão do "ser" e do "conviver" como objetivos importantes na educação. A metodologia de ensino da primeira infância é fundamentada, conforme a imagem ilustrada a seguir.

Fonte da imagem: Unesco 2000

Teóricos, pensadores e formuladores de políticas educacionais indicam que educar crianças integralmente, incluindo suas habilidades sociais e emocionais, é fundamental para atender às necessidades do novo cenário social e profissional que se desenhava para o mundo.

Além disso, é muito importante garantir à criança acesso a processos de apropriação, renovação e articulação de conhecimentos e aprendizagens de diferentes linguagens. Bem como o direito à proteção, à saúde, à liberdade, à confiança, ao respeito, à dignidade, à brincadeira, à convivência e a outras crianças. Com isso, é possível ampliar a confiança e a participação das crianças nas atividades individuais e coletivas, incentivando a curiosidade, a exploração, o encantamento, a indagação e o conhecimento delas em relação ao mundo físico e social, ao tempo e à natureza.

O brincar é um campo primordial. A primeiríssima infância é um dos campos mais importantes para a formação das habilidades cognitivas e emocionais, permitindo o desenvolvimento integral da criança e abrindo espaço para um trabalho educativo que abrange a formação de valores. A criança convive naturalmente com os desafios criando uma atitude em relação ao real, levanta hipóteses e constrói fontes de informação para buscar respostas às curiosidades e indagações. Assim, a instituição escolar está criando oportunidades para que as crianças ampliem seus conhecimentos do mundo físico e sociocultural e possam utilizá-los em seu cotidiano.

A criança se constitui enquanto indivíduo, em seu processo de construir sobre si, os outros e o mundo social e natural, interagindo com as experimentações à sua vida e nas situações em que desempenha papel ativo. Para isso, são necessários ambientes que a convidem para vivenciar desafios e a sentir-se provocada a resolvê-los. As crianças exploram o mundo de maneira sinestésica, mesclando percepções assimiladas nas interações com os outros e com os espaços.

Os educadores com as crianças preparam o ambiente da educação infantil e organizam a partir do que entendem ser bom e importante para o desenvolvimento de todos. Com isso, são incorporados os valores culturais das famílias em sua proposta pedagógica, de modo que as crianças possam ressignificá-los e transformá-los.

Ambientes variados podem favorecer diferentes tipos de interações. O professor tem papel importante como organizador dos espaços onde ocorre o processo educacional. O trabalho do professor baseia-se na escuta, no diálogo e na observação das necessidades e interesses expressos pelas crianças, transformando-as em objetos. Nesse sentido, ampliará os diferentes olhares sobre o espaço, visando construir o ambiente físico destinado à educação infantil, promotor de aventuras, descobertas, criatividade, desafios, aprendizagens e que facilite a interação criança-criança, criança-adulto e com o meio ambiente.

A criança pode e deve propor recriar e explorar o ambiente, modificando o que foi planejado. É necessário criar oportunidades para que as crianças ampliem o modo de perceber a si mesmas e ao outro, valorizem sua identidade, respeitem os outros, reconhecendo as diferenças que nos constitui como seres humanos. Com o corpo, as crianças, desde cedo, exploram o mundo, o espaço e os objetos do seu entorno, estabelecem relações, expressam-se, brincam e produzem conhecimentos sobre si, sobre o outro, sobre o universo social e cultural, tornando-se, progressivamente, conscientes dessa corporeidade.

É possível desenvolver o brincar de diversas formas, em diferentes espaços e tempos, de modo a ampliar e diversificar suas possibilidades de acessos às produções culturais.

A participação e as transformações introduzidas pelas crianças nas brincadeiras devem ser valorizadas, tendo em vista o estímulo ao desenvolvimento de seus conhecimentos, sua imaginação, criatividade, experiências emocionais, corporais, sensoriais, expressivas, cognitivas, sociais e relacionais.

É na interação com os pares e com adultos que as crianças vão constituindo um mundo próprio de agir, sentir e pensar, e vão descobrindo que existem outros modos de vida e pessoas diferentes com outros pontos de vista. Ao mesmo tempo em que participam de relações sociais e pessoais, as crianças constroem sua autonomia e senso de autocuidado, de reciprocidade e de interdependência com o meio, demonstrando empatia pelos outros, percebendo que as pessoas têm diferentes sentimentos, necessidades e maneiras de pensar e agir. Por esse motivo, a importância de um trabalho bem planejado, estruturado nas habilidades socioemocionais que se dá na primeira infância. Vale ressaltar que a participação da família é de extrema importância para o sucesso.

A observação e o registro das primeiras semanas de aula são importantes para o acompanhamento da criança na transição do ambiente familiar para o escolar. A adaptação envolve a criança e a família.

Para facilitar essa transição, a família também é orientada quanto ao plano de aula estabelecido pela escola, de modo que possa acompanhar o desenvolvimento de seus filhos e, se desejar, dar sua opinião a respeito do trabalho desenvolvido na escola.

As crianças vivem infâncias que os adultos constroem para elas com base na compreensão que têm sobre o que é ser criança e o que é infância. A infância não é um período estático, de vazio social, mas sim um fenômeno concreto material e imaterial e, por isso, mediatizado por temas sociais, políticos e econômicos do mundo contemporâneo. A criança deve, portanto, ser vista como sujeito de suas ações, capaz de estabelecer relação com o mundo de maneira competente, potente e significativa. O corpo das crianças ganha centralidade, pois ele é o participante privilegiado das práticas pedagógicas de cuidado físico, orientadas para a emancipação e a liberdade, e não para a submissão.

Todo o trabalho realizado com a criança tem o objetivo de fortalecer sua autoestima. Respeitar e expressar sentimentos e emoções, atuando com progressiva autonomia emocional. Conhecer, respeitar e cumprir regras de convívio social, manifestando respeito pelo outro ao lidar com conflitos. Expressar ideias, desejos e sentimentos em distintas situações de interação por diferentes meios.

Referências

BRASIL. Ministério da Educação. *BNCC – Base Nacional Comum Curricular na Educação Infantil.* Disponível em:<http://bit.ly/BNCCEdInfantil>. Acesso em: 20 out. de 2021.

ESCOLA de educação infantil Ver Crescer. Projeto Político Pedagógico (PPP), 2020.

JACQUES, D. *Um tesouro a descobrir: relatório à Unesco da comissão internacional sobre educação.* 8. ed. São Paulo: Cortez.

8

APRENDIZAGENS QUE POSSIBILITAM OUTRAS

Você sabe o que são habilidades socioemocionais? Nem todos os pais, educadores e profissionais compreendem, de fato, do que se trata, quais são, para que e como se desenvolvem tais habilidades na primeira infância. Para essas questões, neste capítulo, apresento possibilidades práticas para os adultos se colocarem em relação educativa com as crianças.

DANIELA DE MORAES GARCIA DE ABREU

Daniela de Moraes Garcia de Abreu

Pedagoga e Mestre em Políticas Públicas de Inclusão Social pela FACED –UFRGS/RS; educadora escolar por 30 anos: professora alfabetizadora, coordenadora pedagógica e gestora escolar; professora de cursos de pedagogia, outras licenciaturas e pós-graduação em educação; supervisora de estágios; fundadora e proprietária do Centro Educacional Caminhos – escola de educação infantil com ênfase na Pedagogia da Escuta e inspirada na Abordagem de Reggio Emilia/Itália, Escola da Ponte/Portugal, Maria Montessori e Celestian Freinet. Mãe de um adolescente, membro do Instituto Mães que Transformam, atua como: educadora parental certificada pela positive discipline association – PDA; palestrante e consultora educacional certificada em Disciplina Positiva na Sala de Aula pela PDA; *coach* de pais, crianças e adolescentes; mentora materna com foco no autoconhecimento e encorajamento; analista comportamental; mentora de educadores parentais; *trainer* em Desenvolvimento Humano com programas próprios e associados.

Contatos
www.danieladeabreu.com.br
contato@danieladeabreu.com.br
Instagram e Facebook: @danieladeabreueducadora
51 98179 3123

"Eu odeio beterraba!"
"Meu filho, odiar beterraba é feio! Papai do Céu vai ficar triste. Ele nos deu o alimento. É até pecado odiar e rejeitar a comida!"

Para começo de conversa, esse não é um diálogo criado ou aumentado, não! Sou educadora parental e esta foi a situação que fez o pai de um menino de quatro anos me procurar porque não sabia mais o que fazer com este e outros comportamentos do filho, que deixavam os pais envergonhados, tristes, irritados e preocupados. O pai relatou ainda que, quanto mais tentava corrigir com conversas, ensinamentos ou punições, mais o filho reforçava o que sentia, gritando, chorando e mais resistia a fazer o que o pai queria. O pai reconheceu que estava perdendo a cabeça com frequência, tomando atitudes sem autocontrole que não resolviam e que estavam afastando-o do filho.

Nesse exemplo, temos dois personagens com idades diferentes, papéis familiares distintos e com necessidades aparentemente contrárias. Porém, ao analisarmos com mais cuidado, veremos que, na verdade, são as necessidades universais de todos os seres humanos.

Lynn Lott (2019), autora do livro *Autoconsciência, aceitação e o princípio do encorajamento*, afirma que nossos comportamentos têm o propósito de alcançar quatro necessidades/objetivos: aceitação e reconhecimento, poder e controle, justiça e imparcialidade, habilidades e competências. Segundo Lott, nem sempre isso se dá de modo consciente.

Voltemos à beterraba para exemplificar esses conceitos.

Ao dizer que odiava a beterraba, ficam evidentes duas necessidades do filho. A primeira era de ter a *aceitação* do pai mesmo com sua negativa de comer beterraba. A segunda necessidade do menino de quatro anos era de ter o *poder* de escolha de comer ou não.

Já nas atitudes do pai, podemos inferir que havia, pelo menos, três objetivos/necessidades se manifestando. O primeiro, de *justiça*, quando insistia com o filho para comer a beterraba e para não sentir raiva porque seria injusto com Deus. O segundo é o de *habilidade/competência* ao procurar ajuda por perceber que suas práticas educativas não estavam sendo eficazes.

Vou encorajar você a identificar uma terceira necessidade do pai e quais comportamentos a revelam. Após o exercício, confira na nota de rodapé[1].

Nesse cenário, temos dois personagens: uma criança de quatro anos e um pai com seus quarenta e alguns anos, com outra característica em comum: não terem as

---

1 A necessidade de poder/controle do seu papel do pai ao fazer várias tentativas para o filho comer a beterraba até tomar atitudes extremas, perdendo o controle da situação/autocontrole.

habilidades socioemocionais para lidar com uma situação cotidiana da vida familiar. O primeiro, a criança que ainda não aprendeu e que está na fase de aprender. O segundo, o pai, porque não teve a possibilidade de desenvolvê-las quando era criança e que, provavelmente, pratica a repetição transgeracional, que é repetir o modelo de educação que recebeu.

Esse exemplo provavelmente retrata as inúmeras situações que acontecem nas casas de famílias com crianças e adolescentes e nas escolas e outros espaços sociais. Esse exemplo também nos leva aos seguintes questionamentos: o que são habilidades socioemocionais, quais são, como desenvolvê-las e por que precisam ser desenvolvidas na primeira infância?

A partir desse exemplo real, trago minhas contribuições sobre as questões a que este texto se propõe a refletir. Vamos a elas.

O que são as habilidades socioemocionais?

Podemos encontrar diferentes estudos e práticas internacionais e nacionais relacionadas às habilidades e competências socioemocionais. Destacarei duas pertinentes ao tema.

A primeira visão refere-se ao processo de entendimento e manejo das emoções, com empatia e pela tomada decisões responsáveis, como indicando em CASEL (2019). Este é o conceito atribuído na Base Nacional Comum Curricular para a Educação Básica Brasileira – BNCC, a qual apresenta as habilidades socioemocionais como um dos aspectos inclusos na base comum dos currículos escolares da Educação Infantil ao Ensino Médio.

De acordo com esta referência, "compreender os conceitos de competências socioemocionais envolve o estudo das emoções". A maioria dos estudos e propostas de educação socioemocional apresentam cinco emoções básicas, quais sejam: alegria, tristeza, raiva, medo e nojo.

No livro *Educar Crianças*: *as bases de uma educação socioemocional* (2014), Renato M. Caminha, psicólogo, inclui o amor como uma das seis emoções, pois "ele pode ser considerado uma emoção básica quando se trata do apego ao filhote".

Caminha descreve cada uma das seis emoções, apresenta suas funções e classifica-as como agradáveis e desagradáveis e não como negativas ou positivas, como costumeiramente vemos. No exemplo apresentado no início deste capítulo, o pai possivelmente entendia o ódio, emoção derivada da raiva, como algo negativo. Essa diferenciação é fundamental para entendermos que todas as emoções fazem parte da essência do funcionamento humano.

> As emoções são filogeneticamente transmitidas, ou seja, integram o nosso DNA, e elas habitam o cérebro antes mesmo do surgimento da razão. Damásio demonstrou que Descartes estava errado. Eu não penso, logo existo; eu primeiro sinto, depois penso. A razão surge depois da emoção e para, que haja razão, é necessária a maturação do sistema nervoso.
> (CAMINHA, 2014)

Nesta premissa, Caminha ainda ressalta que, nesse existir, não basta ter apenas um alto desempenho cognitivo, pois nas 'curvas da vida' é necessário regulação emocional, entendido como a capacidade de voltar ao equilíbrio ou ao estado mediano da emoção – o bem-estar.

Ao encontro dessa ideia, inspirada no já referido trabalho de Lynn Lott, apresento uma segunda visão de competência socioemocional, como a capacidade de alcançar, de maneira adequada, os objetivos universalmente inerentes a todo o ser humano: aceitação, poder, justiça e competência. Entretanto, segundo a própria autora, a forma que buscamos isso pode se dar de maneira útil ou inútil, ou seja, com ou sem regulação emocional, como vimos no exemplo da beterraba.

Quais são as habilidades socioemocionais?

A fim de contribuir com pais e educadores que se envolvem diretamente com os cuidados e educação das crianças na faixa etária da primeira infância, o que corresponde à etapa escolar da educação infantil, destaco as cinco competências socioemocionais eleitas pela BNCC e apresento uma síntese pessoal de cada uma delas:

1. Autoconsciência: envolve o autoconhecimento;
2. Autogestão: gerenciamento do estresse e controle dos impulsos;
3. Consciência social: com o exercício da empatia e respeito à diversidade;
4. Habilidades de relacionamento: habilidade de ouvir e falar, cooperar, solucionar conflitos com respeito e auxiliar o outro;
5. Tomada de decisão responsável: escolhas pessoais e interações de acordo com normas, segurança e padrões éticos.

Por que desenvolver as habilidades socioemocionais na primeira infância? Nosso cérebro sente e pensa nessa ordem, como vimos anteriormente. Isso é um avanço em relação ao que acreditávamos antigamente de que o coração sentia e o cérebro pensava. Maiores explicações neurobiológicas podem ser encontradas em referências renomadas como Daniel Siegel, Daniel Goleman, Antônio Damásio, entre outros.

> Na neurociência das aprendizagens, há um conceito que nos auxilia a responder a essa questão que se chama *janelas de oportunidades*. As janelas são os períodos em que se desenvolvem de forma mais intensa e facilitada determinadas habilidades. Abaixo, veremos algumas habilidades que têm a primeira infância como sua principal janela de oportunidade, segundo Doherty (1997 apud Bartoszeck 2007):

Visão: 0 a 6 anos;
Linguagem: 9 meses a 8 anos;
Controle emocional: 9 meses a 6 anos;
Símbolos: 18 meses a 8 anos;
Habilidades sociais: 4 a 8 anos.

Ao analisarmos esses exemplos, fica evidente que o melhor período para desenvolvimento das habilidades socioemocionais é a primeira infância, pois durante essa fase são construídos com maior intensidade os padrões de sentimentos, pensamentos e decisões que empregaremos em toda nossa vida. Podemos dizer, então, que as habilidades socioemocionais são aprendizagens que possibilitam outras, pois o decorrer da vida será repleto de oportunidades de aprendizagens – do fazer, do saber, do ser e do conviver (UNESCO).

Como desenvolver as habilidades socioemocionais na primeira infância?

Nos últimos 20 anos, trabalhei com educação infantil, sendo educadora, coordenadora e gestora, tive o privilégio de pesquisar e conhecer práticas educativas que têm como propósito o desenvolvimento integral das crianças e a parceria entre escola e família, na concepção de comunidade educativa. Acredito, portanto, que a promoção da educação socioemocional pode e deve ocorrer nas mais diferentes situações, dentro e fora da escola e por diversos caminhos.

Apesar de não haver um caminho único porque as pessoas são únicas, há alguns elementos fundamentais, tanto para pais como por profissionais da educação, e que valem ser inseridos nas relações com as crianças.

- O acolhimento das emoções da criança sem reprimi-las. Lembrar que passivos de correção são os comportamentos e não os sentimentos. Jogue a primeira pedra quem nunca sentiu, mesmo que secretamente, raiva do pai ou da mãe por ter recebido um sonoro NÃO quando estava esperando pelo SIM.
- A oferta de uma escuta ativa. Voltemos ao caso da beterraba para ilustrar esta estratégia. Ao retomar a conversa com o filho, o pai descobriu que o filho lhe disse que odiava beterraba porque ela lembrava sangue; que brócolis ele até comia, mas beterraba ele odiava porque ele tinha medo. O pai, então, lembrou que o filho estava passando por um período de medos.
- Aja como o exemplo. As crianças nem sempre nos imitam de modo consciente ou, como muitos pensam, para se vingar. Elas agem assim porque, a partir de suas referências, especialmente afetivas como são o pai, a mãe e os professores, vão construindo seu repertório de reações e atitudes. Para saber mais, sugiro pesquisar sobre o conceito de neurônio-espelho. O que seu filho está aprendendo com você?
- Habilidades são aprendidas, praticadas, treinadas. Ninguém nasce sabendo. Nesse caso, essa estratégia vale tanto para a educação socioemocional das crianças quanto dos adultos.
- Os erros são grandes oportunidades de aprendizagens. Se uma criança virar a água do copo que está carregando e não for punida ou privada de fazer de novo, da próxima vez provavelmente ela se esforçará para encontrar o melhor jeito de fazer sua tarefa sem virar a água, pois se sentiu respeitada e encorajada.
- Foco em soluções: quando somos aceitos e respeitados, nos sentimos encorajados a participar das decisões. Apresente problemas do cotidiano para que seus filhos possam colaborar para encontrar a solução.
- Confie nas potencialidades de sua criança. Durante a infância, as aprendizagens se dão fundamentalmente pela experiência, pela intensa manifestação sensorial, característica fundamental dessa etapa do desenvolvimento. O brincar, o explorar, o descobrir são o trabalho mais importante que uma criança pode realizar, segundo a educadora Maria Montessori.

E, para finalizar, como ficou o impasse da beterraba?

Será que esse pai, outros pais e professores não desenvolveram habilidades socioemocionais na infância, *baterão com a cara* na janela da oportunidade para sempre? Será que esse pai e esse filho estão fadados a uma relação hostil ou desastrosa?

NA NA NI NA NÃO, como diria o meu filho.

Como vimos neste texto, a neurociência, com outros estudos atuais, nos permite garantir que ambos podem aprender a desenvolver habilidades socioemocionais.

Para Lott, toda transformação passa por quatro etapas: o desejo, a autoconsciência, a aceitação e a decisão. E foi esse processo que viveu o 'pai da beterraba'. Desejou ser um pai mais próximo e menos autoritário para o seu filho, tomou consciência de que estava repetindo as práticas educativas que seu pai tinha com ele, aceitou a sua realidade e que precisava decidir o que fazer. E decidiu.

Esse pai escolheu pelo caminho de abrir metaforicamente a janela de oportunidades dessas habilidades, se conectar com sua criança interior, reviver situações vividas na sua infância, revisitando o que sentia, pensava e decidia.

A partir disso, decidiu educar-se para educar seu filho de maneira respeitosa: "Beterraba ou brócolis?"

Referências

BRASIL. Base Nacional Comum Curricular. Brasília: MEC, 2018.

CAMINHA, R. M. *Educar Crianças: as bases de uma educação socioemocional.* Novo Hamburgo: Sinopsys, 2014.

CASEL, Casel Guide – *Effective Social na Emotional Learning Programs.* Disponível em: <http://secondaryguide.casel.org/#Outcomes>. Aceso em: 25 fev. 2019.

DAMÁSIO, A. R. *O erro de Descartes: emoção, razão e o cérebro humano.* São Paulo: Cia da Letras, 2012.

DELORS, J. *Educação: um tesouro a descobrir.* São Paulo: Cortez, 2001.

LOTT, L.; MENDENHALL. B. *Autoconsciência, aceitação e o princípio do encorajamento.* São Paulo: Manole, 2019.

9

APRENDENDO A FALAR E A SE RELACIONAR

A cada nova leitura, ajustamos o grau dos nossos óculos e passamos a perceber as mesmas coisas com novos detalhes. As habilidades socioemocionais que hoje são invisíveis, perante à tomada de consciência, passam a ser nítidas e concretas. Neste capítulo, ampliaremos a percepção sobre o desenvolvimento da linguagem e fala, e o relacionar com a construção das habilidades socioemocionais.

DEBORAH ZARTH DEMENECH

Deborah Zarth Demenech

Fonoaudióloga criadora do Conceito Fada Falah e o método Fada Falah – Ensino de Fala para Crianças e Adolescentes. Comunicar é essencial para as grandes realizações da nossa vida e isso se aprende de pequeno. É por esse motivo que ensinamos crianças a falar bem e bem de si mesmas, para mudar o mundo. Pedagoga graduada pela UNIPAR (2003), pós-graduada em Educação Inclusiva e cursando especialização em Abordagem Comportamental Aplicada pela CENSUPEG.

Contatos
deborahdemenech@gmail.com
www.fadafalah.com.br
Redes sociais: @fadafalah.oficial
45 92000 0637

Na infância, desenvolvemos habilidades básicas para todas as áreas da vida e traçamos nossos caminhos para o sucesso nas fases que vêm a seguir, passando pela vida adulta e chegando à senilidade. Serão longos anos convivendo com a pessoa que se forma a partir das experiências vividas nessa fase.

De antemão, lembremos ser recente a nossa consciência, até mesmo profissional, de dar atenção e importância ao desenvolvimento infantil. A primeira infância já foi vista como fase de desenvolvimento natural e espontânea e, de fato, a infância que alguns de nós tivemos nos proporcionou desenvolver essas habilidades naturalmente.

No entanto, hoje, grande parte das famílias têm uma realidade que chamo de "contexto limitante". O termo parece contraditório, mas - mesmo com tantos recursos tecnológicos, melhores condições financeiras e de escolaridade - infelizmente estamos em um contexto que está limitando o desenvolvimento de habilidades básicas como a coordenação motora e a fala, que dirá das habilidades socioemocionais.

Esse fato é tão significativo que, em 2019, a Organização Mundial da Saúde, ao publicar diretrizes para as crianças crescerem saudáveis, destacou que os novos hábitos sociais trazem impacto significativo sobre a atividade física, sono e brincar das crianças. O diretor-geral da organização explicou que, para a saúde de todos, é emergente olhar para a infância e que, nessa fase de desenvolvimento rápido os padrões e estilo de vida da família podem e devem ser adaptados para otimizar a saúde.

Sobre o termo "contexto limitante", explico que fugi um pouco da linguagem acadêmica com o propósito de tornar o conteúdo mais acessível e leve, gerando mais conexão com as experiências diárias. Esse termo e outros que utilizarei são uma linguagem que adaptei para o contexto.

Agora sim entrando no assunto das competências socioemocionais, chamarei as habilidades que culturalmente já estamos habituados a acompanhar de "visíveis" e as habilidades que só agora estamos aprendendo a analisar de "invisíveis".

Quando digo habilidades visíveis, refiro-me às que já somos acostumados a ver e acompanhar, tais como as primeiras palavras, primeiros passos... enfim, aprendizados que estamos acostumados a acompanhar.

Quando falo "invisíveis", refiro-me a habilidades mais subjetivas de serem observadas, quanto mais analisadas. São elas: habilidades de se relacionar com as próprias experiências, frustrações, sentimentos e com o ambiente à sua volta, são as habilidades socioemocionais.

Sobre o que é visível ou invisível, explico que cada um de nós usa um grau de óculos. Muitas coisas que falarei aqui sobre as habilidades da fala, minha especialidade, ainda não são visíveis para muitos. Assim como muitas habilidades socioemocionais que podem ser muito nítidas para você ainda são invisíveis para a maioria.

Eu sempre digo que cada vez que estudamos um assunto novo é como se ajustássemos o grau dos óculos e, assim, passamos a perceber as mesmas coisas com maior detalhamento. Por isso, as habilidades socioemocionais que hoje são invisíveis, perante a tomada de consciência, passam a ser mais visíveis e concretas.

É importante entender a relação entre a linguagem e a fala com o desenvolvimento das habilidades socioemocionais. Para que nós adultos analisemos as habilidades socioemocionais, é preciso entender como elas são comunicadas. Uma criança vai expressar o seu desenvolvimento socioemocional na fala ou na ausência dela. Ou seja, se houver algo de errado nas habilidades socioemocionais, você será comunicado pela linguagem não verbal e verbal da criança.

Os sinais não verbais de que a criança precisa de ajuda serão expressos por seus comportamentos, aprendizagem e desenvolvimento escolar ou no relacionamento com a família. Uma criança com desafios socioemocionais poderá começar a apresentar baixo desempenho no desenvolvimento da linguagem, da fala, da atenção, da concentração e do aprendizado, gerando ainda situações que exijam mediação dos adultos sobre o seu relacionamento com suas atividades no dia a dia, seu relacionamento com os pares (crianças da mesma idade) e relação com os ambientes, por exemplo, como a escola ou lugares que frequenta.

Outra situação é que dificuldades no aprendizado da linguagem oral vão gerar desafios para a criança e influenciarão o desempenho das habilidades socioemocionais.

Quando acolhemos os pais que trazem dúvidas sobre a fala dos filhos, o que mais ouvimos é que a situação está gerando sofrimento para a criança, que já deixou de fazer algo e que já a viram tristes ao perceber o problema, seja pelas consequências, pela inadaptação social ou episódios de *bullying*.

A incidência de alterações do desenvolvimento da linguagem e fala é hoje muito significativa. Refiro-me desde casos bem simples decorrentes de dificuldades articulatórias devido à língua presa, Distúrbios Específicos de Linguagem até situações mais impactantes como no Transtorno do Espectro Autístico ou Síndrome de Down.

Algo que falo sempre para os pais que sentem dúvida sobre a fala do filho é que aquele problema constatado é para a saúde mental, cognitiva e socioemocional tal qual a febre para a saúde física. Quando a criança está com febre, sabemos ser um sintoma e investigaremos a causa. As dificuldades de linguagem e fala são um sintoma (febrinha) de que algo não vai bem no desenvolvimento. A causa do problema de fala pode ter origem física, biológica, fisiológica, mental, cognitiva e socioemocional.

O desafio que nós, fonoaudiólogos, e demais dedicados ao estudo dessas questões temos é justamente identificar se, na presença de dificuldade de fala e de dificuldades socioemocionais, a dificuldade de comunicação é a causa da dificuldade socioemocional ou se os desafios socioemocionais que a criança enfrenta alteraram sua atenção, aprendizagem, a ponto de influenciar a fala.

Mesmo investigando quem veio primeiro, independentemente da causa, ambas as necessidades já instaladas da criança deverão ser atendidas, pelo fonoaudiólogo e por psicólogos. Então, antes que a criança comece a ter sofrimento e prejuízo nas habilidades socioemocionais, entenderemos o desenvolvimento da linguagem e fala para agir calmamente, mas sem deixar o melhor tempo de estimulação passar.

Os bebês não nascem falando, mas comunicam suas necessidades expressando seu desconforto. Sinto fome, choro. Sinto sono, durmo. Sinto que estou molhado, faço cara estranha e choro. Essa primeira forma de comunicação influencia os pais, que passam a interagir e estimular a criança tanto nas habilidades visíveis quanto nas invisíveis.

Nas habilidades visíveis, o pai começa a dar significado para o que a criança expressa, ensinando o código de que o choro resolve o problema da fralda suja. Logo, os pais dão amor e afeto gerando experiências socioafetivas significativas. E como habilidade invisível, a criança vai aprendendo a esperar ou a tolerar a frustração de ficar suja até que chegue em um lugar adequado para fazer a troca.

À medida que a criança cresce e o pais vão nomeando, dando significado a suas expressões, falando sobre elas e atendendo a pedidos não verbais, ela chora menos e se comunica mais utilizando expressões, gestos e vocalizações.

Não existe bebê chorão ou birrento. Então, o que acontece quando a criança chora demais? Existe uma disfunção.

Ela pode estar com uma dificuldade física não atendida, por exemplo, uma perda auditiva devido à adenoide grande; língua presa que não a deixa mamar e faz engolir muito ar gerando desconforto abdominal; alterações sensoriais com muita sensibilidade a estímulos de luz, cores, barulhos.

Ela também pode estar se comunicando de maneira disfuncional, pois foi reforçada a sua atitude de choro quando ela solicitou algo usando essa comunicação e conquistou. ou utiliza o choro como recurso para atender a uma demanda socioemocional atípica, ou seja, que não é comum às crianças da sua idade.

Nas três situações, é preciso avaliar para que o problema não se agrave. No bebê, um período crucial de observação precoce da linguagem é entre 6 e 12 meses. Nessa fase, a criança demonstrará vontade de olhar para você, de observar seu rosto e ações, iniciando a imitação de gestos com as mãos, expressões faciais e imitando sons.

Desde essa fase, as habilidades socioemocionais são necessárias, tais como curiosidade em aprender, persistência e autoconfiança. Para aprender a falar, a criança precisa ter curiosidade nas pessoas, não somente nas coisas. Precisa ter persistência (assim como os pais), pois o aprendizado envolve aprender a ouvir, organizar a parte motora e executar com precisão. Tudo isso exige treino e tolerância.

Essas habilidades precisam ser estimuladas e, em casos de crianças com desenvolvimento atípico (anormal), mesmo com estímulo adequado, elas demoram um pouco mais para executarem com autonomia.

Aos 12 meses, a criança tem um grande repertório de compreensão da fala dos adultos. Ela dá "tchau" sob solicitação ou quando percebe que estão indo embora. Ela entende o que é "cara feliz" e "cara braba" e consegue imitar essas expressões, sabe que deve parar quando o pai diz pare. Entende que existem perigos e olha para os pais para pedir aprovação. Ela não fica confortável longe de pessoas da família, sente falta, medo e vontade de brincar e interagir.

Até os 15 meses, a criança inicia as primeiras palavras. Sim, no plural. Pois dificilmente a criança aprende uma única palavra e estagna. Ela começa com uma palavra mais simples que pode ser papá, mamá, au-au, piu-piu. mas esse vocabulário cresce diariamente. Os primeiros sons que ela aprenderá serão vogais e consoantes oclusivas, sons representados pelas sílabas PA, MA, CA, NA, DA, TA, GA, BA, NHA, por exemplo. Até os dois aninhos, o vocabulário será numeroso, de trezentas a quinhentas palavras.

Dos doze meses até os dois anos, a criança já manifesta a empatia, habilidade socioemocional de se colocar no lugar do outro. E essa proporciona aprimorar os turnos de diálogo, que é esperar quando alguém está falando, responder com uma palavra ou gesto e logo iniciar uma nova interação verbal ou não verbal. Portanto, estimular os turnos de diálogo também auxilia a desenvolver a área socioemocional.

Aos dois anos, tendo desenvolvido essa noção de ritmo e atenção compartilhada para turno de diálogo com palavras e comunicação não verbal, a criança, que é desafiada a ter autoconfiança e a interagir socialmente, começa a formar frases simples.

Além disso, quanto à aquisição dos sons da fala, a partir de suas experiências com alimentação, mastigação e exploração da fase oral até os 2 anos, a criança consegue realizar movimentos mais complexos que exigem a constrição da boca para a articulação dos sons representados pelas sílabas FA, VA, SA, JA, XA, ZA, por exemplo.

Dos dois anos e meio até os quatro anos, é impressionante o quanto a fala, a articulação e a linguagem da criança se desenvolvem. São tantos aprendizados simultâneos em várias áreas, como o controle dos esfíncteres, habilidades de coordenação manual fina, que a criança fica altiva. Digamos que a habilidade da autoconfiança e da iniciativa social se tornam tão intensas que os pais precisam temperar com estímulos para respeito, tolerância a frustrações e autogestão.

A partir de dois anos e meio, quando o pensamento linguístico tem um pico, mas a coordenação pneumofonoarticulatória ainda não está bem treinada, podem acontecer episódios de gagueira do desenvolvimento. Os pais precisam ficar atentos para procurarem o fonoaudiólogo se perceberem que a gagueira não é leve e se ela ultrapassar três meses de manifestação. Afinal, a gagueira é uma das patologias de fala que mais impacta as habilidades socioemocionais de engajamento com os outros e abertura ao novo.

Aos três anos e meio, a criança já contará histórias, saberá relatar sobre o que aconteceu em um dia anterior e também já terá adquirido os demais sons da fala representados pelas sílabas LA, LHA, RA. O grupo consonantal PLA está começando a ser bem articulado. Próximo dos cinco anos, surge a articulação dos sons refinados (ARA e o grupo PRA, FRA...).

Os problemas de linguagem e fala vão impactar as habilidades socioemocionais que são desenvolvidas a partir da autopercepção da criança diante da sua dor de não se comunicar e das relações interpessoais que ocorrem no diálogo com os adultos e com as crianças da sua faixa etária. Quando nós adultos não identificamos esses problemas e não corrigimos a causa, ou não entendemos o problema e empregamos termos pejorativos para a criança como "ouve quando quer" ou "é preguiçosa para falar", influenciamos forte e negativamente as habilidades socioemocionais, as quais, nesses casos, deveriam ser ainda mais fortalecidas.

Agora com nossos óculos novos, teremos um olhar mais detalhado sobre essas relações, lembrando que nossas palavras são uma poderosa influência no desenvolvimento das habilidades socioemocionais das crianças.

Referências

IGNACHEWSK, C. L.; BATISTA, A. P.; TONI, C. G. de S.; PAVOSKI, G. T. T. Capacidades e dificuldades socioemocionais de crianças antes e após a participação no método FRIENDS. *Revista Psicologia e Saúde*. Campo Grande. V. 11, n. 3, p. 111-123. Publicado em dezembro de 2019. Disponível em: <http://pepsic.bvsalud.org/scielo.php?script=sci_arttext&pid=S2177-093X2019000300008&lng=pt&nrm=iso>. Acesso em: 28 mar. de 2021.

NAÇÕES UNIDAS. OMS: para crescerem saudáveis, crianças devem sentar menos e brincar mais. *ONU News*. Publicado em 25 abril 2019. Secção Saúde. Disponível em: <https://news.un.org/pt/story/2019/04/1669601>. Acesso em: 28 mar. de 2021.

10

AS HABILIDADES SOCIOEMOCIONAIS, A CRIANÇA E O PAPEL DA FAMÍLIA

Muito se fala em desenvolver as habilidades socioemocionais nas crianças para terem condições de gerir suas emoções diante das dificuldades do mundo adulto. Diante disso, fica a pergunta: você adulto, tem noção ou consegue identificar se tem essas habilidades desenvolvidas? Ou só percebe que há uma lacuna quando é colocado em situações desafiadoras? Entende seu papel como pai ou mãe nesse processo?

FABIANA NUNES RIBAS

Fabiana Nunes Ribas

Casada, mãe de dois filhos, terapeuta integrativa sistêmica, professora do programa de aprendizagem a jovens aprendizes(SENAC), cursou o magistério para ensino fundamental e educação infantil. Graduada em Recursos Humanos. Pós-graduada em Gestão Estratégica de Pessoas e Comportamento, Magistério do Ensino Superior, Neuropsicopedagogia, Psicologia Transpessoal em formação. Terapia de casal e Família, Educador Parental Certificado em Disciplina Positiva, emitido pela PDA Brasil e reconhecido pela Positive Discipline Association dos Estados Unidos, certificada em Criação Consciente, especialista em ferramentas *Parent Coaching*, facilitadora do programa educação emocional positiva, formação em Psicologia do Puerpério, certificação em Sono e Apego Seguro, *practitioner* em PNL, reikiana, formação em Eneagrama da Personalidade, especialista em mapeamento da personalidade e seus motivadores, licenciada em método SIS, homeopata, terapeuta floral, auriculoterapeuta, facilitadora de Acces Consciousness, terapeuta de base neoxamânica, educadora parental com ênfase em parentalidade consciente.

Contatos
Instagram: @Fabianaribas.terapeuta
Facebook: Fabianaribas.terapeuta
49 99146 7694

Início

O que percebo em minha vivência terapêutica é que temos uma geração de adultos que não conseguem gerir suas emoções, que muitas vezes se sentem frustrados ou incapazes diante de situações que demandem habilidade emocional.

Assim como na prática de sala de aula e nos atendimentos terapêuticos, tenho uma frase: "tudo é treino". Temos que nos dar a oportunidade de desenvolver essas habilidades, para gerenciar as emoções de modo saudável. Só treinamos o que já desenvolvemos.

Fica muito nítida a falta de habilidade emocional quando esses adultos se tornam pai e mãe, pois precisam ensinar algo que muitas vezes nem sabem como é. Para isso, este artigo tem como contribuição elucidar a você, leitor pai e mãe, que habilidades são essas aplicadas ao contexto familiar, e como elas podem ser uma ferramenta potente no gerenciamento das relações familiares, como nossos modelos de vida, aspectos transgeracionais, impactam para que muitas vezes não tenhamos ação sobre os desafios diários. Despretensiosamente, contextualizaremos essas habilidades e lhe ofereceremos um caminho de desenvolvimento, ou pelo menos um ponto de partida.

Vale olhar para o que alguns pensadores da educação nos ensinam sobre o desenvolvimento socioemocional e a importância do meio para isso.

Segundo Vygotsky, (1991), funções mentais especificamente humanas (atenção voluntária, memória, pensamento verbal e conceitual, afetividade) estão amparadas nas características biológicas (funções elementares) da espécie humana, são instituídas e desenvolvidas ao longo da história social do indivíduo e resultam de fatores biológicos e culturais que evoluíram no decorrer da história da humanidade. Emergem e se constituem no processo de desenvolvimento a partir das interações sociais.

Para Henri Wallon, que foi pioneiro em propor a educação a partir da afetividade, a educação se dá por meio da afetividade, lúdico e respeito às individualidades e necessidades emocionais biológicas e sociais da criança. Ao escrever sobre a constituição das emoções, Wallon (1968; 1971) demonstra que os aspectos emocionais permeiam a ação do ser humano desde o nascimento e mantêm-se ao longo da vida perpassando a intrínseca relação com o outro. O autor compreende a emoção na sua condição primeira de comunicação da criança com o mundo e, assim, situa-a nas bases das relações interpessoais.

Fica clara, por meio da obra desses autores e muitos outros de igual relevância, a função do meio social e familiar, sua decisiva contribuição para a aquisição das funções mentais superiores, pois fornecem os instrumentos para sua formação, visto que a maturação do sistema nervoso não é garantia para o desenvolvimento de habilidades intelectuais mais complexas. Para que se desenvolvam, precisam interagir com o meio social.

Desse modo, não é de hoje que se propõe uma educação que caminhe para outros rumos no sentido de pensar habilidades socioemocionais a fim de desenvolver nas crianças e jovens habilidades de vida que contribuam para o mundo do trabalho, para o sucesso pessoal e profissional.

Vários autores já relacionaram e elaboraram conceitos sobre competências socioemocionais. Dessa forma, pode-se dizer que se tratam de conhecimentos, capacidades, habilidades e atitudes necessárias para compreender, expressar e regular de maneira mais adequada as expressões emocionais.

De acordo com Alzina e Escoda (2007), as habilidades socioemocionais se agrupam em eixos fundamentais:

1. Consciência emocional: capacidade para tomar consciência das próprias emoções e dos demais, incluindo habilidade para captar o clima emocional de um determinado contexto;

2. Regulação emocional: capacidade para manejar as emoções apropriadamente. Supõe a tomada de consciência da relação entre emoção, cognição e comportamento. Autocontrole das emoções;

3. Autonomia emocional: inclui um conjunto de características e elementos relacionados à autogestão pessoal como autoestima, atitude positiva nas experiências de vida, responsabilidade, capacidade para analisar de maneira crítica as normas sociais, buscar ajuda e recursos;

4. Competência social: capacidade para manter boas relações com outras pessoas. Portanto refere-se às habilidades sociais, assertividade, comunicação efetiva, respeito;

5. Competências para a vida e bem-estar: capacidade para adotar comportamentos apropriados e responsáveis para enfrentar de modos satisfatórios desafios da vida cotidiana – pessoais, profissionais, sociais. Permite organizar a vida equilibradamente e saudável, promovendo experiências satisfatórias e de bem-estar (ALZINA e ESCODA, 2007).

Atualmente há um esforço conjunto para se pensar e elaborar estratégias que venham ao encontro de desenvolver competências socioemocionais. Essas competências nada mais são que o famoso C.H.A, e não é o de tomar.

C de conhecimento

H de habilidades

A de atitudes

Parry (1996, p. 33) descreve a competência como um conjunto de conhecimentos, habilidades e atitudes interconectadas que influenciam uma parte significativa das responsabilidades ou papéis cruciais; correlacionar com o desempenho do trabalho; pode ser quantificado contra padrões bem aceitos. Um ponto comum entre todas essas definições é a visão da competência como capacidade para o desempenho do trabalho ou da tarefa.

Se tivermos uma educação voltada e desenvolver o C.H.A, teremos bons resultados no desenvolvimento socioemocional de nossas crianças e jovens. Proponho a você agora uma autoavaliação de seu C.H.A, no papel de pai e mãe. São três listas que sugiro que faça avaliando seu papel de pai ou mãe. Pegue papel e caneta e divida em três quadrantes.

CONHECIMENTO (PAI\MÃE)	HABILIDADES (PAI\MÃE)	ATITUDES (PAI\MÃE)

Com base nesse exercício simples, lhe convido a avaliar o papel da escola nesse processo de desenvolvimento de habilidades socioemocionais. Já é de conhecimento de todos que a escola há décadas assume alguns papéis que o sistema familiar não dá conta. Desse modo, gostaria de lançar um olhar sobre a situação. O afeto que recobre a relação pedagógica é imprescindível ao ato de ensinar, sendo o sucesso ou o insucesso nos processos de ensino e aprendizagem, consequência da qualidade dessa relação.

> Segundo Pierre Weil, antigamente a instrução dos filhos era dever exclusivo da família. Mas a vida foi se complicando e o conjunto de conhecimentos a serem adquiridos por uma pessoa também se estendeu indefinidamente. O resultado disso é que a escola tomou, aos poucos, o encargo de instruir as crianças e adolescentes. Muitos até atribuem a missão de forma-lhes o caráter. (Weil e Pierre, 2019, p. 60)

Percebemos que mais uma vez o papel da escola é confundido com o papel da família. Se fôssemos nos debruçar a pesquisar sobre qual é o papel da família e da escola, ficaria claro que as habilidades socioemocionais devem ou deveriam ser desenvolvidas nas famílias. Não que a escola não tenha atribuição, já que muitas interações ocorrem na escola. O que proponho agora é que a escola pode e deve nos auxiliar nessa ação de desenvolver habilidades socioemocionais nas crianças, nossos filhos, mas é na família que a semente deve ser plantada. Se a aprendizagem se dá por meio dá afetividade e amor, é no ambiente familiar que se tem o solo mais fértil. Em outras palavras, deve-se plantar em casa, adubar na escola e colher na vida.

Outro ponto importante a ser observado é que, há poucos anos, as famílias seguiam modelos de uma educação voltada ao autoritarismo muitas vezes punitivos e coercitivos, nos quais as crianças tinham que obedecer somente sem questionar, fazer sem perguntar, estudar, fazer as lições e dizer sim, senhor, para ser um bom menino ou uma boa menina. E quando isso não acontecia, eram severamente punidos.

Não é difícil encontrar famílias que os pais entram em pânico quando as crianças começam a ter vontades próprias, por volta de dois anos, quando entram no processo de individualização. Os pais começam a se perguntar o que fazer com aquele serzinho que era tão fofinho e que agora está tão cheio de vontades, birras e brigas intermináveis, digo, termináveis em choro. Alguns pais mais determinados e obstinados a fazer o melhor, começam a estudar a fim de desvendar o pequeno e fofo "monstrinho".

E digo, se você quer o melhor para seu filho, esse é o caminho. Sim, estudar para ser pai e mãe, entender que o desenvolvimento de habilidades socioemocionais, ou melhor, habilidades de vida devem e precisam ser desenvolvidas, ensinadas em casa, com afeto, respeito e exemplo, conexão. Não tem como a escola, ou melhor, a professora, por mais amorosa e competente que seja, fazer isso sozinha, pois precisa ter solidez, exemplo e treino diário de cada habilidade. Jane Nelsen, que desenvolveu a abordagem de Disciplina Positiva, é muito feliz em colocar que as crianças não fazem o que falamos, mas sim o que fazemos. Desse modo, não posso dizer "não grite" gritando, como não posso exigir que a criança tenha habilidade de lidar com frustações se pai ou mãe também não conseguem.

Pensei em oferecer um roteiro para auxiliar você a pensar como incorporar isso em sua vida, pensei todas as teorias que busquei e estudei até o momento. E a meu ver, a mais apropriada para essa árdua, mas prazerosa ação de ser um exemplo a ser seguido é a parentalidade consciente.

A parentalidade consciente se aplica como uma abordagem que estabelecerá entre pais e filhos uma relação respeitosa e de escuta ativa. Também coloca a presença consciente, ou seja, o *Mindfulness* como uma ação importante dessa relação. Em outras palavras, quanto mais atentos e presentes estamos na relação com nossos filhos, mais saudável ela se torna. Esse modelo centra a relação pais-filhos numa escuta ativa e aceitação do outro, sem julgamentos a priori e enfatiza a relação afetuosa entre pais e filhos. Trata-se de promover a não reatividade a comportamentos, valorizando uma "atenção consciente e presente" aos atos e experiências que vivenciamos. O eixo seguido objetiva potencial da inteligência emocional pelo reconhecer das emoções em pais e filhos e é pautado por atitudes tais como a afetuosidade, compaixão e uma comunicação plena e eficaz, sem renegar a uma disciplina moderada e respeitosa (DUNCAN, COATSWORTH e GREENBERG, 2009).

Quando lançamos um olhar mais cuidadoso para o papel da família no desenvolvimento das habilidades socioemocionais, fica claro que os pais ou cuidadores precisam estar atentos ao que conseguem ensinar e aprender, pois só posso ensinar o que sei, só ofereço o que já desenvolvi. Convido-o agora para entender cada uma das habilidades já citadas anteriormente, e avaliar se pratica ou tem consciência de sua aplicação diária. Após essa reflexão, faço outro convite: estabeleça como vai ensiná-las, ou melhor, modelar, ser exemplo para seu filho.

Vamos à primeira habilidade socioemocional conforme Alzina e Escoda (2007).

84 | Habilidades socioemocionais

Primeira habilidade socioemocional

"Consciência emocional: capacidade para tomar consciência das próprias emoções e dos demais, incluindo habilidade para captar o clima emocional de um determinado contexto."

Vamos a algumas perguntas que auxiliarão a perceber se tem essa habilidade:

1. Consegue identificar quais são as emoções bases, e sabe se age mais por meio da raiva ou do medo. É mais raivoso ou reativo?
2. Em situações que tem um apelo emocional muito forte, sabe tomar decisões ou se sente ansioso, acuado?
3. Tem a percepção pelo gesto, olhar ou fala das outras pessoas de como elas se sentem, ou consegue perceber quando o clima está tenso, triste ou agressivo?
4. Sabe ou procurou saber seu temperamento e como ele influencia em suas emoções?

Segunda habilidade socioemocional:

"Regulação emocional: capacidade para manejar as emoções apropriadamente . Supõe a tomada de consciência da relação entre emoção, cognição e comportamento. Autocontrole das emoções".

1. Consegue conter sua raiva e frustação diante de situações que fogem a seu controle?
2. Tem total noção de suas reações diante de situações adversas?
3. Já passou ou passa por situações que se descontrola, grita ou chora com facilidade?
4. Tem a tendência a gritar, agredir física ou verbalmente, quando contrariado?

Terceira habilidade socioemocional:

"Autonomia emocional: inclui um conjunto de características e elementos relacionados à autogestão pessoal como autoestima, atitude positiva nas experiências de vida, responsabilidade, capacidade para analisar de maneira crítica as normas sociais, buscar ajuda e recursos".

1. Sente-se ou se sentiu menosprezado ou diminuído em sua vida? Como reagiu?
2. Como reage diante das situações? Qual sua ação padrão? Enfrenta ou desiste?
3. Em suas relações sociais, busca por aceitação e aprovação?
4. Tem a tendência a descumprir normas e procedimentos? Como lida com a autoridade?

Quarta habilidade socioemocional:

"Competência social: capacidade para manter boas relações com outras pessoas, portanto refere-se às habilidades sociais, assertividade, comunicação efetiva, respeito".

1. Como administra suas emoções?
2. Estabelece uma comunicação fácil e clara?
3. É assertivo em seus posicionamentos?
4. Como são suas relações pessoais?

"Competências para a vida e bem-estar: capacidade para adotar comportamentos apropriados e responsáveis para enfrentar de modo satisfatório os desafios da vida cotidiana – pessoais, profissionais, sociais. Permite organizar a vida equilibrada e saudavelmente promovendo experiências satisfatórias e de bem-estar".

1. Como avalia seu senso de responsabilidade e comprometimento?
2. Considera-se organizado em suas entregas profissionais?
3. Mantém o equilíbrio diante de situações que fogem a seu controle?
4. Consegue identificar seus sentimentos e falar sobre?

Por fim, o objetivo com essas perguntas é a autorreflexão, é auxiliá-lo a entender melhor seu desenvolvimento e sua posição diante dessas habilidades de vida. As habilidades socioemocionais nada mais são do que nossas ferramentas internas para lidar com nós mesmos em meio à vida em sociedade. Por natureza, somos seres sociais. Para isso ter um bom relacionamento social e interpessoal, primeiro precisamos estabelecer um ótimo relacionamento intrapessoal.

A necessidade de autoconhecimento vem ao encontro com nosso papel de exemplo, modelo a ser seguido. Nosso papel enquanto família é oferecer um espaço em que a criança, além de desenvolver as habilidades de vida, também se sinta segura para treiná-las, reconhecendo e nomeando o que sente, como sente e o que faz com isso, tendo apoio respeitoso, nesse processo e, principalmente, observando a coerência entre a fala e a prática diária na construção e manutenção das habilidades socioemocionais, concluímos então que essa prática de ensino e aprendizagem começa na família, se fundamenta na escola e se treina e aplica diariamente.

Referências

ALZINA, R. B.; ESCODA, N. P. Las competencias emocionales. *Revista de Educación.* Siglo XXI, nº. 10, 61-62, 2007. Disponível em: <http://revistas.uned.es/index.php/educacionXX1/article/view/297/253>. Acesso em: 22 mar. de 2021.

DAVI, C. L. F.; ALMEIDA, L. R.; RIBEIRO, M. P. O.; RACHMAN, V. C. B. Abordagens vygotskiana, walloniana e piagetiana: diferentes olhares para a sala de aula. *Psicol. educ.*, São Paulo , n. 34, pp. 63-83, jun. 2012.

DUNCAN, L. G.; COATSWORTH, J. D.; GREENBERG, M. T. A model of mindful parenting: implications for parent-child relationships and prevention research. *Clinical Child and Family Psychology Review.* Vol. 12, n. 3, pp. 255-270, 2009.

GALVÃO, I. *Henri Wallon: uma concepção dialética do desenvolvimento infantil.* Petrópolis: Vozes, 2014.

PARRY, S.B. A busca por competências. *Treinamento*, 33(7), pp. 48-56, 1996.

SIEGEL, D. J.; HARTZELL, M. *Parentalidade consciente: como o autoconhecimento nos ajuda a criar nossos filhos.* NVERSOS, 2020.

WEIL, Pierre. *A criança, o lar e a escola.* 26. ed. Petrópolis: Ed. Vozes, 2019.

11

A VIDA É UM PARQUE DE DIVERSÃO. VOCÊ ESTÁ PRONTO PARA BRINCAR?

Vivemos, atualmente, um cenário de isolamento social por conta de uma pandemia causada pelo coronavírus. Esse isolamento trouxe à tona uma série de discussões, principalmente as consequências emocionais para crianças e adolescentes. Eles se depararam com uma necessidade repentina de readaptação da rotina. A frustração protagonizou a vida desses jovens, causando choros, birras, crises de ansiedade, estresse e tantas outras reações psicossomáticas. Mas por que essas consequências apareceram com tanta força? Porque muitas crianças não foram educadas emocionalmente para lidar com situações que fogem do seu controle. Falta a base emocional. Base emocional não é opcional, é essencial.

GABI MOUTINHO

Gabi Moutinho

Baiana, natural de Salvador, Gabi Moutinho é jornalista, escritora e psicoterapeuta. Há mais de 10 anos despertou seu interesse pelo público infantil, tendo em seu primeiro livro *Sem terrinha: por trás das enxadas*, um olhar direcionado para as crianças que pertencem ao Movimento Sem Terra (MST). Ávida por diferentes culturas e forma de educação parental, a soteropolitana morou na Europa e nos EUA, onde conviveu com famílias de diversas nacionalidades sendo *babysitter*. Gabi Moutinho fez dessa experiência uma estratégia para vivenciar de perto os valores, as crenças e significados herdados e compartilhados de pais para filhos e vice-versa. Hoje a psicoterapeuta, além de atender pais e filhos, atua também como palestrante e produtora de conteúdo, buscando sempre compreender e harmonizar o ecossistema familiar.

Contatos
gabterapeuta@gmail.com
Instagram: @gabimoutinho_psicoterapeuta.
71 99947 3664

Imagine se nossa vida fosse como a Disney. Um local onde a gente se diverte, libera energia, sorri de alegria e, algumas vezes, até chora com um pouco de medo. Viver essa adrenalina é muito bom, não é mesmo? Essa é uma maneira lúdica de entender que a vida é como um parque de diversão. Entretanto toda diversão também inclui uma pausa. Por mais divertido que seja, sabemos que os brinquedos não estão disponíveis o tempo todo para nós. Os equipamentos precisam parar para fazer manutenção. A nossa vida funciona da mesma forma.

Mas será que as crianças estão prontas para entender que, assim como nos parques de diversão, na realidade nem tudo funciona como e quando queremos? Elas estão prontas emocionalmente para entender que o brinquedo está fechado? Prontas para serem contrariadas? Prontas para a frustração?

Trago a discussão desse tema porque ainda é grande o número de pais e filhos que atendo diariamente que não sabem lidar com as frustrações. Os pais tentam a todo custo poupar suas crias de qualquer decepção e acabam "metendo os pés pelas mãos". Os filhos, por sua vez, impedidos de vivenciar as frustrações, tornam-se cada vez mais frágeis psicologicamente.

Os pais não querem que os filhos sofram ou passem por qualquer desconforto, por isso muitas vezes intercedem precipitadamente para evitar que algum dano aconteça. Mal sabem que poupá-los dos maiores aprendizados da vida será mais danoso do que a própria dor da frustração.

Quantas vezes seu filho perdeu no jogo brincando com os amigos e isso o fez chorar copiosamente? Quantas vezes uma nota baixa fez do seu filho um alvo de chacota para os coleguinhas da turma? E quem nunca viu o filho ficar triste por que não ganhou o presente/prêmio que queria?

A maioria dos pais acredita veementemente que são capazes de suportar uma decepção mais do que seus filhos e é por isso que acreditam que poupá-los seja a alternativa, aparentemente, mais sensata. Mas existe um ditado antigo e que continua sendo uma verdade indiscutível: é preciso cair e aprender a levantar.

O papel dos pais/tutores tem que ser o de encorajamento e não de impedimento. Cabe aos pais ensinar os seus filhos a focar nas soluções diante de cada problema. Gosto muito de uma frase escrita por Jane Nelsen, em seu livro *Disciplina Positiva*, que diz *"Quando focamos nas soluções, as crianças aprendem a se relacionar com os outros e passam a carregar ferramentas para o próximo desafio".* E é bem isso mesmo.

Sejamos mais realistas e racionais, afinal a vida não nos diz SIM sempre. Se camuflarmos essa realidade para as crianças, dificilmente elas terão inteligência emocional ao longo da vida. Serão adultos frágeis e inseguros. Do tipo de adulto que, por exemplo, "perde o chão" quando não é aprovado numa entrevista de emprego, que agride o vizinho por uma discussão banal na garagem, que mata o parceiro e/ou tira a própria vida por não aceitar o fim de um relacionamento.

Vale abrir uma breve discussão para este último exemplo, pois acontece com muita frequência e ainda assusta toda sociedade. Segundo a Organização Mundial da Saúde (OMS), o suicídio é a terceira causa de morte entre os jovens. O número de suicídio se tornou tão grande que impactou os órgãos internacionais de saúde, considerando o ato um problema de saúde pública. Dentre as principais causas de suicídio estão o desemprego, sensação de vergonha, desonra e desilusões amorosas. E se observarmos essas causas, perceberemos que a falta de inteligência emocional é a base dessa vulnerabilidade. Refiro-me àquela inteligência emocional que deveria ter sido ensinada nos primeiros anos de vida.

Não tem como falar de suicídio juvenil e não citar os grupos coreanos tão conhecidos pela garotada da atual geração, os K-poppers. O K-pop virou febre para crianças e adolescentes no Brasil e no mundo. Mas esses grupos escondem uma realidade alarmante que muitos pais desconhecem. O número de suicídios entre esses artistas é assustador. Mais dramático ainda é a motivação, na maioria das vezes, causada por pressões da mídia, cobranças internas e demais frustrações de cunho profissional.

Então deixo uma provocação:

Quem são os ídolos dos seus filhos? Você os conhece muito bem? Sabe o tipo de influência que eles exercem sobre o seu filho?

Aproveito para estender o leque dessa reflexão para o ecossistema familiar.

E no dia a dia, quem são as principais influências e como elas influenciam no desenvolvimento emocional do seu filho?

É importante reforçar que o objetivo aqui presente não é demonizar os ídolos ou ditar as escolhas das crianças e dos adolescentes. Até porque existem pontos positivos a serem extraídos dessa influência. Mas é preciso atenção para esse assunto, afinal eles podem ser gatilhos poderosos para as fragilidades ainda desconhecidas. E claro, mais importante que monitorar as escolhas das crianças, é construir uma base forte e sólida com princípios condizentes com a realidade em que vivemos, para que elas não sejam pegas de surpresa e paralisem diante de uma situação que exigiria reação.

E como se faz isso? Uma das maneiras mais simples é aprendendo desde cedo a lidar com as frustrações. Exemplificarei trazendo um caso que aconteceu em um dos meus atendimentos.

Case

Uma mãe me relatou que as tarefas domésticas estavam exaustivas desde que a pandemia do coronavírus começou, pois ela teve que dispensar a funcionária que a ajudava nos afazeres do lar, se tornando uma PÃE (pai + mãe). Precisando dar conta da casa e do trabalho adaptado ao modelo *home office*, a mãe chamou as filhas de 7 e 10 anos e disse que só seria permitido o uso de eletrônicos se elas contribuíssem nas atividades domésticas. As meninas foram pegas de surpresa, afinal nunca precisaram sequer arrumar as próprias camas. Retrucaram e se recusaram a realizar as tarefas. A mãe, então, confiscou o celular e o *tablet* das meninas. Foi o suficiente para começar o choro, as birras e as brigas.

90 | Habilidades socioemocionais

O clima na casa estava crítico e tendia a piorar, pois a mãe já estava exausta com a dupla jornada, e as filhas superestressadas por precisarem conviver com uma cobrança inédita e com a frustração de não terem mais acesso aos eletrônicos.

O que fazer em uma situação como essa?

Sustentar uma decisão que entristece seu filho não é uma missão indolor. Muito pelo contrário. Nas primeiras horas parece fácil, mas com o tempo a maioria dos pais começa a sofrer por vê-los abalados e acabam cedendo. A tendência dos pais é ceder, afinal é desconfortável ver seus filhos tristes.

Mas ceder não é o caminho.

Chame seu filho para conversar. Apresente sua fragilidade e a sua dor. Muitos pais têm receio de se mostrarem cansados, tristes e frágeis. Vestem-se emocionalmente de super-heróis/heroínas e criam em seus filhos a ideia de que podem protegê-los de tudo e todos. Claro que existe um lado importante para ambos nessa relação de proteção, mas é preciso que os pais mostrem que também são seres humanos, e isso significa serem vulneráveis e estarem sujeitos às falhas.

Vale lembrar que demonstrar fragilidade também é uma forma de educar. Durante o I Congresso Internacional de Parentalidade, a Camila Cury citou uma frase que me chamou muita atenção e que faz todo sentido: "A educação é uma extensão de quem somos". Quando os pais se mostram sempre fortes, seus filhos têm receio de fracassar porque veem nos seus pais referência de sucesso absoluto, e isso é uma utopia.

Mostre para o seu filho a sua vulnerabilidade. Mostre para o seu filho que ele pode ajudar a melhorar aquela situação, seja por meio de um gesto, uma palavra ou com qualquer ato relevante para vocês naquele momento. E quando essa ajuda vier, reconheça. Isso é uma maneira de reforçar positivamente a relação entre pai/mãe e filho.

Agradeça e elogie o seu filho pela ação dele e mostre-o como aquele gesto fez a diferença para você. Sempre que for elogiar seu filho, ressalte uma qualidade e um esforço feito por ele. Se seu filho foi gentil e prestativo, diga claramente com todas as palavras *"obrigada (o), meu filho, por você ter sido tão gentil e por fazer isso/aquilo"*.

É dessa forma que a criança desenvolve um sentimento de responsabilidade e autovalor. Ao contribuir de alguma forma, ela passa a ter sensação de existência, e existir é ser agente. Isso significa perceber que suas atitudes influenciam em algo e/ou alguém. Dessa forma, a criança habilita dentro de si o senso de percepção no outro e ativa a tão importante empatia.

Observe que iniciei este texto falando de frustração e de como lidar com esse sentimento que se torna mais doloroso quando há sempre uma ação antecessora de superproteção. Posteriormente, ressaltei que a superproteção, muitas vezes, não é intencional e racional. Muitos pais percebem as suas "falhas" quando se veem em uma situação em que expor o filho é uma necessidade e não mais opção. Logo em seguida, eu citei a frustração para exemplificar como a dor pode ser uma grande oportunidade de demonstrar o amor.

Agora, voltando ao *case*.

Sabe aquela mãe solteira de duas filhas que havia se intitulado de "pãe (junção das palavras pai e mãe)" e que me disse que sempre fez de tudo para nunca faltar nada para suas filhas? O que essa mãe precisava saber antes de tudo era que ela também precisava aprender algo. Ela precisava entender que poderia ser uma mãe incrível, mas jamais seria uma PÃE. O papel de pai é do pai, assim como o papel de mãe é papel da mãe. Seja insatisfatório ou exemplar, cada um tem seu papel na vida do seu filho. Abraçar uma função que não lhe cabe é assinar o atestado de exaustão física e emocional como menor das consequências.

Sobre as meninas

Elas estranharam muito as novas funções domésticas, pois sempre tiveram quem fizesse tudo por elas. Cresceram em uma realidade que foi apresentada e naturalmente se acostumaram a ela. E, segundo a mãe, nunca faltou nada. Será mesmo que nunca faltou nada? Sim. Claro que faltou. Faltou mostrar no início da vida que ter alguém para fazer aqueles serviços domésticos era algo valioso e que aquela realidade poderia ser mutável. Como diz a grande cineasta Estela Renner, quando mudamos o início da história, a gente muda a história toda. Certamente as meninas não teriam um choque tão intenso se isso fosse compreendido logo na primeira infância.

Faltou para as meninas uma demonstração de como seria em outro cenário. Faltou ensinar a fazer por educação antes de ser necessário fazer por obrigação. Agora elas teriam que se adaptar a uma nova realidade. Teriam que mudar alguns hábitos. E mudar significa viver novas experiências, nesse caso, impostas pela nova rotina. E mudar, às vezes, dói. Mudanças não significam o fim do mundo, principalmente para crianças que passam pelo processo de adaptação mais rápido do que os adultos.

Foi realmente muito frustrante para as meninas. Mas o momento de frustração pode ser uma ótima oportunidade para criar vínculo. Onde tem frustração, tem emoção. E onde tem emoção, o córtex cerebral registra aquela experiência com uma memória significativa. É nesse momento a hora certa de colocar a semente certa. Aquela semente que dará os melhores frutos.

Então, escolha o melhor momento para conversar com o seu filho. O melhor momento é quando ambos estiverem bem emocionalmente, afinal não é possível educar uma criança sobre o que é o certo quando o cenário está completamente errado. As oportunidades de uma criança absorver com mais clareza uma mensagem são maiores quando há amorosidade nas palavras e no ambiente.

Então, pais, quando vocês estiverem exaltados, respirem. Se por acaso se excederem, peçam desculpa o mais rápido possível. Lembre-se:

Para os gestos de amor, não há hierarquia.

Os pais podem e devem pedir desculpas aos seus filhos quando extrapolarem. Dessa forma, já estarão ensinando valores importantíssimos, como o de reconhecer os seus excessos e o de se redimir. Os pais precisam ser exemplos de educadores emocionais e para isso é preciso, antes de tudo, ser um bom ser humano.

Você não precisa convencer o seu filho sobre o que é certo e o que é errado, você precisa inspirá-lo. A educação está no dia a dia. Está no pedido de desculpa que você dá ao reconhecer um erro. Está na forma que você lida com as derrotas e as supera. Está na maneira como você trata as pessoas ao seu redor, independentemente da hierarquia em que estejam. Está nos atos mais simples que poderiam passar despercebidos por qualquer pessoa.

92 | Habilidades socioemocionais

Educar é ser e não apenas ensinar a fazer.

Se você apenas disser para o seu filho que ele precisa aprender a cair e a levantar-se sozinho, talvez um dia ele aprenda. Mas se um dia você cair e souber se levantar com sabedoria na frente dele, com certeza ele terá menos receio de cair e saberá levantar-se rapidamente.

Referências

LAHEY, J. *Pais superprotetores, filhos bananas*. HarperCollins, 2015.

NELSEN, J. *Disciplina Positiva*. 3. ed. Barueri: Manole, 2015.

SECRETATRIA da saúde do Governo do Estado da Bahia. *OMS alerta: Suicídio é a 3ª causa de morte de jovens brasileiros entre 15 e 29 anos*. Disponível em: <http://www.saude.ba.gov.br/2020/09/10/oms-alerta-suicidio-e-a-3a-causa-de-morte-de-jovens-brasileiros-entre-15-e-29-anos/>. Acesso em: 20 mar. de 2021.

12

USO ABUSIVO DE TECNOLOGIA NA PRIMEIRA INFÂNCIA

A modernidade líquida na qual se vive hoje traz consigo características inovadoras do mundo digital, no entanto, apresenta uma delicada fragilidade dos laços humanos. O uso dos dispositivos eletrônicos em excesso está altamente associado a problemas físicos e emocionais, em especial na primeira infância.

GABRIELLA DI GIROLAMO MARTINS

Gabriella Di Girolamo Martins

Graduanda em Psicologia pela PUC-Campinas; realizou dois projetos de iniciação científica com bolsa FAPESP cujo tema de estudo é avaliação dos impactos da dependência digital em adolescentes. Foi premiada por mérito cientifico na área de ciências sociais pelo primeiro projeto. É autora e coautora de capítulo de livro e artigos científicos na área de dependência digital. Possui trabalhos apresentados em eventos nacionais e internacionais. Experiências de estágios na área da educação.

Contato
gabriella.digirolamo@hotmail.com

Já não há discussões na literatura científica sobre a importância dos três primeiros anos de vida, visto que instituem um leque de possibilidades de promoção à saúde. Essa fase é particularizada por um período crítico do desenvolvimento de maior plasticidade cerebral, ou seja, há maior capacidade do sistema nervoso (SN) em se adaptar e reorganizar frente aos estímulos ambientais (externos) ou orgânicos (internos), indicando ser nesse momento que o cérebro dos pequenos tem uma maior capacidade de se remodelar em função das descobertas que eles fazem com o mundo à sua volta. Nesse sentido, sob a atual perspectiva de um cotidiano pautado nas relações digitais, crianças utilizando celulares e *tablets* já não é mais uma novidade. Frente a esse cenário, uma pesquisa realizada na Filadélfia envolvendo 350 pais, indicou que três quartos das crianças com até quatro anos de idade ganham os próprios dispositivos eletrônicos e o utilizam sem supervisão dos mesmos. No início, os pais entregam esses meios eletrônicos e ficam admirados com a inteligência e capacidade da criança em se adaptar, ou a utilizam como meio para mantê-las quietas em restaurantes, bares e parques. No entanto, o uso excessivo pode acarretar temporalmente em patologias de ordem física e psíquica tanto para a criança que a utiliza quanto para quem convive com ela. Em relação à psíquica, o tempo de tela pode afetar o humor, bem como os sentimentos dos pequenos, além de agravar os sintomas de depressão, transtorno de *déficit* de atenção e hiperatividade (TDAH), fobia social e deixá-los vulneráveis ao desenvolvimento da dependência de internet. E, no que se refere aos aspectos físicos, é possível observar o excesso de peso e a obesidade.

Em síntese, a partir do século XXI, com a Revolução 4.0, a ciência concomitante com a tecnologia despertou a denominada nova era tecnológica, pautada no avanço exponencial do uso da tecnologia; modificando a maneira das crianças se comunicarem, se entreterem e do seu papel de indivíduo em sociedade. Esses dados indicam a importância do reconhecimento dos impactos que o uso abusivo das mídias digitais pode causar na primeira infância, bem como auxiliar desse modo os cuidadores a permanecerem atentos e prevenir tanto o uso exagerado como os impactos negativos desse uso.

Uso da tecnologia na gestação

Uma preocupação principal em relação aos dispositivos eletrônicos é em relação à emissão de radiação. Um estudo publicado pela Organização Mundial da Saúde (OMS) informa que a radiação emitida por esses dispositivos pode provocar câncer e, com isso, os aparelhos são inseridos na mesma categoria de "risco carcinogênico" que é o chumbo. Não obstante, pesquisas já observam que mães que fazem o uso prolongado e abusivo da tecnologia na gestação afeta o bebê no âmbito neurológico, visto que é a fase compreendida pelo início da formação neural.

Dessa forma, um grande estudo realizado por Laura Birks e colaboradores (2017) com 83.884 participantes da Dinamarca, Coreia, Espanha, Holanda e Noruega mostrou a relação entre o uso do celular durante a gestação e problemas comportamentais dos filhos e concluiu que as mães que disseram não ter utilizado o celular com tanta frequência na gravidez, os filhos tinham menor oportunidade de apresentar problemas comportamentais. Isso é, o uso do celular no período gestacional pode estar associado a uma maior probabilidade de crianças apresentarem *déficit* de atenção e hiperatividade. Esses dados refletem um paradoxo em que as relações sociais são pautadas e alinhadas por meio de estratégias para que os usuários permaneçam sempre conectados, no entanto não é falado sobre as consequências negativas que esse uso pode gerar no feto muito antes de sair do ventre da mãe.

Habilidade socioemocional

Nos primeiros anos de vida, as crianças adquirem a capacidade de se interessar e aprender sobre as relações socioafetivas. O vínculo mais importante é o apego, pois a experiência com o apego permite à criança uma base para as relações afetivas nas futuras relações. O apego se difere em quatro tipos (**seguro, evitante, ambivalente e desorganizado**), sendo o primeiro considerado o mais saudável. De acordo com Bowlby, a estabilidade do apego consiste em uma relação sólida de vínculo com o cuidador e a criança, ressaltando a importância do contato humano, que rareia no atual momento.

Nessa conjuntura, muito se discute sobre os efeitos positivos em relação ao desenvolvimento cognitivo dos programas educativos direcionados para as crianças, porém o que é pouco debatido, com isso, é o fato de que as crianças ainda não têm as habilidades cognitivas mínimas totalmente desenvolvidas como, por exemplo, atenção e memória, o que invalida a premissa da estimulação cognitiva e educacional. Ademais, dois estudos indicaram que o programa "Vila Sésamo", considerado uma referência cultural infantil, apresentou efeitos negativos no âmbito da linguagem em crianças menores de dois anos de idade. Concluindo, à medida que a criança torna-se estagnada à tecnologia, ela deixa de viver certas experiências afetivas para dedicar-se a uma inaptidão social e uma falsa sensação de encontrar um local seguro.

Sob essa perspectiva, retoma-se um conceito sobre a importância do brincar livre na infância, porque permite que a criança construa e reconstrua seu mundo, expressando suas emoções, seus afetos, seus desejos, bem como a função de inserir a criança em seu meio social, pela frustração do reconhecimento do que pode e não pode. É no brincar que a criança aumenta sua independência, desenvolve habilidades motoras, estimula suas sensibilidades táteis (visão, tato, olfato), exercita sua imaginação, sua criatividade, socializa-se, interage, reequilibra-se, recicla suas emoções, sua necessidade de conhecer e reinventar e, assim, constrói os próprios conhecimentos de maneira ativa.

O Quadro 1 apresenta algumas características de caráter normativo da primeira infância, isto é, ocorre com grande parte das crianças, em contraste com desenvolvimento a partir da nova geração, que já nasceu imersa no mundo tecnológico.

Quadro 1. Características do desenvolvimento normativo diante do uso abusivo da tecnologia.

Característica normativa	Uso abusivo da tecnologia
Crescimento cerebral	
Inicia no 25º dia de gestação até o 9º mês.	Uso excessivo poderá desenvolver prejuízos neurológicos para o bebê (hiperatividade, *déficit* de atenção) devido às radiações.
Ritmo Circadiano	
Nessa fase, a criança aprende o ciclo do sono e, gradualmente, perde sestas diárias e dorme à noite, conforme a produção de melatonina.	Luz emitida pelos aparelhos digitais inibe a secreção de melatonina, hormônio do sono.
Sentidos	
Desenvolvimento dos cinco sentidos.	Superestimulação visual e auditiva em detrimento dos outros sentidos. Não há organização das ideias, nem tão pouco a percepção de maneira íntegra. O que se sobressai é a visão e a audição.
Desenvolvimento socioafetivo	
A criança estabelece apego com o cuidador. Desenvolve expressões emocionais (alegria, tristeza), aprende a regular emoções.	Ocorre uma interação sem resposta. A criança interage apenas com os dispositivos eletrônicos.
Desenvolvimento psicomotor	
A criança aprende a correr, andar de bicicleta, escovar os dentes, utilizar um garfo para comer, abotoar e desabotoar botões.	O corpo fica fora de ação, implicando a falta de inteligência sensório-motora e movimentos restritos.
Desenvolvimento atencional	
A criança desenvolve a capacidade de prestar atenção nos objetos, nos adultos; controlar a atenção para uma situação específica e planejar movimentos específicos para realizar uma ação.	Há uma superestimulação visual e auditiva, dificultando o prestar atenção, selecionar e planejar ações.
Desenvolvimento da personalidade	
A criança constrói o eu observando seus traços físicos, se identificando e imitando os adultos próximos. É nessa fase que a criança desenvolve a autoestima.	A criança se aproxima e imita o conteúdo a que está assistindo. Portanto, deve-se estar atento ao conteúdo assistido pelos pequenos.

Prevenção para o uso abusivo da tecnologia na primeira infância

0 – 3 anos

Segundo a Associação Psiquiátrica Americana (APA), é recomendando evitar o uso de tecnologia até os três anos, incluindo televisão, *smartphone, tablets*. Isso porque, ao se desconectarem por completo das mídias interativas, terão a possibilidade de se desenvolver descobrindo o mundo à sua volta.

3- 6 anos

Nessa idade, o recomendado é apresentar a tecnologia para a criança 1 hora por dia, com constante supervisão parental. É comum os cuidadores fornecerem às crianças os dispositivos como uma recompensa pelo bom comportamento, no entanto deve-se tomar cuidado, pois é nesse momento que a criança está desenvolvendo o comportamento social.

Recomendações para pais, segundo a cartilha de uso inteligente da tecnologia

O uso abusivo das mídias digitais é uma crescente preocupação de saúde pública em todo o mundo e, apesar da recomendação estabelecida pela APA, a realidade configura-se de outra forma. Nesse sentido, o Ministério da Mulher, da Família e dos Direitos Humanos (2009) desenvolveu uma cartilha sobre o uso inteligente da tecnologia, em que discorre, por meio de dicas práticas, a respeito da importância do cuidado parental nesse processo de prevenção e auxílio do uso excessivo, sendo elas:

1. Postergue ao máximo a idade de entrega de um *"smartphone"* para seu filho;
2. Defina uma agenda pessoal diária de atividades para as crianças;
3. Não autorize que seu filho tenha o aparelho celular 24 horas à disposição;
4. Cuidado com o celular em sala de aula;
5. Nada de celular nas refeições;
6. Evite que crianças e adolescentes utilizem o celular estando sozinhos no quarto;
7. Senhas devem ser compartilhadas;
8. Ensine as crianças serem responsáveis com seus celulares e computadores;
9. Estabeleça dias e horários específicos para utilização dos eletrônicos;
10. Defina, em família, dias sem tecnologia;
11. Cuidado com acesso irrestrito a plataforma de filmes;
12. Fale sobre regras de educação e etiqueta ao usar a internet;
13. Seja firme! Regras são para cumprir;
14. Estimule a leitura e leia muitas histórias para seus filhos;
15. Estabeleça momentos constantes de conversas em famílias sem celular;
16. Converse sobre a internet.

Conclusão

Em resumo, reconhece-se que o uso das mídias digitais é necessário para o cotidiano, principalmente diante do novo normal trazido pela pandemia da covid-19, que levou a humanidade em uma busca incessante das tecnologias. E, vale ressaltar, que o problema não é a tecnologia, mas o uso que é feito da mesma.

Por fim, o intuito deste capítulo é alertar os pais e cuidadores acerca dos perigos que uso indevido dessas tecnologias pode acarretar ao longo do processo evolutivo da criança até a fase adulta. E, com isso, enfatizar o protagonismo do responsável no uso inteligente dessas mídias, servindo assim de modelo positivo.

Referências

ALDAD, T. S.; GAN, G.; GAO, XB.; TAYLOR, H. S. A exposição à radiação de radiofrequência fetal de telefones celulares com classificação de 800-1900 MHz afeta o neurodesenvolvimento e o comportamento em camundongos. *Relatórios científicos* , *2* , 312.

BIRKS, L.; GUXENS, M.; PAPADOPOULOU, E.; ALEXANDER, J.; BALLESTER, F.; ESTARLICH, M.; KHEIFETS, L. Maternal cell phone use during pregnancy and child behavioral problems in five birth cohorts. *Environment international, 104*, 122-131.

BOWLBY, J. Teoría del apego. *Lebovici, Weil-HalpernF.*

CANAN, F.; YILDIRIM, O.; USTUNEL, T. Y.; SINANI, G.; KALELI, A. H.; GUNES, C.; ATAOGLU, A. The relationship between internet addiction and body mass index in Turkish adolescents. *Cyberpsychology, Behavior, and Social Networking, 17*(1), 40-45.

CARLOS, D. M.; SILVA, M. A. I. A saúde do adolescente em tempos da covid-19: scoping review. *Cadernos de Saúde Pública*, 36, e00150020. CARNEIRO, V. L. Q. Programas educativos na TV. *Comunicação & Educação*, (15), 29-34.

DE ABREU, C. N. Entendendo o impacto cognitivo da dependência de internet em adolescentes.

FERNANDES, C. M.; EISENSTEIN, E.; DA SILVA, E. J. C. *A criança de 0 a 3 anos e o mundo digital.* Disponível em: <https://www.sbp.com.br/fileadmin/user_upload/A_CRIANCA_DE_0_A_3_ANOS_E_O_MUNDO_DIGITAL.pdf>. Acesso em: 01 nov. de 2021.

HA, J. H.; YOO, H. J.; CHO, I. H.; CHIN, B.; SHIN, D.; KIM, J. H. Psychiatric comorbidity assessed in Korean children and adolescents who screen positive for Internet addiction. *The Journal of clinical psychiatry.*

HAGHANI, M.; SHABANI, M.; MOAZZAMI, K. (2013). Maternal mobile phone exposure adversely affects the electrophysiological properties of Purkinje neurons in rat offspring. *Neuroscience, 250*, 588-598.

INTERNATIONAL Agency for Research on Cancer. (2011). IARC classifies radiofrequency electromagnetic fields as possibly carcinogenic to humans. *Press release, 208.*

KABASAKAL, Z. (2015). Life satisfaction and family functions as-predictors of problematic Internet use in university students. *Computers in Human Behavior, 53*, 294-304.

LORO, A. R. A importância do brincar na educação infantil. Disponível em: <https://bibliodigital.unijui.edu.br:8443/xmlui/bitstream/handle/123456789/3391/Aline%20Loro%20TCC%20p%C3%B3s%20banca.pdf?sequence=1#:~:text=Pelo%20brincar%20a%20crian%C3%A7a%20pode,%2C%20intelig%C3%AAncia%2C%20sociabilidade%20e%20criatividade.>. Acesso em: 01 nov. de 2021.

OLIVEIRA, W. A. D.; SILVA, J. L. D.; ANDRADE, A. L. M.; MICHELI, D. D.; ORTIZ, M. J.; FUENTES, M. J.; LÓPEZ, F. Desenvolvimento socioafetivo na primeira infância. *Coll C, Marchesi A, Palácios J, orgs. Desenvolvimento psicológico e educação: psicologia evolutiva. 2ª ed. Porto Alegre: Artmed*, 105-23.

PARK, S.; HONG, K. E. M.; PARK, E. J.; HA, K. S.; YOO, H. J. The association between problematic internet use and depression, suicidal ideation and bipolar disorder symptoms in Korean adolescents. *Australian & New Zealand Journal of Psychiatry, 47*(2), 153-159.

RIDEOUT, V. J.; HAMEL, E. *The media family: Electronic media in the lives of infants, toddlers, preschoolers and their parents.* Henry J. Kaiser Family Foundation.

SOCIEDADE BRASILEIRA DE PEDIATRIA. *Saúde de crianças e adolescentes na era Digital. Disponível em: <https://www.sbp.com.br/fileadmin/user_upload/2016/11/19166d--MOrient-Saude-Crian-e-Adolesc.pdf>. Acesso em: 01 nov. de 2021*

SOUZA, A. M. D. (2000). *Programas educativos de televisão para crianças brasileiras: critérios de planejamento proposto a partir das análises de Vila Sésamo e Rá Tim Bum* (Doctoral dissertation, Universidade de São Paulo).

YOUNG, K. S.; ROGERS, R. C. (1998). The relationship between depression and Internet addiction. *Cyberpsychology & behavior, 1*(1), 25-28.

13

HABILIDADES SOCIOEMOCIONAIS NA PRIMEIRA INFÂNCIA

Este capítulo mostra a importância de desenvolver as competências socioemocionais das crianças na primeira infância, além de mencionar algumas abordagens e metodologias que norteiam pais e professores a desenvolverem habilidades socioemocionais com seus filhos e alunos para que cresçam de maneira autônoma e saudável.

GLADYS GARCIA

Gladys Garcia

Gladys Garcia é mestre em Educação, pós-graduada em Psicopedagogia, Neurociência, Desenvolvimento Humano e Psicologia Positiva. É docente há 25 anos, mentora de carreira para jovens e formadora de professores, lecionando nos cursos de graduação e pós-graduação em Educação da Universidade Anhembi Morumbi. É certificada em Disciplina Positiva pela Positive Discipline Association. Escritora, palestrante e idealizadora do programa Treinando Mentes. Apaixonada por gente e tem como missão fazer a diferença na vida de quem cruza seu caminho.

Contatos
gladys.garcia02@gmail.com
Instagram: @ggtreinandomentes
11 99705 7014

A educação socioemocional não acontece somente na escola, mas também em casa.
TÔNIA CASARIN

Temos discutido muito sobre educação socioemocional, mas sabemos o que isso significa? Compreendemos a dimensão de como desenvolver habilidades socioemocionais é importante para nossa vida em sociedade?

Educação socioemocional é o conjunto de ações para o desenvolvimento das competências socioemocionais – que incluem a capacidade de lidar com as próprias emoções, desenvolver autoconhecimento, se relacionar com o outro, de ser capaz de trabalhar em colaboração, mediando conflitos e solucionando problemas.

Segundo a Organização para a Cooperação e o Desenvolvimento Econômico (OCDE), essas competências são as habilidades que cada indivíduo desenvolve para alcançar seus objetivos, interagindo com os outros e gerenciando as próprias emoções, bem como usando a empatia (FRAIMAN, 2019).

Diversos estudos nas áreas pedagógica e psicológica mostram que o cérebro se desenvolve de maneira muito rápida na primeira infância, as experiências vividas e assimiladas nessa fase impactam a vida adulta. Investir na primeira infância é, portanto, o caminho para a construção de seres humanos mais saudáveis em todos os aspectos, sobretudo o emocional, diminuindo a violência e aumentando as experiências de bem-estar e felicidade.

Há 13.796.159 crianças de 0 a 4 anos no Brasil, de acordo com dados do censo do IBGE de 2020. Muitas delas vivem em condições de vulnerabilidade, com famílias que ganham até um salário mínimo. É fundamental garantir que essas crianças tenham nutrição adequada, um lar funcional e desenvolvimento de habilidades socioemocionais, pois todos esses aspectos podem resultar na dificuldade em aprender.

Além dos pais, que muitas vezes não tiveram acesso às informações, educadores também não recebem formação adequada para ajudar as crianças a construírem essas competências. Assim, as escolas deveriam promover capacitação aos professores (e estender aos pais) para que as crianças tenham tanto lares quanto contextos educacionais mais saudáveis. No entanto, é preciso que haja uma mudança de mentalidade na gestão das escolas para que isso ocorra.

As habilidades socioemocionais podem ser ensinadas e aprendidas

Se a escola abraçar essa ideia, garantirá às crianças um desenvolvimento com mais robustez emocional.

Infelizmente o trabalho feito nas escolas ainda é embrionário. Muitas instituições continuam focando no conteúdo e nas habilidades cognitivas, em detrimento do trabalho com as competências socioemocionais. Até as avaliações, bastante tradicionais, refletem essa preocupação, por vezes excessiva, com o conteúdo.

No entanto, um incômodo começou a ser sentido pela sociedade. Focar apenas em conteúdos escolares não tem sido suficiente para formar os cidadãos do século XXI.

A escola é o ambiente ideal para que os alunos aprendam a se relacionar, a lidar com diferentes opiniões e costumes, a trabalhar em equipe e até a estabelecer metas. Isso demanda o desenvolvimento de habilidades que têm mais relação com o autoconhecimento, o gerenciamento de emoções e a mobilização de comportamentos na criação de um ambiente mais positivo (CARVALHAES, 2017).

A partir dessa necessidade gerada pela transformação da sociedade, as habilidades socioemocionais começaram a aparecer em documentos oficiais na área educacional. Por exemplo, elas estão presentes na Base Nacional Comum Curricular (BNCC) e são evidenciadas pelas competências 8, 9 e 10.

Autoconhecimento, autocuidado, empatia, respeito, colaboração, valorização da diversidade, autonomia, responsabilidade, flexibilidade, resiliência e tomada de decisão de maneira ética e sustentável são algumas das competências que devem ser trabalhadas durante as aulas.

Quadro 1. Competências Gerais da Educação Básica

Conhecer-se, apreciar-se e cuidar de sua saúde física e emocional, compreendendo-se na diversidade humana e reconhecendo suas emoções e as dos outros, com autocrítica e capacidade para lidar com elas.
Exercitar a empatia, o diálogo, a resolução de conflitos e a cooperação, fazendo-se respeitar e promovendo o respeito ao outro e aos direitos humanos, com acolhimento e valorização da diversidade de indivíduos e de grupos sociais, seus saberes, identidades, culturas e potencialidades, sem preconceitos de qualquer natureza.
Agir pessoal e coletivamente com autonomia, responsabilidade, flexibilidade, resiliência e determinação, tomando decisões com base em princípios éticos, democráticos, inclusivos, sustentáveis e solidários.

Fonte: BNCC (BRASIL, 2017, pp. 9-10)

Pesquisas apontam que a aprendizagem socioemocional impacta os resultados escolares, auxilia os estudantes a desenvolver autorregulação, ajuda na construção de relações mais saudáveis, reduzindo os conflitos e melhora o comportamento em sala de aula, auxiliando os jovens a terem mais sucesso na escola e na vida (CASEL, 2017).

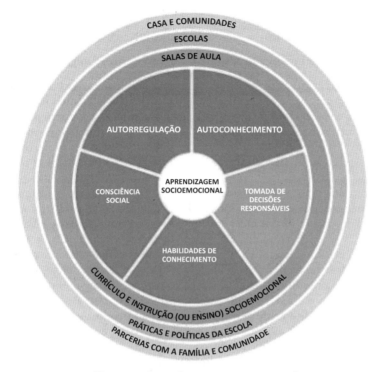

Figura 1. Aprendizagem socioemocional
Fonte: CASEL, 2017

De acordo com Casel (2017), essas são as principais habilidades socioemocionais a serem aprendidas:

- Autoconhecimento – conhecer a si mesmo, como age diante de determinadas situações, conhecer as próprias emoções;
- Autorregulação – é a capacidade de gerenciar as próprias emoções, pensamentos e comportamentos nos mais diversos contextos;
- Relacionamento Interpessoal – é a habilidade em construir e manter relacionamentos saudáveis com indivíduos e grupos diversos;
- Consciência Social – engloba a empatia ou a capacidade de perceber as emoções dos outros e agir em conformidade com elas;
- Tomada de Decisões Responsáveis – é a habilidade de tomar decisões que favoreçam a ética e normas sociais.

Só para termos uma ideia, uma criança que está prestes a iniciar o Fundamental I, precisa conhecer suas emoções e lidar com elas, aprender a manter sua atenção e seguir instruções.

Diversos estudos recentes demonstram que uma criança apresentar melhoria em seu comportamento quando tem a oportunidade de desenvolver habilidades socioemocionais, assim como constrói relacionamentos sociais saudáveis. Isso também impacta o cérebro e, como consequência, seu desenvolvimento escolar.

As contribuições da neurociência sobre o cérebro e aprendizagem

A neurociência é uma ciência relativamente nova. Há algumas descobertas que valem a pena comentarmos aqui, pois são relevantes para o desenvolvimento socioemocional.

A razão e a emoção se desenvolvem de maneiras distintas, mas fazem parte de uma rede interligada. Assim, quanto mais emoções sentimos, mais redes neurais criamos, aumentando nossa capacidade cognitiva. Os alunos precisam ser protagonistas e as experiências que eles vivem precisam gerar emoção e despertar interesse para que o aprendizado seja mais eficaz.

Portanto, tudo o que nos acontece afeta a forma como o cérebro se desenvolve. Os primeiros três anos de uma criança são cruciais. O que ela aprende sobre si mesma e o mundo ao seu redor se dá por meio das emoções e dos sentidos, que geram conexões neurais e essas experiências moldam a maneira como ela vê e entende o mundo.

A neurociência também trouxe um conceito extremamente relevante sobre o cérebro: a plasticidade cerebral. É a capacidade que o cérebro tem de mudar, se adaptar ao longo da vida. É a possibilidade que o cérebro possui de se reorganizar, estabelecendo novas conexões e novas redes e trilhas neurais (DOIDGE, 2012).

A neuroplasticidade está presente nos processos de aprendizagem. Na escola, somos estimulados, o professor é responsável por engajar, envolver e estimular os alunos. Assim mesmo, um aluno com uma dificuldade específica pode se desenvolver se for estimulado de maneira apropriada. Ou seja, o cérebro se reorganiza, reaprende, estabelece novas conexões para possibilitar a aprendizagem.

> *Enquanto o cérebro é incrivelmente flexível, há janelas de oportunidades no início da vida de uma criança nas quais ocorre importante aprendizado [...] Se essas janelas não forem aproveitadas, pode tornar-se mais difícil para a criança adquirir aquelas habilidades.*
> (NELSEN *et al.* 2018, p. 34)

Assim, o aprendizado das habilidades emocionais é de extrema importância nessa janela de oportunidade que aparece na primeira infância.

Metodologias e abordagens

Há diversas metodologias, abordagens e programas no mercado que prometem desenvolver as habilidades socioemocionais, especialmente na escola, como, por exemplo, a Escola da Inteligência, do Dr. Augusto Cury, e Projeto OPEE, do psicoterauta Leo Fraiman.

Ambos defendem a ideia de que a escola tenha em sua matriz curricular um componente exclusivo para o desenvolvimento da educação socioemocional, assim como contempla as disciplinas Língua Portuguesa, Matemática, Ciências etc. Os programas trabalham o desenvolvimento da inteligência emocional e de um projeto de vida tendo a criança e o adolescente como protagonistas, desde a Educação Infantil até o Ensino Médio.

Também há uma abordagem que trabalha as competências socioemocionais, que é a disciplina positiva. A disciplina positiva é um conjunto de conceitos que propõem transformar as relações entre alunos-professores e pais-filhos. As técnicas e estratégias utilizadas foram elaboradas com base no trabalho de Alfred Adler e Rudolf Dreikurs, e visam desenvolver habilidades nas crianças e adolescentes, ajudando-os a serem mais responsáveis, respeitosos e resilientes, de modo que possam desenvolver recursos para se tornarem mais autônomos durante toda a vida.

A disciplina positiva possui técnicas que ajudam os pais e professores a formar crianças e adolescentes mais autônomos, autorresponsáveis, comprometidos com a comunidade e saudáveis, tanto física e mental, quanto emocionalmente. Jane Nelsen (2016), que criou os princípios dessa abordagem, defende que é preciso entender que o diálogo, a empatia e a conexão precisam estar cada vez mais presentes nas relações.

Assim, foram criadas estratégias com foco na escuta, no reconhecimento e validação de emoções, gentileza, mas também na firmeza e criação de limites. Para ajudarmos as crianças a desenvolverem habilidades para uma vida saudável e feliz, precisamos dar autonomia a elas, mas também impor limites. A disciplina positiva traz o conceito de gentileza E firmeza. Observe que não é nem apenas um, nem apenas outro, mas sim uma **combinação** das duas atitudes. Validamos o sentimento das crianças e adolescentes ao sermos gentis, e colocamos limites ao sermos firmes. Desse modo, as crianças sentem-se valorizadas e validadas, recebem a orientação sobre o que precisam fazer.

Outro ponto crucial da disciplina positiva é que é importante acalmar a criança ou adolescente que esteja nervoso, impaciente ou com medo, antes de conversar sobre o que está acontecendo. Quando as crianças e adolescentes se estressam, é disparado no cérebro o sistema de alerta, o que os impede de pensar de maneira lógica naquele momento. Por isso, são comuns as birras, brigas e chiliques. Nada funcionará se eles não se acalmarem primeiro (e você também).

Quando se acalmam, é importante estabelecer conexão, validando os sentimentos deles. Podemos utilizar a técnica das perguntas. Por exemplo, "Como você está se sentindo/se sentiu em determinada situação? O que você acha que poderia ter feito para lidar com a situação? O que você pode fazer?" Assim, estaremos convidando-os para a reflexão e a uma postura mais autônoma, além de estimularmos o autoconhecimento e autorregulação.

Enfim, é preciso conhecer técnicas e estratégias de gerenciamento emocional, mas, sobretudo, criar um ambiente de acolhimento, reconhecimento, respeito e amor. Os benefícios que essa abordagem focada no acolhimento e escuta pode trazer são crianças emocionalmente mais estáveis e felizes, e relacionamentos mais saudáveis.

Concluímos que a educação socioemocional é a base para uma vida mais saudável e feliz. Portanto, estratégias e técnicas que permitam desenvolvê-la precisam estar presentes tanto na formação do professor, bem como serem acessíveis aos pais.

Para criar crianças emocionalmente saudáveis, os adultos também precisam desenvolver autoconhecimento, autorregulação e, portanto, cuidar também de si mesmos. Como ser calmo e amoroso em momentos de crise se você não cuidar do próprio desenvolvimento socioemocional? Como bem mencionado anteriormente, não tivemos acesso a essas informações na escola ou em casa.

Não importa quais circunstâncias enfrentaremos com nossas crianças, o importante é sempre ter em mente que as crianças (e nós também) precisam de senso de aceitação e autovalor, para isso ser desenvolvido a palavra-chave é conexão. Conexão consigo mesmo (por meio do desenvolvimento do autoconhecimento e autorregulação) e conexão com os outros (desenvolvendo nossas habilidades sociais, empatia e escuta ativa).

Referências

BRASIL. Ministério da Educação. Base Nacional Comum Curricular (BNCC). Brasília: MEC, 2017. Disponível em: <http://basenacionalcomum.mec.gov.br/images/BNCC_20dez_site.pdf>. Acesso em: 01 mar. de 2021.

CASEL - The Collaborative for Academic, Social and Emotional Learning. Disponível em: <www.casel.org>. Acesso em: 13 mar. de 2021.

CURY, A. Escola da inteligência. Disponível em: <https://escoladainteligencia.com.br/>. Acesso em: 1 mar. de 2021.

CURY, A. *Inteligência socioemocional*. São Paulo: Escola da Inteligência, 2017.

DIAS, J.C. Educação socioemocional: qual o seu papel na escola atualmente? Anais CONEDU – VI Congresso em Educação. Disponível em: <https://editorarealize.com.br/editora/anais/conedu/2019/TRABALHO_EV127_MD1_SA18_ID11550_15082019220327.pdf>. Acesso em: 01 mar. de 2021.

DOIDGE, N. *O cérebro que se transforma: como a neurociência pode curar as pessoas.* 3. ed. Rio de Janeiro: Record, 2012.

DUNCAN, G.J., DOWSETT, C.J., CLAESSENS, A., MAGNUSON, K., HUSTON, A.C., KLEBANOV, P., JAPEL, C. School readiness and later achievement. *Developmental Psychology,* 4396, 14288-1446, 2007.

DURLAK, J. A., WEISSBERG, R. P., DYMNICKI, A. B., TAYLOR, R. D., SCHEILLINGER, K. B. The Impact of Enhancing Students's Social and Emotional Learning: A Meta-Analysis of School-Based Universal Interventions. *Child Development Journal* – Volume 82, nº. 1 Jan/Fev 2011. p. 405-432.

FRAIMAN, L. *A Síndrome do Imperador*. São Paulo: FTD e Grupo Autêntica, 2019.

NELSEN, J. *Disciplina positiva: O guia clássico para pais e professores que desejam ajudar as crianças a desenvolver autodisciplina, responsabilidade, cooperação e habilidades para resolver problemas.* New York: Random House, 2016.

NELSEN, J. ERWIN, C. DUFFY, R.A. *Disciplina positiva para crianças de 0 a 3 anos: como criar filhos confiantes e capazes.* Tradução de Bete Rodrigues e Fernanda Lee. Barueri, SP: Manole, 2018.

14

TUDO COMEÇA COM OS PAIS, NÃO TEM OUTRO CAMINHO. É PRECISO TER ESSA CONSCIÊNCIA.

Para que uma criança saiba lidar com suas emoções, ela precisa de um adulto emocionalmente disponível. A criança aprende imitando os adultos que a cercam. É necessário um olhar amoroso para com as crianças, principalmente na primeira infância, em que se forma a base para toda a vida.

GRAZIELA PAIVA

Graziela Paiva

Educadora parental certificada pelo instituto Teapoio (2019). Especialista em educação consciente, certificada pelo instituto Teapoio. Pós-graduação em Neuropsicopedagogia, faculdade Metropolitana (2020). *Practitioner* em PNL certificada por Sam Jolen. Mentalidade em Alta Performance, certificada pelo Instituto Brasilieiro de Coaching (IBC). Inteligência Emocional, certificada pelo Instituto Brasileiro de Coaching (IBC). Curso gestão da emoção com Doutor Augusto Cury (2019). Terapeuta familiar sistêmica, certificada pelo Centro de Mediadores (2020). Educadora sistêmica, certificada pelo instituto Jean Lucy. Terapeuta quântica, certificada pelo Instituto Conhecimento Contínuo do Ser.

Contatos
grazielapaiva71@yahoo.com.br
Instagram: @grazielapaiva.terapeuta
Youtube: Graziela Paiva

Estamos coletivamente vivenciando a era da falência emocional e do esgotamento cerebral, algo experimentado em campos de batalha. Mas onde está a guerra que travamos? Em nossa mente (AUGUSTO CURY).

Começo com essa frase do médico e escritor Doutor Augusto Cury, porque foi por meio de um curso dele sobre gestão da emoção que tomei consciência que eu precisava trabalhar as minhas emoções, para eu acolher e ensinar as minhas filhas.

Tudo começa com os pais. Não tem outro caminho. É preciso ter essa consciência.

Para que uma criança desenvolva habilidades emocionais, é necessário que ela conviva com adultos que tenham essa habilidade.

A família é o primeiro contexto de socialização, a família é a base de tudo. Para termos filhos emocionalmente saudáveis, é necessário primeiro que nos tornemos emocionalmente saudáveis. Nós, pais, somos os maiores responsáveis pela qualidade emocional dos nossos filhos. Vale lembrar também que professores, principalmente os da primeira infância, também têm essa responsabilidade. É na primeira infância que tudo acontece e que determinará a qualidade emocional do adulto que a criança vai se tornar um dia.

Um adulto emocionalmente saudável, resiliente se forma a partir de uma criança com desenvolvimento emocional. Quando você ensina uma criança sobre as emoções, você está ensinando-a a não ser vítima dos percursos da vida, e sim autora da sua própria história.

O melhor presente que os pais podem dar para seus filhos é investir na saúde emocional. Pais emocionalmente saudáveis criam filhos emocionalmente saudáveis.

Nidai-Sama foi uma grande estudiosa do desenvolvimento da criança e do jovem. Ela comenta que em casa a criança recebe a influência dos pais e, na escola, dos professores. Isso, de modo imperceptível, vai refletir grandemente no seu futuro.

Ou seja, os pais e os professores são os primeiros grandes exemplos na vida de uma criança.

O comportamento das crianças é imitar os adultos. Para elas, o mundo dos adultos, ainda inacessível, é maravilhoso e atraente. Por isso, esforçam-se por aprender com eles, observando-os e imitando-os (NIDAI-SAMA, 1957).

Muitos pais e professores cobram das crianças o que eles mesmos ainda não têm. Educar não é impor regras. É dar exemplo, é ser o exemplo. As crianças aprendem pelo exemplo e não por regras impostas.

Se os pais e professores não cuidam da saúde emocional, não compreendem suas emoções, não acolhem suas dores, como ensinarão as crianças?

Só é possível compreender as emoções das crianças quando compreendemos as nossas próprias emoções.

As gerações passadas foram silenciadas. Não puderam expressar suas emoções. Hoje são adultos com necessidades de criança. Porque a nossas necessidades emocionais não foram atendidas enquanto éramos crianças.

As gerações passadas foram educadas de maneira autoritária, repressiva, com violência física, psicológica e verbal. Os sentimentos e emoções não eram considerados, a criança precisava ficar quieta e obedecer.

Hoje muitos desses adultos estão emocionalmente doentes, não sabem lidar com suas emoções. Muitas vezes estão depressivos, por esconder suas emoções, e preferem tomar o remédio. Porque foi assim que aprenderam na infância, a calar a emoção.

É triste pensar que a maioria das pessoas está nesse nível. Eu mesma já estive um dia.

Compreender as nossas dores e as nossas necessidades emocionais é essencial para compreender as necessidades de nossos filhos.

Se você perguntar para uma pessoa hoje como ela se sente, você perceberá uma certa surpresa, um espanto. A pessoa não sabe dizer como ela se sente, não consegue reconhecer que sentimento ou emoção está sentindo.

É de extrema importância nomear os sentimentos e emoções para as crianças.

Ensinar o que ela está sentindo, e que está tudo bem sentir, que é apenas uma emoção. Seja qual for a emoção. Não existe emoção boa ou ruim. Existem emoções e todas são válidas.

A criança emocionalmente saudável não é aquela que não chora ou que não se frustra, é aquela que aprende a lidar com seu choro e sua frustração, compreendendo que está tudo bem sentir.

Quando uma criança aprende sobre suas próprias emoções, ela aprenderá a reconhecer as emoções dos outros. Ela aprenderá naturalmente sobre a empatia.

A educação emocional deve ser ensinada no início da vida, ou seja, na primeira infância, em que a criança é mais sugestionável.

Pessoas que não sabem lidar com suas emoções dão respostas emocionais muito intensas e desproporcionais. Uma pessoa que não conhece as próprias emoções dificilmente conseguirá compreender as emoções dos outros.

Vivemos em uma sociedade que mostrar nossas emoções nos torna pessoas fracas. Muitas vezes somos julgados por sentir tristeza, por chorar.

A verdade é que todos nós podemos sentir todas as emoções, crianças e adultos. Todas as emoções são válidas e são reais. O que não podemos é explodir, machucar, ofender o próximo.

De nada adianta ter um filho que tire nota dez em tudo e não saiba lidar com suas emoções. Não saber ouvir críticas, não saber ouvir um não.

Jeffrey Young, psicólogo e criador da terapia do esquema, diz que existem cinco necessidades básicas, que todos os seres humanos precisam para poderem se tornar adultos mental e emocionalmente saudáveis.

São elas:

Aceitação e conexão

Precisamos nos sentir aceitos, acolhidos e importantes por nossos cuidadores.

Autonomia e competência

Precisamos conhecer nossas competências e habilidades. Para isso, é necessário que nos direcionem e nos motivem.

Limites realistas

Precisamos de limites e regras para lidar com as frustrações da vida, porém o limite deve ser apropriado, coerente, real, sem muita rigidez e sem muita permissividade.

Espontaneidade e lazer

Dar espaço para momentos de felicidade, divertimentos, lazer, autenticidade e espontaneidade. Sabemos que vivemos em sociedade e temos muitas regras e condutas a seguir. No entanto, é fundamental dar espaço para sermos nós mesmos.

Liberdade de expressão e validação das emoções

Todos nós, sem exceção, possuímos liberdade de expressão. Inclusive as crianças podem questionar e solicitar. Afinal, todas as emoções são legítimas.

As emoções são reações fisiológicas herdadas ao longo da evolução da espécie e, entre outras funções, preparam o organismo para alguma reação frente a determinadas situações do ambiente.

Brigitte Champetier, psicóloga humanista, nos mostra uma relação das principais emoções primárias.

Afirma que as emoções primárias são muitas.

As básicas são: amor, dor, medo, tristeza, alegria, ira.

O **amor** e a **dor** (dor provocada pelo amor ferido) são as primeiras emoções, as mais profundas. Todas as outras emoções são matizes dessas duas emoções primogênitas.

O **medo**, por exemplo, nos avisa de um perigo, permite identificar esse perigo e tomar precauções, e dura enquanto existe o perigo.

A **tristeza** ajuda a separar-se de um lugar, de uma pessoa, de uma situação, integrando tudo o que esse "objetivo" tenha dado para a pessoa, aceitando a perda, a separação, até poder sentir agradecimento para quem partiu. Então, a pessoa consegue abrir-se novamente para o futuro. Cresceu, já que integrou totalmente o anterior. A tristeza é a mais longa das emoções primárias. Um duelo primário é muito doloroso de passar.

A **alegria** mantém uma sensação interna de bem-estar, leveza e amor, que se compartilha com os outros. Impede todo dramatismo, é benévola, cheia de compaixão e compreensão.

A **ira** dá a energia necessária para modificar uma situação desagradável, injusta, um abuso de poder, para se defender e impedir mais agressão.

O impulso de adrenalina dura os segundos suficientes para afastar o perigo.

O **amor** é a abertura incondicional total à outra pessoa, ou outras. É a emoção com a vibração mais alta.

Todas as emoções são válidas e verdadeiras.

Emoções negativas, por exemplo, fazem parte do ser humano. Faz parte do nosso organismo, não tem como não sentir.

As habilidades socioemocionais pertencem a um conjunto de competências que o indivíduo tem para lidar com as próprias emoções. São parte da formação integral e do desenvolvimento do ser humano. São habilidades que você pode aprender, praticar e ensinar.

Formar adultos bem-sucedidos emocionalmente é ensinar primeiro na infância habilidades socioemocionais tais como ser generoso, altruísta, bondoso etc.

Ensinar as crianças a pensar antes de agir. Crianças que consigam ser empáticas, colocando-se no lugar do outro. Que respeitem a si, aos pais e professores.

Meu sonho num futuro próximo é que as escolas ensinem sobre habilidade emocional, pois sem essa ferramenta a criança terá dificuldade de relacionamento na fase adulta. Crianças que crescem sem ferramentas para lidar com suas emoções, certamente se tornarão adultos estressados, nervosos, que vivem no automático da vida. A vida passa e nem percebem.

Uma criança que tem a primeira infância respeitada, acolhida com amor, crescerá e se tornará um adulto emocionalmente saudável e equilibrado.

O melhor investimento que se pode dar a uma criança é qualidade de vida emocional. É respeitar a criança e sua essência. A criança nasce pura, sensível, ela aprende por imitação. Se ela tem ao seu redor adultos nervosos, estressados o tempo todo, zero paciência, é o que ela aprenderá. A criança que aprende sobre suas emoções terá um futuro promissor.

Os estímulos nos primeiros anos de vida são decisivos para o sucesso na idade adulta. Na primeira infância, o cérebro se desenvolve em uma velocidade frenética e tem um enorme poder de absorção como uma esponja.

Segundo James Heckman, ganhador do prêmio Nobel de Economia em 2000, países que não investem na primeira infância apresentam índices de criminalidade mais elevados.

É necessário um olhar mais amoroso para a primeira infância. É nela que tudo acontece e determinará o resto da vida.

John Gottman, pesquisador, psicólogo americano e professor na Universudade de Seattle, por meio de muito estudo, constatou que pais que lidam com as emoções são bem-sucedidos na arte de educar. Esses pais "preparadores emocionais" conseguiram que seus filhos se tornassem o que Daniel Golemam, pai da inteligência emocional, chama de pessoas emocionalmente inteligentes.

John Gottman estabelece como elementos básicos para a educação emocional:

- Perceber a emoção da criança;
- Reconhecer na emoção uma oportunidade de intimidade ou aprendizado;
- Escutar com empatia, legitimando os sentimentos da criança, sem julgamentos e críticas. Validar;
- Ajudar a criança a encontrar palavras para identificar a emoção que ela está sentindo. Nomear a emoção;
- Crianças precisam de orientação e encorajamento.

Conforme o Intituto de Pesquisa Social da Univerdidade de Michigan, nos Estados Unidos, metade das pessoas, cedo ou tarde, desenvolverá um transtorno psíquico.

É cada vez mais evidente a importância de se trabalhar nas crianças, desde cedo habilidades emocionais.

As escolas também têm papel fundamental na formação das crianças principalmente as da primeira infância.

Ensina-se sobre planetas que nunca veremos, mas não se ensina sobre um planeta em que diariamente respiramos, andamos, vivemos: planeta psíquico (AUGUSTO CURY). Professores precisam trabalhar suas emoções, suas dores internas. Durante uma formação em pedagogia, não é ensinado a cuidar das emoções. Deveria ser algo primordial na formação. Professores podem deixar marcas para o resto da vida na cabeça de seus alunos.

Lembro-me de aos sete anos uma professora me ver triste, cabeça baixa, e me falar: "Você será uma pessoa muito importante, ajudará muitas pessoas".

A fala dela nunca saiu da minha cabeça. E creio que hoje ajudo muitas famílias com meu trabalho.

Doutor Augusto Cury diz que a primeira ferramenta da inteligência emocional é ser autor da própria história.

Ser autor da própria história é:

1. Ser capaz de reconhecer que cada ser humano é um ser único;
2. Ser gestor dos pensamentos;
3. Ser protetor das emoções;
4. Ser filtrador dos estímulos estressantes;
5. Ser capaz de fazer escolhas e saber que toda escolha implica perdas e não apenas ganhos;
6. Ser capaz de construir metas claras e lutar por elas;
7. Ser capaz de tirar os disfarces sociais, ser transparente e reconhecer conflitos, fragilidades, atitudes estúpidas;
8. Ser capaz de não desistir da vida, mesmo quando o mundo desaba sobre você;
9. Ser capaz de liderar a si mesmo, não ser controlado pelo ambiente, por circunstâncias e ideias perturbadoras;
10. Ser capaz de pensar antes de reagir nos focos de tensão.

Quando você sentir que está triste, com raiva, frustrado, acolha sua emoção. Quando você sentir isso no seu filho, no seu aluno, ensine-o a acolher a emoção.

Fale para você: está tudo bem sentir raiva, tristeza, frustração, é apenas uma emoção. Sinto essa emoção, eu acolho essa emoção. Ela é válida. Ela é real. Ela é verdadeira.

Fale essas frases para seu filho ou seu aluno também.

Que as próximas gerações possam saber lidar com as emoções. Que num futuro próximo as crianças de hoje sejam adultos emocionalmente saudáveis, felizes e autores da própria história.

Gratidão por deixar aqui minha contribuição para um mundo mais feliz.

Referências

CURY, A. *Gestão da emoção.* São Paulo: Saraiva: 2015.

CURY, A. *Inteligência socioemocional.* Rio de Janeiro: Sextante, 2019.

GOTTMAN, J. *Inteligência emocional e a arte de educar nossos filhos.* São Paulo: Objetiva, 1997.

NIDAI, S. *A fonte da sabedoria: jovens.* 2. ed. 2007, São Paulo: Fundação Mokiti Okada, 2007.

RIBES, B. C. de. *Emoções, ira, medos e traumas.* Instituto de constelaciones Familiares Brigitte. São Paulo, nov. de 2018.

YOUNG, Jeffrey E. *Terapia do Esquema: guia de técnicas cognitivo-comportamentais inovadoras.* São Paulo: Artmed, 2008.

15

O MENINO QUE DEMOROU A DESENVOLVER HABILIDADES NA VIDA

Conheça a jornada de Pedro na busca do autoconhecimento e na construção de sua autoestima baseada no desenvolvimento das habilidades socioemocionais. Habilidades socioemocionais, muito importantes para a vida, permitem que a pessoa saiba lidar com as situações que enfrentará ao longo do tempo. Tais habilidades formam um conjunto de aptidões desenvolvidas a partir da inteligência emocional.

ISADORA FARIAS CARVALHO LACERDA

Isadora Farias Carvalho Lacerda

Mãe do Rodrigo, psicóloga clínica (CRP:19/2755), escolar e hospitalar. É especialista em terapia cognitivo-comportamental com ênfase em infância e adolescência pelo InTcc e em Psicologia Hospitalar pelo HCFMUSP (InCor). Possui formação em Terapia do Esquema e Dialética pelo InTcc e é certificada em Disciplina Positiva pelo Positive Discipline Association (EUA).

Contatos:
isadorafclacerda@gmail.com
Instagram:@sejaefloresca
79 99971 2939

A interação entre indivíduo e ambiente está na base da construção das relações sociais; portanto, pessoas socialmente habilidosas são capazes de promover interações sociais mais satisfatórias.

CABALLO, 1996

Era uma vez um menino chamado Pedro

Filho único, morava numa cidade pequena e estudava em uma escola grande e renomada. Sempre muito apegado aos seus pais, mas, por ser tímido, nunca foi de ter muitos amigos.

O fato de ter poucos amigos nunca havia sido um problema para ele. À medida que vai crescendo, entretanto, Pedro percebe que não tem algumas habilidades importantes para o enfrentamento da vida.

Um dos primeiros desafios para Pedro foi aos 11 anos, quando se deu conta do quão era inseguro e imaturo para lidar com questões simples. Pedir um lanche na cantina da sua escola, por exemplo, era um fardo. Naquela época, a insegurança era tamanha que Pedro gaguejava a ponto de não conseguir pedir o lanche. Assim, por conta da vergonha, passou a não frequentar mais a cantina da escola.

De fato, Pedro não tinha autonomia para executar as tarefas do dia a dia, pois seus pais acabavam sempre se antecipando e fazendo tudo por ele: arrumavam suas roupas, preparavam suas refeições, organizavam sua mochila para ir à escola etc.

As viagens escolares começam a acontecer e Pedro, por não ter confiança de dormir longe de casa e dos seus pais, acabava se ausentando dos passeios.

Até que, um dia, tem uma crise de choro na escola e diz que "não aguenta mais viver num mundo no qual não se encaixa".

A partir desse ocorrido, seus pais reconhecem que precisam buscar ajuda. De fato, apesar de já perceberem algumas das dificuldades do seu filho, não tinham noção de como ele se sentia.

Seus pais buscam ajuda na casa "Vem Ser, Vem Vencer" e lá conhecem Izi, uma guia de pessoas.

A partir daí, dão início à viagem do autoconhecimento. Começam a compreender onde haviam feito demais e onde haviam feito de menos pelo filho. Pedro também embarca na viagem e começa a se dar conta da quantidade de coisas que precisava aprender para se sentir inserido no próprio mundo.

Inicialmente, Pedro se assusta bastante, pois se depara com coisas muito novas. Percebe, porém, que não está sozinho e que pode contar com Izi sempre que necessário. Izi vai conduzindo Pedro por várias estações ao longo do trajeto do autoconhecimento: a Estação da Autoestima, a Estação da Autoconfiança, a Estação da Autocompaixão. Depois visitam as estações da Autonomia, do Amor e da Felicidade.

Ao final de todo o trajeto de autoconhecimento, já com sua autoestima superfortalecida, Pedro experimenta uma reviravolta em sua vida.

Passa a se enxergar de outra forma, passa a dar limites para seus pais e colegas e, principalmente, passa a reconhecer o seu valor na vida de seus entes queridos e no mundo como um todo.

O que Pedro e seus pais não sabiam é que para se desenvolver na vida precisamos aprender diversas competências. Existe uma infinidade de habilidades que precisam ser adquiridas e treinadas e que, quanto mais cedo são desenvolvidas, melhor permitem que a pessoa saiba lidar com as situações que enfrentará ao longo da vida. Refiro-me às habilidades socioemocionais, que são de extrema importância para a vida de qualquer ser humano.

As habilidades socioemocionais são um conjunto de aptidões desenvolvidas a partir da inteligência emocional das pessoas. Elas apontam para dois tipos de comportamento: a sua relação consigo mesmo (intrapessoal) e a sua relação com outras pessoas (interpessoal).

Considerando a inteligência emocional como um conjunto de habilidades socioemocionais, pode-se dividi-las em 3 grandes pilares:

1. Pilar emocional: habilidades que ajudam a lidar com as próprias emoções a partir das situações a que somos expostos no cotidiano: aprender a ganhar e a perder, aprender com os erros, desenvolver autoconfiança, senso de autoavaliação e de responsabilidade;

2. Pilar social: habilidades que ajudam a se relacionar com o mundo externo e com as pessoas ao redor. Dizem respeito às capacidades de saber cooperar e colaborar, lidar com regras, comunicar-se bem, resolver conflitos e atuar em ambientes de competição saudáveis;

3. Pilar ético: habilidades relacionadas em como agir positivamente para o bem comum: respeito, tolerância e aceitação das diferenças são qualidades importantes nessa área.

Segundo recentes estudos, que ampliam ainda mais o entendimento das habilidades emocionais, elas podem ser entendidas também como a capacidade de ter "abertura" a novas experiências (tendência a ser aberto a novas experiências estéticas, culturais e intelectuais); de ter "consciência" (inclinação a ser organizado, esforçado e responsável); de ter "extroversão" (orientação de interesses e energia em direção ao mundo externo, pessoas e coisas); de ter "amabilidade" (tendência a agir de modo cooperativo e não egoísta) e de ter "estabilidade emocional" (previsibilidade e consistência de reações emocionais, sem mudanças bruscas de humor).

O aprendizado e reforço de nossas habilidades socioemocionais são muito importantes, porque elas são testadas e estimuladas a todo momento - no trabalho, estudos, lazer ou família – e, porque, afinal de contas, são elas que ditam a forma como reagimos e nos relacionamos conosco e com o mundo ao nosso redor, em nosso cotidiano. Desde a infância, a forma como o indivíduo se relaciona com os outros influencia no desempenho acadêmico e em todos os aspectos de sua vida. Nesse sentido, ter um bom repertório de habilidades sociais tem sido considerado um fator de proteção para a criança (FERREIRA e MATURANO, 2002). Para que haja uma convivência cotidiana agradável por meio da qual a pessoa possa desenvolver amizades e obter *status* no grupo com colegas e adultos, ela necessita de um repertório razoável de habilidades sociais, tais como comunicação, expressividade e desenvoltura nas interações. Caso contrário, pode haver um comprometimento nessas relações, gerando sofrimentos desnecessários (DEL PRETTE e DEL PRETTE, 2011).

Como já citado por Del Prette (2011), as habilidades a desenvolver são muitas, mas duas das habilidades que faltaram para Pedro durante muitos anos da sua vida merecem destaque.

Autocontrole e expressividade emocional

Pedro não sabia expressar-se emocionalmente, pois não sabia reconhecer suas emoções, medi-las, muito menos lidar com elas. Como não tinha essas capacidades, expressava-se de maneira inadequada, guardando tudo dentro de si e, consequentemente, somatizando as emoções em forma de medo, angústia e ansiedade. Sua gagueira era a expressão mais evidente dessa somatização. Assim que completou o trajeto do autoconhecimento, aprendeu a se conectar consigo mesmo, a nomear as emoções e a mensurá-las. Segundo Del Prette e Del Prette (2005), técnicas cognitivas do tipo "acalme-se, relaxe e pense", antes de agir e falar sobre o que se está pensando e sentindo, são estratégias valiosas para obter o controle emocional. Ainda nessa estação, ele se deu conta do quanto a conexão consigo mesmo era importante, pois foi lá que conheceu a autoestima e aprendeu como desenvolvê-la. A partir daí, sua autoconfiança começou a despertar, resultando em autocompaixão e maior autonomia. Naquele momento, Pedro já era outro garoto: amava-se, valorizava-se e, como consequência, estava muito feliz.

O processo de autoconhecimento é constante, por isso é tão importante que os pais e responsáveis estejam atentos aos seus filhos e às dificuldades que cada um tenta sinalizar por meio de comportamentos desadaptativos. Já adianto que, sem o comprometimento dos pais e familiares, tudo se torna mais difícil de ser entendido e executado.

As pessoas podem aprender habilidades sociais, em especial as relacionadas à classe de autocontrole e expressividade emocional, para desenvolver as melhores estratégias de enfrentamento às situações do cotidiano. Segundo Del Prette e Del Prette (1999), as habilidades sociais são um conjunto de desempenhos apresentados pelo indivíduo diante das demandas de uma situação interpessoal, considerando-se essa situação em sentido amplo. Pelo desenvolvimento de sua habilidade de autocontrole e expressividade emocional, é possível aprender como lidar com as emoções positivas e negativas e entender as atitudes que promoverão melhorias nas relações interpessoais. O desenvolvimento dessas habilidades proporcionará, no longo prazo, melhorias nas relações interpessoais e auxiliará no entendimento das emoções de uma forma geral.

Além do autocontrole e expressividade emocional, também é de suma importância aprendermos sobre regulação emocional.

Regulação emocional

Também incipiente em Pedro, ela pode ser entendida como sendo a competência do indivíduo para tomar consciência, identificar, tolerar e responder de maneira efetiva à experiência e intensidade das emoções decorrentes de fatores externos (situações) ou internos (pensamentos). Pode ser entendida também como a capacidade de reconhecer as emoções e perceber como cada uma interfere nas ações cotidianas e, assim, lidar com elas de maneira efetiva.

Todos os seres humanos possuem emoções, sendo que algumas são agradáveis — como a alegria e o amor — e outras causam desconforto — como o medo e a raiva. O importante é entender que todas as emoções possuem papel fundamental na vida das pessoas, comunicando suas necessidades ou motivando a ação. Em outras palavras, todas as pessoas sentem medo, raiva, vergonha ou ansiedade, a diferença é que indivíduos com sólida regulação emocional conseguem administrar essas emoções e canalizá-las para ações positivas e continuar funcionando normalmente.

As nossas experiências emocionais são indispensáveis para a formação da nossa identidade. São elas que nos tornam únicos e nos diferenciam uns dos outros. Por esse motivo é importante que estejamos atentos ao reconhecimento dessas emoções e, sobretudo, ao que elas nos comunicam, sem julgamento, mas sim com aceitação.

Referências

CABALLO, V. E. O treinamento em habilidades sociais. In: V. E. Caballo (Org.). *Manual de Técnicas em Terapia e Modificação de Comportamento*. São Paulo: Santos, 1996. p.361-398.

DEL PRETE, A.; DEL PRETE, Z. *Psicologia das habilidades sociais na infância*: Teoria e Prática. 5. Ed. Petrópolis: Vozes, 2011.

GOLEMAN, D. *Inteligência emocional*. São Paulo: Objetiva, 1996.

16

MERGULHANDO NAS EMOÇÕES

Geralmente acreditamos que as habilidades socioemocionais são apenas reflexos de uma evolução natural de todo ser humano, porém, o que a maioria das pessoas não sabe é que elas podem ser aprendidas e aperfeiçoadas. Este capítulo é um convite para mergulhar nas nossas emoções, para podermos conhecer, controlar, buscar automotivação, ser mais empáticos e melhorar nossos relacionamentos interpessoais.

IVANA FREITAS DE OLIVEIRA

Ivana Freitas de Oliveira

Psicóloga clínica e institucional/escolar – experiência clínica em Psicoterapia e Psicodiagnóstico com crianças, adolescentes, adultos, casais, grupos e famílias. Pós-graduada em Terapia Familiar e de Casal (PUC-SP). Pós-graduada em Terapia Cognitivo-comportamental (Child Behavior Institute - Miami). Instrutora de *Mindfulness* (FECS- Faculdade de Ciências e Saúde do Hospital Alemão Oswaldo Cruz– Escolar/Institucional. Mentora para recém-formados em psicologia. Supervisão em terapia familiar e de casal. Membro do Conselho da ANEXA biênio 2019/2020 (Associação de alunos, ex-alunos e colaboradores do Núcleo de Família e Comunidade da Pontifícia Universidade Católica de São Paulo). Membro da Diretoria Executiva da APTF (Associação Paulista de Terapia Familiar). Idealizadora do Baralho Emocionante e do Curso Pais no Controle.

Contatos
psicologaivanafreitas@gmail.com
YouTube: Psicóloga Ivana Freitas
Instagram: @psicologaivanafreitas
Facebook: www.facebook.com/ivanafreitaspsicologa
Baralho Emocionante: https://www.carloslivraria.com.br/baralho-emocionante
Curso Pais no Controle: https://sun.eduzz.com/416304

Perceber o que as pessoas sentem sem que
elas o digam constitui a essência da empatia.
DANIEL GOLEMAN

Segundo a Organização Mundial de Saúde, os transtornos de ansiedade e depressão, que já eram alarmantes, em tempos de covid-19 foram multiplicados diante de um cenário mundial repleto de incertezas, inseguranças e isolamento social, tornando o campo da psicologia um refúgio seguro para aqueles que precisam aprender a identificar, reconhecer e lidar com suas emoções e sentimentos, de modo que não cause sofrimento emocional patológico. Portanto, no contexto atual, a necessidade de potencializar nossos recursos internos torna-se emergente no que diz respeito à qualidade de vida, prevenção de doenças, em todas as etapas do nosso desenvolvimento.

O que são as habilidades socioemocionais?

De acordo com Argyle, Furnham & Graham (1981) e Del Prette & Del Prette (1999), é um conjunto de habilidades desempenhadas pelo indivíduo que ocorre diante das demandas pessoais, sociais e culturais. Essas habilidades estão organizadas nas seguintes categorias: autocontrole e expressividade emocional, civilidade, empatia, assertividade, fazer amizades, solucionar problemas interpessoais e habilidades sociais acadêmicas (DEL PRETTE e DEL PRETTE, 2001).

Existem diversas formas de expressar as nossas habilidades sociais, desde a forma como conversamos, que expressamos nossos sentimentos, como nos posicionamos em público, como lidamos com as críticas, como nos relacionamos (CABALLO, 2003).

Contudo, trata-se de um conjunto de aptidões desenvolvidas a partir da inteligência emocional, portanto, para podermos compreender tais habilidades, é imprescindível conhecer o conceito de inteligência emocional.

Inteligência emocional e a importância das emoções

Daniel Goleman é considerado o "pai da inteligência emocional", formou-se em Psicologia, é PHD pela Universidade de Harvard, escreveu o livro *Inteligência emocional*, publicado em 1986, que já vendeu milhões de cópias. Ele enfatiza a importância do controle e da capacidade de identificar nossos próprios sentimentos e os dos outros, de nos motivarmos e de gerir bem as emoções em nós mesmos e em nossos relacionamentos.

Para Goleman, a habilidade de gerir as emoções é a maior responsável por nosso sucesso ou fracasso individual, ou seja, segundo ele, a genética não pode definir nossa capacidade de vitória nem somos determinados apenas por nosso temperamento, pois os diversos circuitos cerebrais da mente humana são maleáveis e podem ser trabalhados. Assim, o temperamento não é a única fonte para determinar o nosso destino.

Goleman (1995) divide a inteligência emocional em cinco habilidades:

1. Autoconhecimento emocional;
2. Controle emocional;
3. Automotivação;
4. Reconhecimento das emoções em outras pessoas;
5. Relacionamentos interpessoais.

De acordo com Ekman (2000), as emoções têm diversas funções: aproximar, criar laços, afastar, alertar do perigo, podendo trazer sentimentos de alegria, tristeza, raiva, medo. Portanto, a forma como cada um responde e interpreta emocionalmente o ambiente definirá a qualidade de interação com o meio.

A expressão das emoções básicas (raiva, desgosto, medo, felicidade, tristeza e surpresa) são de extrema importância para a comunicação não verbal, principalmente por se tratarem de expressões universais que independem da cultura ou língua (DARWIN, 2000).

A inteligência emocional está associada às habilidades sociais, pois se trata de um conjunto de repertório comportamental adequado aos diferentes contextos e sociais, que contribuem para o desempenho socioemocional (DEL PRETTE e DEL PRETTE, 2007).

De acordo com Lopez (2008), essas habilidades são modificadas de acordo com nossas interações sociais, portanto pode-se fazer intervenções capazes de proporcionar um melhor resultado interacional entre as pessoas.

Desse modo, é possível colocar em prática os aprendizados socioemocionais por meio de um direcionamento (CASEL, 2003).

Como saber se sou socialmente competente?

Basta perceber se você pode avaliar e identificar qual a habilidade mais indicada para lidar com cada situação e contexto específico no seu dia a dia (CABALLO, 2003; MCFALL, 1982).

Você sabia que:

• 55%-71% dos estudantes apresentam dificuldades em habilidades sociais, tais como a empatia e a resolução de conflitos;
• 71% dos estudantes relatam que sua escola não oferece espaço para discussão sobre a importância das habilidades socioemocionais;
• 40%-60% se tornam cronicamente desengajados da escola durante o ensino médio;
• 30% dos alunos de ensino médio costumam se envolver em diversos comportamentos de alto risco, que também acabam prejudicando o seu desempenho escolar (DURLAK, WEISSBERG, DYMNICKI e TAYLOR, SCHELLINGER, 2011).

Uma entre quatro a cinco crianças e adolescentes no mundo apresentam alguma dificuldade que afeta a sua saúde emocional, contribuindo para apresentar dificuldades acadêmicas, sociais, de convivência, prejudicando na vida adulta profissional, econômica e pessoal.

Além disso, estudos apontam que a ansiedade, os transtornos depressivos e os problemas de comportamento constituem 60% nas dificuldades escolares e no trabalho.

Impactos positivos das competências socioemocionais

As habilidades socioemocionais impactam no futuro profissional e pessoal da criança em formação, portanto a necessidade de desenvolver e aprimorar essas competências torna-se imprescindível.

- **Na aprendizagem**: oferece um ambiente favorável à aprendizagem e, por consequência, nos resultados obtidos.

- **No desenvolvimento**: prepara na compreensão do mundo, na aceitação das diferenças, na tomada de decisões mais éticas, na capacitação de formular críticas construtivas e tornar pessoas mais atuantes na sociedade e nas suas relações.

- **No futuro**: aprendem que possuem capacidade de organizar, planejar, agir em prol de seus objetivos e metas, motivando dar passos concretos para realização pessoal e profissional.

- **Na autonomia**: suprem carências e ansiedades, dialogam com as suas questões de maneira responsável e ética, buscam sua independência emocional e financeira e constroem seus próprios projetos de vida, pautados na ética, empatia e responsabilidade.

- **Na profissão**: além das habilidades técnicas e um excelente currículo, é preciso manter o controle das emoções quando se trabalha sobre pressão e ter um bom relacionamento pessoal pode ser um diferencial, principalmente quando se está em uma posição de liderança. O currículo o coloca no cargo almejado, mas o seu comportamento é o que manterá, ou não, você empregado.

- **Na sociedade**: dialogam, cooperam, buscam a igualdade e o equilíbrio, estimulam a atitude cidadã, mantêm relações positivas, mobilizam famílias, gerações, empresas em prol do desenvolvimento e da paz.

- **Na melhoria das atitudes**: crianças, adolescentes e adultos se beneficiam quando aprendem a gerenciar suas emoções, demonstram empatia, respeitam as diferenças e aprendem a planejar o seu presente em prol do futuro, pois praticam suas melhores formas de estar e agir no mundo, por meio de suas habilidades socioemocionais e atitudes.

Diante de tantos impactos positivos que as habilidades socioemocionais podem oferecer, será que não vale a pena treinar essas habilidades?

Parece algo que nasce conosco e que aprendemos naturalmente, porém adquirir habilidades socioemocionais pode ser um grande desafio na educação das crianças e adolescentes, devido à sua complexidade e aprendizagem constante ao longo da vida.

Essas habilidades podem ser aprendidas, praticadas e ensinadas. E elas podem ser desenvolvidas a partir da inteligência emocional.

De acordo com diversos estudos, a fase da infância é a mais propícia para o desenvolvimento das habilidades socioemocionais, por isso diversas escolas incluem no seu currículo, de modo a estimular o desenvolvimento integral da criança/adolescente.

Temos dois tipos de comportamentos: intrapessoal (relação que temos conosco) e a interpessoal (como nos relacionamos com as outras pessoas).

Ivana Freitas de Oliveira | 129

A inteligência emocional é considerada, atualmente, uma parte fundamental no desenvolvimento humano, tendo em vista que as emoções e os sentimentos se tornaram foco de atenção nos mais variados campos de atuação e estudos: na psicologia, na área educacional, corporativa e profissional da área da saúde.

Vamos treinar e colocar em prática as habilidades da inteligência emocional?

1ª habilidade – **O autoconhecimento emocional**, que é a capacidade de reconhecer as próprias emoções e sentimentos.

Como treinar essa habilidade? Convido você para mergulhar de cabeça nas suas emoções.

É muito importante que possamos identificar e nos perguntar em cada situação: que sentimento e emoção estou sentindo? Em que momento aparece? É positivo? É negativo? Qual a consequência dessa emoção?

É bom estarmos sempre atentos aos sentimentos que são despertos em cada momento, prestando sempre atenção nas nossas emoções e nos comportamentos que são gerados por elas. Por exemplo: quando você estiver diante de uma situação de conflito/estresse, procure observar suas atitudes e o quanto elas o afetam ou afetam as pessoas que estão à sua volta. Nossos comportamentos são resultados dos nossos valores, aprendizados e da nossa forma de existir e de como nos posicionamos. Para que o autoconhecimento emocional seja treinado, é essencial a capacidade de se autoperceber. Por meio do treino do autoconhecimento emocional, você será capaz de chegar até a próxima habilidade, mencionada por Goleman: que é o controle emocional.

2ª habilidade – **O controle emocional** é a habilidade de lidar com os próprios sentimentos, adequando-os a cada situação vivida.

Vamos agora refletir sobre as nossas emoções e comportamentos que costumamos usar para lidar com as emoções.

Se estou com raiva e chuto as coisas, grito, xingo, eu estou tendo controle emocional? Essa é uma estratégia que realmente funciona para lidar com a raiva?

Se estou frustrada(o) e bato em algo ou alguém, me culpo ou responsabilizo outra pesssoa? Quais são as consequências dessa minha atitude? São positivas ou negativas?

Se estou com medo, evito sair de casa para não sentir mais medo? Eu estou efetivamente melhorando as minhas habilidades de lidar com o medo?

Quando questionamos e identificamos as nossas emoções, fica mais fácil manejar e manter o controle quando estão por explodir. Muitas vezes nos tornamos reféns das nossas emoções, pois não pensamos em novas formas de ser, estar e agir. O autocontrole emocional é a capacidade de antecipar um comportamento que pode afetar negativamente nas relações interpessoais, familiares e profissionais. Autocontrole emocional não é reprimir os nossos sentimentos, mas torná-los mais equilibrados e funcionais, para sabermos lidar com as adversidades de maneira mais adaptativa e saudável, controlando os excessos que podem nos prejudicar nos diferentes contextos sociais e pessoais.

Já a 3ª habilidade é a **automotivação**, que é a capacidade de dirigir as emoções a serviço de um objetivo ou realização pessoal. Por isso é importante focar e ter em mente: quais são os meus objetivos? O que devo fazer para alcançar? Quais caminhos devo percorrer para alcançar essa meta?

Estar motivado é o combustível que nos torna ativos e focados nos nossos objetivos, nos estimula a prosseguir e buscar sempre novas alternativas para atingir o sucesso pessoal e/ou profissional. Quando motivados, não nos permitimos ser dominados por pensamentos e emoções negativas, que aparecem para nos sabotar. Portanto, foco, meta e como devo fazer para alcançar meus objetivos. Eu costumo fazer uma lista e ir elaborando passos para alcançar meus objetivos. Dessa forma, cada item alcançado eu vou ticando e assim tenho uma sensação de que estou andando em direção ao meu objetivo, me motivando a cada passo alcançado.

Vamos a 4ª habilidade – **o reconhecimento das emoções em outras pessoas**, que é a habilidade de reconhecer emoções no outro e ter empatia de sentimentos, de modo a ter a competência de reconhecer as necessidades e desejos nos outros.

Na prática: se vejo alguém triste, como reajo? Se alguém está com cara brava, como devo me aproximar dessa pessoa? Se tento me aproximar de alguém e ela se afasta, qual é a melhor forma de agir? Como não invadir o espaço do outro, respeitar e mostrar que me importo com a pessoa?

Quando "calçamos o sapato do outro", conseguimos nos comunicar em outro nível, trazendo o respeito, colaboração e admiração nas relações, tendo em vista que nossas atitudes e comportamentos também considerarão a emoção e sentimentos dos outros.

E por fim, a 5ª e última habilidade, que são **os relacionamentos interpessoais** cujas habilidades estão focadas na qualidade de interação com os outros indivíduos, utilizando competências sociais que também dão conta de gerir os sentimentos dos outros. Essa habilidade diz respeito à forma e qualidade de interação entre as pessoas que convivemos e nos relacionamos, seja no meio profissional, pessoal ou familiar. Seguem algumas dicas para melhorar os relacionamentos interpessoais:

- Simpatia: ao falar, sorria, demonstre interesse, fale com educação, não interrompendo quando o outro está falando (o sorriso costuma abrir portas, janelas, caminhos, portais da amizade e confiança);
- Comunicação: procure ser mais comunicativo, converse com as pessoas à sua volta, dê bom-dia, boa tarde, puxe assuntos pertinentes ao contexto, exponha suas ideias com críticas construtivas (sem agressividade e/ou julgamento), sempre respeitando o ponto de vista do outro, sem passar por cima da sua visão;
- Cordialidade: seja cordial, ofereça ajuda quando for viável, agradeça, desculpe-se quando necessário, ouça sem criticar ou se colocar em posição defensiva, assuma seus erros;
- Hierarquia: qual posição de hierarquia você ocupa nesse contexto? Respeite as hierarquias do ambiente e se posicione com respeito e empatia;
- Empatia: nas relações é muito importante checar se não estou invadindo o espaço do outro, se estou considerando a reação do outro e agindo respeitosamente, sem julgar, sem criticar, me colocando no lugar da pessoa e acolhendo o que diverge da minha opinião.

Enfim, teriam tantas outras formas de exemplificar e dar dicas, mas como o tempo nesse espaço é curto, esse conteúdo já é um pontapé inicial para começar a pensar e agir em prol do treino das nossas habilidades emocionais. Se você quiser se aprofundar, a terapia é um ótimo recurso para aprender a reconhecer, lidar e gerenciar emoções e sentimentos. É um lugar de autoconhecimento e tomada de atitude em prol do bem-estar. Procure um psicólogo de sua confiança. O treino diário pode trazer maior bem-estar, leveza e qualidade de vida. De acordo com diversos estudos, as pessoas com maior capacidade de inteligência emocional costumam ser mais realizadas e costumam ter melhor destaque, sucesso pessoal e profissional.

Vamos mergulhar nas nossas emoções e ter mais autocontrole diante dos obstáculos e desafios da vida.

Referências

ARGYLE, M.; FURNHAM, A. E.; GRAHAM, J. A. *Social Situações.* Londres: Cambridge University Press, 1981.

CABALLO, V. E. *Manual de avaliação e treinamento das habilidades sociais.* São Paulo: Santos, 2003.

CASEL – Collaborative for Academic, Social, and Emotional Learning. Safe and sound: an educational leader's guide to evidence-based social and emotional learning programs. Chicago, IL: Author, 2003

DARWIN, Charles. *A expressão das emoções no homem e nos animais.* Companhia das Letras, 2000.

DEL PRETTE Z. A. P.; DEL PRETTE, A. Aprendizagem socioemocional na infância e prevenção da violência: questões conceituais e metodologia da intervenção. In: Z. A. P. Del Prette & A. Del Prette (Eds). *Habilidades sociais, desenvolvimento e aprendizagem*(pp.83-127). São Paulo: Alínea, 2007.

DEL PRETTE, A.; DEL PRETTE, Z. A. P. *Psicologia das relações interpessoais: vivências para o trabalho em grupo.* Petrópolis: Vozes, 2001.

DEL PRETTE, Z. A. P.; DEL PRETTE, A. *Psicologia das habilidades sociais: terapia e educação.* Petrópolis: Vozes, 1999.

DURLAK, J. A.; WEISSBERG, R. P.; DYMNICKI, A. B.; TAYLOR, R. D.; SCHELLINGER, K. B. The impact of enhancing students' social and emotional learning: A meta-analysis of school-based universal interventions. *Child development,* 82(1), 405-432, 2011.

EKMAN, P. Basic emojis. In: DALGLEISH, T. e POWER, M. J. *Handbook of cognition and emojis.* London: John Wiley e Sons, 2000.

GOLEMAN, D. *Inteligência Emocional.* Rio de Janeiro: Objetiva, 1995

LOPEZ, M. La integración de las habilidades sociales en la escuela como estrategia para la salud emocional. *Revista Electrónica de Intervención Psicosocial y Psicología Comunitaria,* 3(1), 16-19, 2008.

MCFALL, R. M. (1982). A review and reformulation of the concept of social skills. *Behavioral Assessment,* 4, 1-33, 1982.

17

NA DÚVIDA: BRINQUE!

Brincar é algo que, se feito em todas as idades, gera conexão e bem-estar. Brincar na infância, além de criar memórias, ajuda a criança a desenvolver relações fundamentais para seu desenvolvimento socioemocional e que levará por toda vida. Atividades lúdicas fazem a criança potencializar suas competências em todos os aspectos: motor, cognitivo e socioemocional.

JEMNA MUSSER LEAL RHODEN

**Jemna Musser
Leal Rhoden**

Analista de sistemas, com pós-graduação em Gestão estratégica de Pessoas e Gestão Empresarial. *Coach* de crianças, adolescentes, pais e educadores, certificada pelo Instituto Brasileiro de Coaching – IBC, com reconhecimento internacional pela Association of Coaching (IAC); European Coaching Association (ECA), Behavioral Coaching Institute e Global Coaching Community (GCC). Especializada em *Coaching* Ericksoniano pelo Instituto Brasileiro de Coaching – IBC. *Coach* Criacional, formada pelo Instituto Gerônimo Theml – IGT. Especialista em *coaching* infantil e adolescente, formada pelo Instituto de Crescimento Infantojuvenil – ICIJ. Consultora educacional, supervisionada pelo Instituto Paula Camilo. Analista comportamental. Movida a desafios, se deparou com o maior de todos: ser mãe, sem culpa, nos tempos atuais.

Contatos
jemna@comunikacoaching.com.br
jemna@hotmail.com
Instagram: @jemnarhodenoficial
Facebook: Comuniká Coaching
45 98840 1538

É certo que uma das minhas melhores lembranças da infância foram as brincadeiras. Nasci no interior da Bahia, na cidade de Senhor do Bonfim, mudamos muitas vezes de casas e cidades, e confesso que foi ali que adquiri uma habilidade interpessoal diferenciada. Aonde eu chegava, fazia amizades, não parava em casa. Como naquela época não havia telefones, os gritos da minha mãe ecoavam da porta de casa alcançando até onde eu estivesse.

Até os meus sete anos fui a filha caçula, tenho três irmãos mais velhos, e dois mais novos. Cresci brincando com eles e, lógico, brincadeiras que eram acima da minha faixa etária sempre.

Com cinco anos, fomos morar na Rua Irecê. Eram duas casas, uma no térreo e outra no primeiro andar. No entanto, a área comum era a mesma. Ali fiz minha primeira amiga, Karla Jatobá, somos amigas até hoje, 35 anos de amizade, amigabilidade e lealdade ali foram desenvolvidas. Como morávamos praticamente na mesma casa, éramos muito unidas, brincávamos o tempo todo. Nessa rua, também aprendi a andar de bicicleta, apesar de muito nova, tenho muitas lembranças, principalmente do meu pai brincando comigo.

Mudamos novamente. Dessa vez fomos para Rua 03, Casa 36. Ficamos um bom tempo lá, era uma rua sem saída e tínhamos muitos vizinhos da nossa idade. Caía o sol e já estávamos brincando. Todo dia era uma brincadeira diferente e, na maioria das vezes, todos juntos.

Brincávamos de roda, pega-pega, esconde-esconde, passa anel, baleado, garrafão, mímica. Aos domingos, fazíamos guisado (comida de verdade no quintal de alguém, o fogão era de tijolos com gravetos pegando fogo). No inverno, nós pegávamos tanajura para fritar e comer com farinha (uma espécie de formiga com asas). Ao redor do bairro tinham roças, onde nos aventurávamos de caçadores ocasionalmente.

Certa vez fizemos uma eleição para presidente da rua, foi muito legal, eu fui eleita com uma amiga, fizemos um mutirão de limpeza da rua, um trabalho em equipe perfeito e já era o caminho para liderança.

Naquela rua criamos raízes. No dia das crianças, tinha pau de sebo e quem conseguia chegar ao topo ganhava o prêmio que ali estava preso. Minha mãe colocava a radiola na porta e o som a toda altura, era diversão e muita conexão.

Brincar é coisa séria

Acredite, brincar na vida da criança é coisa séria, boa parte do seu tempo e sua energia são destinados a essa atividade.

É importante que nós, enquanto adultos, possamos entender que a brincadeira é um processo e não apenas um meio de distração e paz. Esse processo permite que as crianças desenvolvam inúmeras competências e habilidades.

No mundo atual, ser e estar conectado é imprescindível, além de exigir muito de nós, acabamos por receber uma quantidade enorme de informações, tanto boas quanto ruins. Nesse aspecto, o desenvolvimento socioemocional passou a ser uma das competências mais importantes.

Só para se ter uma ideia da importância desse tema, a Base Nacional Comum Curricular (BNCC) estabeleceu essa competência como diretriz nas instituições de ensino desde a primeira infância.

Competências socioemocionais, como o próprio nome diz, trabalham a forma como gerimos nossas emoções. E baseado nisso, como agimos levemente diante de desafios do dia a dia. É desenvolver autoconhecimento e autoestima, conseguir resolver problemas, ter empatia e responsabilidade, fazer modelagem, ser resiliente, criativo e organizado, trabalhar em equipe e se comunicar assertivamente.

Agora imagine, se na sua infância tivesse aprendido a lidar com as emoções e todas essas competências, você seria um adulto diferente? Faria escolhas diferentes?

Incentivando as habilidades

As habilidades podem ser incentivadas nas brincadeiras com as crianças.

Conforme a metodologia *Big* Five, existe um conjunto de cinco fatores agrupados que classificam as competências socioemocionais. São eles:

- **Abertura a novas experiências:** curiosidade, criatividade, consciência global, mentalidade de crescimento, inovação, tolerância;
- **Conscienciosidade:** garra, organização, persistência, planejamento, pontualidade, senso de responsabilidade;
- **Extroversão:** comunicação, amigabilidade, liderança, sociabilidade, assertividade;
- **Amabilidade:** colaboração, generosidade, honestidade, integridade, gentileza;
- **Estabilidade emocional:** confiança, capacidade de lidar com estresse, resiliência, autorregulação, perseverança.

E como incentivar e desenvolver tudo isso na infância? Voltando ao brincar. Você já parou para observar a criança brincar, seja sozinha ou em grupo? Já observou o quanto ela se desenvolve e o que ela desenvolve enquanto realiza determinadas atividades?

Citarei algumas competências e como podemos incentivar, intencionalmente, as crianças desenvolvê-las no momento da brincadeira.

Autoconhecimento

Capacidade de perceber-se, entender suas emoções durante o dia, detectar quando existem alterações, sejam positivas ou negativas e saber o que fazer com elas.

O jogo das emoções é uma brincadeira que auxilia a criança a ter essa autopercepção, ela cria um cenário baseado em uma emoção específica e associa uma situação real ao sentimento.

Empatia e modelagem

Capacidade de se colocar no lugar do outro e espelhar o que o outro faz no seu cotidiano. Estimula a criança na comunicação e na cooperação.

Brincando com bonecos, geralmente a criança se coloca no lugar dos pais e projeta o que está vivenciando no dia a dia.

Muito importante para nós, enquanto adultos, observar de longe esse momento de descontração e fazer uma verificação de como estamos agindo na percepção da criança.

Responsabilidade e autonomia

Capacidade de entender que toda decisão tem uma consequência, tanto para a própria vida quanto para a sociedade. E também que é preciso saber cuidar de si e cuidar do outro para um bom convívio social.

Quando desenvolvidas essas competências, outras habilidades são alcançadas como, por exemplo, coragem, persistência, autoconfiança, capacidade de lidar com as frustrações.

Deixar as crianças brincarem sozinhas, sem que nenhum adulto dite as regras, faz com que sejam responsáveis e com isso soluções para os próprios desafios.

Fazer comidinhas de verdade desenvolve a autonomia, passem a entender a necessidade de saber preparar o alimento.

Organização

Essa é uma competência que, se bem desenvolvida, o indivíduo levará para vida.

É sabido que manter tudo organizado com criança é uma tarefa quase impossível. No entanto, se transformarmos a rotina em brincadeira, além de se tornar possível, ainda ganhamos reforço para limpeza e organização do dia a dia.

Jogos da limpeza: as sugestões abaixo podem ser adaptadas por idade, interesse e habilidades da criança.

Roupa suja:

- Separe as meias das roupas que você acabou de lavar e veja quem consegue encontrar mais pares no menor tempo;
- Veja quem dobra as camisetas mais rápido;
- Brinque de serviço de entrega de lavanderia para guardar as roupas limpas nos armários e gavetas;
- As crianças menores vão gostar de aprender a apertar os botões da máquina de lavar.

Limpeza do quarto:

- Brinque de loja: faça pedidos de itens que estão no chão e devem ser entregues à prateleira ou à caixa de brinquedos;
- Aumente o som e dance enquanto você e as crianças estão arrumando o cômodo;
- Use um cronômetro e ofereça um prêmio para quem terminar primeiro de arrumar o próprio quarto;
- Pratique habilidades com bolas de roupas, jogando as peças sujas no cesto de roupas de uma determinada distância.

Limpeza da cozinha:

- Fantasiem-se: limpem fantasiados de garçons ou mordomos;
- Faça com que as crianças se sintam em um filme;
- Compre equipamentos de limpeza de brinquedos, como uma vassoura para os pequenos, de cores chamativas;
- Finja que está fazendo o comercial de um produto de limpeza que você está utilizando. Peça para as crianças fazerem o mesmo com a vassoura ou o espanador de pó.

São muitas atividades possíveis, fáceis e que ajudam as crianças desde muito pequenas a desenvolver competências socioemocionais.

A importância da família nas brincadeiras

Minha família é muito grande e geralmente nas férias de final de ano íamos para casa dos meus avós maternos. Era uma grande festa, muitos primos. Brincávamos na praça, aprendíamos os novos passos de dança, ouvíamos as histórias dos nossos pais, eram momentos de diversão e, com toda certeza, registro de memórias.

É na família que se inicia o desenvolvimento das competências para a vida social e emocional, logo é muito importante que ocorram brincadeiras em casa, preferencialmente com a participação dos adultos. Os filhos aprendem por modelagem, observação e nada mais indicado que brincar ou sugerir atividades em forma de brincadeira.

Seguem algumas brincadeiras e a função de cada uma no desenvolvimento das competências socioemocionais e como podem ser feitas em casa.

1. Jogos de tabuleiro: ensinam a criança a esperar sua vez, ter noção de tempo, a controlar impulsos, a pensar antes de agir, entender que, se decidir errado, foi por escolha própria e, por consequência, aprende ser responsável por seus atos, além de potencializar as habilidades matemáticas.

2. Massinha de modelar: desenvolve a criatividade, a criança tem a liberdade de criar baseado na sua imaginação, trabalha a percepção das formas e junção de cores.

3. Jogos dos sentimentos: desenvolve a habilidade em reconhecer seus sentimentos e saber lidar com eles, inteligência emocional.

4. Mímica: desenvolve a habilidade da comunicação, criatividade e colaboração.

5. Produção de brinquedo: se feito em grupo, desenvolve a colaboração, criatividade, trabalho em equipe e liderança; se feito sozinho, capacidade de resolver conflitos, perseverança e criatividade.

O uso de brincadeiras no desenvolvimento da criança, além de ser fundamental para a socialização, promove troca de ideias, engajamento com outras crianças, melhora nos estudos e as ensinam a ter uma vida mais harmoniosa.

Agora que chegou até aqui, o quanto você brinca com seu filho? Faz sentido que não precisa muito para criar filhos com competências socioemocionais e que ainda é possível se divertir e criar conexões e belas memórias. Na dúvida: BRINQUE!

138 | Habilidades socioemocionais

Referências

BELMIRO, M.; *Habilidades Sociais*. Rio de Janeiro: Ebook disponível no Instituto de Crescimento Infantojuvenil.

LABORATÓRIO inteligência de vida. Soft Skills: As habilidades do século 21. Ebook. Disponivel em: <https://bit.ly/31zNAZe>. Acesso em: 01 nov. de 2021.

MASTINE, I. L.; THOMAS, L.; SITA, M. *Coaching para pais*. São Paulo: Literare Books Internacional, 2017.

MELO, T. *Como transformar as tarefas domésticas em jogos de limpeza para crianças e adultos*. donatam.wordpress.com/, 2016. Disponível em: <https://donatam.wordpress.com/2016/10/15/como-transformar-as-tarefas-domesticas-em-jogos-de-limpeza-para--criancas-e-adultos/>. Acesso em: 01 nov. de 2021.

SIEGEL, D. J.; BRYSON, T. P. *O cérebro da criança*. São Paulo: Versos, 2005.

18

A PRIMEIRA INFÂNCIA E OS PRINCÍPIOS DA FORMAÇÃO DA PERSONALIDADE

As recentes pesquisas em áreas como Neurociência e Psicologia confirmam que a primeira infância é um período de grande importância para o desenvolvimento cerebral do ser humano. Os seis primeiros anos de vida são fundamentais no crescimento físico e desenvolvimento psicossocial da criança. É nesse período que acontecem as primeiras conexões neurais e estas são essenciais na formação e expansão das estruturas cerebrais. É quando o cérebro é moldado a partir das experiências e do ambiente em que a criança vive. Os estímulos, os afetos, os cuidados e o acompanhamento nesse período da vida são essenciais para a formação da personalidade do sujeito.

JOSÉ ANTONIO PINTO E EDNALDO JOSÉ DA SILVA

Professor com mais de 25 anos de experiência de sala de aula, é formado em Geografia e em Letras (Português). Tem especialização em Geografia do Semiárido, em Educação, Ciência e Contemporaneidade e em Neuropsicologia. Graduando de Psicologia.

Contato
Instagram: @ psi.jose.antonio.pinto

José Antonio Pinto

Bacharel em Teologia, especialista em Psicologia da Educação, especialista em Filosofia. Psicanalista, terapeuta familiar, escritor, professor, Doutor Honoris causa em aconselhamento.

Contatos
dreddobrasil@gmail.com
Instagram: @Doutoredoficial

Ednaldo José da Silva

Antes mesmo do nascimento, ainda na concepção, começa o processo de desenvolvimento neuropsicológico do ser humano. O período gestacional pode até moldar o bem-estar físico e emocional do bebê, pois afeta o seu Sistema Nervoso Central (SNC) ainda em formação. Estudos comprovam que problemas emocionais da gestante e nos primeiros anos de vida do recém-nascido podem deixar sequelas no SNC, que o torna mais vulnerável a transtornos mentais como depressão, TDHA e muitas doenças físicas.

A partir do momento que o bebê nasce, começa sua formação psíquica e cultural. Nesse estágio da vida, ele está se constituindo como sujeito. É quando se despertam as primeiras emoções. Tudo começa no lar onde a criança nasce e se desenvolve como pessoa. A maturação das emoções se dá no contexto sociocultural, na sucessão dos acontecimentos que ocorrem em seu entorno. Aí estão os elementos singulares na formação do sujeito, numa combinação de fatores socioafetivos e genéticos que o indivíduo inevitavelmente herda.

Os cientistas do desenvolvimento infantil são categóricos em afirmar que os primeiros anos da vida são importantíssimos na evolução emocional do ser humano e determinadas situações vividas na primeira infância têm reflexos ao longo de toda a existência do indivíduo. Pesquisas apontam que grande parte dos mais frequentes transtornos mentais estão associados a históricos de maus-tratos ou negligências ocorridas na primeira infância, sobretudo violências e abusos físicos e psicológicos. Famílias disfuncionais tendem a ter filhos com sérios problemas psicossociais.

Entendemos aqui o conceito de primeira infância a partir da definição de Piaget (PIAGET, 1989; PIAGET e INHELDER, 1980), ou seja, o período da vida que vai do nascimento até o final dos seis anos. Nesse primeiro período da vida são observadas as mais significativas mudanças físicas e cognitivas no ser humano. É quando o corpo passa por intenso desenvolvimento, resultante de diversos tipos de influências hereditárias e ambientais. É quando o processo de desenvolvimento cerebral, em constante plasticidade, já permite ao bebê articular os primeiros movimentos psicomotores e ele começa a falar, a andar, a expressar desejos e emoções. É quando se estabelecem as primeiras conexões sociais. É certo que, para haver um crescimento pleno nessa etapa da vida, é preciso que algumas necessidades básicas sejam atendidas, dentre elas o mínimo de conforto físico, uma alimentação apropriada para a idade, os afetos e afeições, que contribuem positivamente para a posterior e, consequentemente, autonomia e futuro autocontrole do indivíduo.

Desenvolvimento cerebral, herança genética e influência do ambiente

O cérebro do ser humano tem seu desenvolvimento pleno fora do ventre materno (em torno de ¾ ocorre após o nascimento). Mas seu funcionamento começa no útero da mãe, quando o Sistema Nervoso Central apresenta as primeiras funções neurais, sensoriais e motoras, como mover-se, reagir a sons, à voz da mãe e à luz.

Na primeira infância, há uma constante e elevada plasticidade cerebral, estimulada pelas experiências vividas. Essas primeiras experiências neste período da vida serão importantíssimas para o desenvolvimento de posteriores habilidades mais complexas nas fases seguintes da vida. Segundo TOMAZ *et al.* (2016), "os processos mentais e as emoções influenciam o funcionamento de todos os órgãos do corpo humano". Há muitos estudos que indicam que um bom desenvolvimento de habilidades nos primeiros anos de vida está associado a um melhor desempenho cognitivo e desempenho acadêmico na vida adulta do indivíduo.

A capacidade de reflexão, a tomada de decisões com autonomia e a gerência de comportamento não são coisas inatas e, sim, construídas passo a passo, desde a infância, a partir de interações sociais adequadas. Assim sendo, apesar de os fatores genéticos entrarem na equação do desenvolvimento cognitivo, tanto os estímulos externos quanto sua falta impactarão inclusive na estrutura do cérebro em longo prazo.

O desenvolvimento cognitivo: uma herança genética ou uma construção social?

Os bebês nascem com a capacidade de aprender, usam a linguagem ao entender as primeiras palavras já aos cinco meses em média e suas primeiras palavras são produzidas entre 10 e 15 meses. De acordo com Piaget (2003), para que a inteligência da criança se desenvolva, é necessário que ela receba estimulação visual, auditiva e tátil. O autor da teoria do construtivismo estabeleceu que o desenvolvimento cognitivo se processa por sequência, conforme períodos ou estágios de desenvolvimento, quando há uma reorganização para a posterior adaptação ao ambiente, portanto as estruturas e funções mentais vão se aperfeiçoando, modificando e se solidificando até o seu pleno desenvolvimento. Porém, é importante destacar que cada criança tem características, necessidades e possibilidades de desenvolvimento próprias. Cada momento constitui-se em novas possibilidades de desenvolvimento por meio das buscas, experimentações e descobertas.

Segundo Bee e Boyd (2011), "estudo de adoção dá suporte a uma influência sobre o escore do QI (Quociente de Inteligência), porque a pontuação de uma criança adotada é claramente afetada pelo ambiente no qual ela cresceu". A hereditariedade representaria no máximo a 80% da variação individual nos escores de QI (POLDERNAM et al. 2006, apud BEE e BOYD, 2011). A interação dos pais, cuidadores e irmãos com a criança é um dos fatores mais importantes do que a condição econômica da família para determinar o QI de uma pessoa nos primeiros anos de vida.

Embora ainda não haja consenso com relação à precisão dos percentuais de influência hereditária e ambiental sobre o desenvolvimento da criança, é sabido que a hereditariedade não é determinante no desenvolvimento cognitivo, porém exerce forte influência concomitantemente com os fatores ambientais, como a estimulação social (família, escola e comunidade). "Para entender o desenvolvimento da criança, portanto, precisamos considerar as características hereditárias que dão a cada criança um início de vida especial". Além disso, devem-se considerar os agentes ambientais ou experimentais como família, nível socioeconômico, raça/etnia e cultura (MARTORELL, et al. 2020).

Além das influências biológicas, conforme explicita Piaget, a formatação cognitiva do sujeito se dá pela relação evolutiva entre a criança e seu meio, portanto numa perspectiva interacionista. Toda a consciência do indivíduo não advém de ideias inatas, é uma construção constante influenciada pelo ambiente, mas isso não significa meramente uma repetição das ideias transmitidas no ambiente familiar, escolar e comunitário, porque cada ser humano é único, por isso é o responsável pela formação da própria personalidade.

As habilidades socioemocionais e as questões epigenéticas e de aprendizagem em uma perspectiva psicanalítica

Dos pais herdamos cromossomos e como somos.

Nos estudos sobre as emoções humanas, em especial sobre o medo, analisaremos uma carta do colono Willie Lynch, que foi dono de escravos no Caribe e era conhecido por manter os seus escravos obedientes, submissos e produtivos. Por manter os seus cativos em absoluta ordem e obediência, despertou interesse dos escravizadores da América do Norte. Na Virgínia, em 1712, ele escreveu uma carta aos senhores de escravos e fez uma longa viagem a fim de ensiná-los como doutrinar mentalmente as suas peças (escravos) para que não fugissem, mas obedecessem cegamente às ordens sem questionar aos seus donos, e tampouco o trabalho duro nos campos de café e em atividades servis às quais eram submetidos.

Esse doutrinamento consistia em jogar os escravos uns contra os outros, comparando-os e instigando uma competição entre eles. Medo, desconfiança e inveja foram os temas contidos na carta que Willie Lynch instruiu aqueles senhores de escravos para que espalhassem em seus núcleos de exploração da força do trabalho.

O interessante é que, uma vez que as comunidades escravizadas desenvolveram o hábito de se comparar, de se criticar, de se punir e de se cobrar, essas práticas foram transmitidas às gerações seguintes de modo biopsicossocial. Alguns desses indivíduos escravizados, após um determinado tempo submetidos a essas condições, acabavam por desenvolver características emocionais relacionadas a uma tristeza profunda conhecida como "banzo", que hoje conhecemos como depressão. Nas gerações seguintes, mesmo sem a adoção de tais medidas (baseadas na fomentação do medo, da inveja e da desconfiança), observavam-se essas mesmas características emocionais, como se elas tivessem sido "passadas geneticamente" de uma geração para a geração seguinte. Isso é o que pode ser chamado de epigenética (um termo que se refere a mudanças na atividade de gene que não envolvem alteração no DNA).

Nesse sentido, o conceito de epigenética, segundo Henrique Reichmann Muller e Karin Braun Prado, é definido como "modificações do genoma –, que se herda durante a divisão celular – mas que não envolve uma mudança na sequência do DNA". Os mecanismos epigenéticos atuam para mudar a acessibilidade da cromatina e esse fenômeno pode possibilitar o acesso a sensações, percepções e até emoções vividas pelos ancestrais daqueles indivíduos/sujeitos.

Epigenética e a estranha herança por meio da memória celular

Por intermédio da epigenética, nota-se que um organismo pode ajustar a expressão gênica se adaptando ao ambiente onde vive, porém sem mudanças no seu genoma. Por exemplo, experiências vividas pelos pais, como traumas emocionais, podem ser transmitidas para os descendentes pela chamada "memória epigenética". Partindo desse pressuposto, é possível afirmar que alguns distúrbios no processo da aprendizagem, de crenças, de desenvolvimento de doenças físicas e mentais, comportamentais podem estar associadas à árvore genealógica manifestada nos hábitos e reflexos do indivíduo.

Em seu artigo "A epigenética e a transmissão psíquica", Rogério Panizzutti, citando Philosophie zoologique de 1809, diz que Lamarck criou a teoria das características adquiridas ao afirmar que o ambiente modifica a fisiologia de um indivíduo e isso pode ser transmitido aos descendentes.

Partindo dos pressupostos acima, o primeiro ser humano precisou enfrentar alguns desafios para continuar existindo, sendo o primeiro desses a produção da própria energia. O segundo desafio era o continuar existindo. E por último, o desafio do que fazer com os resíduos da sua produção de energia.

Sentimentos de angústia, potencializados por circunstâncias e necessidades, são parte dos resíduos que acompanham os sujeitos que vivem em comunidades ou supostamente de maneira isolada. Gerenciar as emoções e gerar riquezas se constituem em habilidades socioemocionais necessárias no convívio social. O uso de personas (máscaras) na representação dos muitos papéis que precisam ser representados podem salvar vidas e evita adoecimentos e crises intra e interpessoais.

O uso constante dessas "máscaras" exige muita produção de energia psíquica do sujeito que por sua vez terá que fazer uso das habilidades de suas funções superiores, tais como: sensações, percepções, emoções, pensamentos, sentimentos e linguagem para administrar tais resíduos. Esses resíduos (lixos) formam energias psíquicas nas relações intra/interpessoais que, se não bem administradas e ressignificadas, se tornam agentes de doenças e reações psicossomáticas responsáveis por boa parte das crises nas relações socioemocionais.

Como vimos até aqui, concluímos que a existência humana seria uma espécie de um eterno repetir, pois as memórias sempre estarão presentes, manifestadas em forma de pensamentos, de sentimentos, de atitudes, palavras e até doenças psicossomáticas. Conhecer-se é preciso: árvore genealógica, hábitos, reações. Saber o porquê, como e para que das repetições. É necessário olhar para a própria história para se compreender, para então olhar para frente e, sobretudo, viver o seu presente, evitando medos, angústias, ansiedades e sombras hereditárias. Ainda assim, os conceitos da epigenética mostram que a forma de se pensar as psicopatologias pode ser alterada considerando o ambiente e a composição genética do indivíduo. "O sujeito é portador de genes que o predispõem a tal patologia, e estes podem ser expressos, ou não, dependendo do ambiente que os circundam". (JUNIOR, et. al. 2017).

Assim, concluímos ser possível afirmar que algumas síndromes e comportamentos têm uma base genética, pois esta possibilita uma suscetibilidade de possibilidades. As mutações epigenéticas seriam uma resposta a mudanças do ambiente. Algumas formas de mutação epigenética podem ser passadas aos descendentes, funcionando como uma mutação genética, porém, diferentemente dessa última, elas podem ser reversíveis, porque o ser humano é dinâmico, pois é dotado de uma plasticidade cerebral que responde às suas diversas experiências pessoais.

Referências

BEE, H. B. D. *A Criança em Desenvolvimento*. 12. ed. Porto Alegre: Grupo A, 2011.

GERHARDT, S. *Por que o amor é importante: como o afeto molda o cérebro do bebê*. 2. ed. Porto Alegre: Artmed, 2017.

JUNIOR, A. J. P. F.; NERIS, A. R. M. de. T.; OLIVEIRA, I. P. de. Epigenética e psicologia: uma possibilidade de encontro entre o social e o biológico. *Revista Internacional em Língua Portuguesa*. Disponível em: <https://www.rilp-aulp.org/index.php/rilp/article/view/RILP2018.34.1>. Acesso em: 01 nov. de 2021.

MARTORELL, G.; PAPALIA, D. E.; FELDMAN, R. D. *O mundo da criança: da infância à adolescência*. 13. ed. Porto Alegre: AMGH, 2020.

PIAGET, J. *Seis estudos de psicologia*. 17. ed. São Paulo: Editora Forense. 1989.

PIAGET, J. INHELDER, B. *A Psicologia da criança*. 8. ed. São Paulo: Bertrand Brasil, 2003.

PIAGET, J.; INHELDER, B. *A psicologia da criança*. 6. Ed. Rio de Janeiro. Difel Difusão Editora. 1980.

REICHMANN MULLER, H.; PRADO, K. B. *Epigenética: um novo campo da genética*. RUBS, Curitiba, v.1, n.3, p.61-69, set./dez. 2008. Disponível em: <https://docplayer.com.br/6666890-Epigenetica-um-novo-campo-da-genetica-epigenetics-a-new-genetic-field-henrique-reichmann-muller-1-karin-braun-prado-2.html>. Acesso em: 02 Jan. de 2021.

TOMAZ, C.; TAVARES, M. C. H.; SATLER, C.; GARCIA, A. *Métodos de estudo da relação entre cérebro, comportamento e cognição*, em *Neuropsicologia aplicações clínicas*. Org. MALLOY-SINIZ, L. F.; MATTOS, P.; ABREU, N.; FUENTES, D. Porto Alegre: Artmed, 2016.

19

AUTORREGULAÇÃO DO ADULTO: FORMA DE APRENDIZAGEM DE EQUILÍBRIO E RESILIÊNCIA NAS CRIANÇAS

Adultos assumem um papel de apoio, suporte e exemplo nesse processo de aprendizagem quando mantêm a calma diante da dificuldade das crianças de se autorregularem. Crianças aprendem sobre autocontrole e autorregulação pelo exemplo e pelas orientações que recebem dos adultos de referência.

JULIANA VIERO

Juliana Viero

Empresária, advogada, especialista em Direito do Trabalho e Direito Previdenciário, pós-graduada em Administração, Finanças e Geração de Valor, diretora executiva da Construtora Viero S/A, educadora parental pela Associação de Disciplina Positiva – Brasil, certificada em Parentalidade e Educação Positiva pela Escola da Parentalidade de Porto/Portugal e certificada em Inteligência Emocional pela mesma escola de Porto/Portugal. Autora do conteúdo do @maezinhaocaramba e trabalha tanto em empresas como em atendimentos individuais para famílias em aconselhamento parental.

Contato
www.maezinhaocaramba.com.br
juliana@viero.com.br
Instagram: @maezinhaocaramba
51 99757 3635

É claro que uma das grandes dificuldades que nós, pais, temos é a de manter o autocontrole[1] diante das situações difíceis que vivenciamos com as nossas crianças. Não perder o controle diante de um ataque no supermercado, da correria no shopping, da falta de colaboração e dos gritos das crianças é uma tarefa complicada de executar.

Por outro lado, é essencial que possamos reconhecer e tomar consciência de que a nossa capacidade de se controlar diz respeito tão somente a nós mesmos e não aos comportamentos dos nossos filhos ou aos de qualquer outra pessoa. Como diz Magda Gomes Dias: "não há como ensinar inteligência emocional se não formos emocionalmente inteligentes".

Adultos que se dedicam ao processo de autoconhecimento, ou seja, que trabalham na descoberta daquilo que são as suas próprias características e capacidades, bem como se empenham na busca do que precisa ser melhorado em si mesmos e que, em grande parte do tempo, conseguem se manter no seu estado de equilíbrio, reconhecendo os sinais que seu corpo emite, conseguem ser melhores tanto para si quanto para os outros. Dessa forma, mais importante do que sermos pais pacienciosos é reconhecermos quando estamos nos aproximando do descontrole.

É importante que possamos destacar que existem formas que auxiliam o adulto no processo de autorregulação, isto é, que tornam possível ao adulto monitorar e modular suas emoções, cognições e comportamentos para atingir seus objetivos e se adapte a demandas específicas. A tomada de boas decisões é uma dessas formas operativas.

É possível tomarmos boas decisões, mesmo diante de situações que nos acionam gatilhos, que nos trazem emoções como raiva, frustração, tristeza, vergonha, medo, ansiedade, decepção, culpa, dentre outras.

O que podemos, então, definir como "boas decisões?"

Boas decisões são aquelas que nos fazem bem, que respeitam a nós mesmos e aos outros. São atitudes que tomamos que nos trazem sensações positivas, de bem-estar, de confiabilidade, que vão ao encontro dos nossos valores e princípios, que também respeitam o outro.

Assim, para que as boas decisões sejam relativamente frequentes, precisamos estar em equilíbrio. Do nosso estado de equilíbrio é que decorre nossa capacidade de sermos assertivos, respeitosos e de agirmos de maneira que nos faça bem. Em crianças, como bem ensinam Daniel Siegel e Tina Bryson no livro *O cérebro que diz sim*, a questão é

---

1 Neste texto, não fiz distinção entre autocontrole e autorregulação, ainda que alguns autores possam observar distinções sutis entre os termos.

ajudar as crianças a construir capacidades e criar espaço e oportunidades para a estimulação de um cérebro mais equilibrado.

Nesse contexto, insere-se o que os especialistas acima chamam de regulação conjunta. Essa expressão usada por eles e pela qual, confesso, tomei muito gosto, fazendo com que eu passasse a usá-la com frequência, tem muito significado. Adultos pais que são capazes de fazer com que seus filhos tenham pensamentos mais saudáveis, que costumam exercitá-los de modo que busquem seu estado de equilíbrio e, do mesmo modo, conseguem lidar com aquilo que sentem de uma maneira que faz bem a si e aos outros, estão, sem dúvida, mais aptos para criarem seres humanos para a vida – literalmente.

O primeiro passo que precisamos dar para sermos adultos equilibrados e, então, capazes de ensinar os nossos filhos é o autoconhecimento. É tomarmos consciência de quais são os nossos gatilhos pessoais, o que nos aciona fortemente e que nos leva ao desequilíbrio.

Passando essa fase, deve pensar em como gostaríamos de agir e o que poderíamos fazer para, em uma próxima vez, agirmos em consonância com aquilo que elegemos ser, daquele momento para a frente, as nossas melhores escolhas.

Uma criança de dois anos, por exemplo, que ao não ter um desejo atendido, em determinado momento, grita com os pais, está agindo conforme a idade que tem. E, dito isso, esses pais precisam ter essa consciência e buscar recursos para lidar com o que aciona dentro deles esses gritos e conhecer maneiras de ensinar essas crianças a lidar com essa frustração diferentemente dos gritos.

Começando pelo princípio, você, adulto, em um momento de tranquilidade se pergunte:

1. O que me aciona? O que me aproxima do desequilíbrio?
2. Consigo perceber sinais no meu corpo de que esse limite está se aproximando?
3. Quando essas situações (da pergunta 1) acontecem, como estou agindo?
4. E como eu gostaria de agir quando acontecer essa situação novamente?
5. O que posso fazer para que eu conseguir agir de maneira consciente, de modo que eu me sinta bem e que concorde com os meus princípios e valores?

Esse passo a passo é um exercício que requer treino, vontade e consciência. O processo de autoconhecimento não termina, é constante e permanece durante toda a nossa vida. Não basta fazermos uma única vez.

Além disso, é fundamental que tenhamos em mente que nossas crianças estão em desenvolvimento, que o cérebro delas não está formado na sua integralidade. Isso justifica que, em grande parte do tempo, as nossas crianças não agem mal porque desejam nos enlouquecer, acabar com o nosso dia. Elas não conseguem e/ou não sabem ainda agir diferentemente.

Sabe-se hoje que uma das regiões do nosso cérebro, responsável pela organização dos nossos comportamentos, pela nossa capacidade de pensar e de tomar decisões, por exemplo, só está totalmente desenvolvida no início da vida adulta, em torno dos 25 anos. Estudos vêm mostrando que o crescimento de massa cerebral cinzenta tem importante função nesse contexto. Por exemplo, o estudo de Gogtay et al. mostrou importante diferença de desenvolvimento de massa cinzenta cerebral, analisando pessoas entre 4 e 21 anos.

Durante os anos iniciais, o desenvolvimento de massa cinzenta cerebral é pequeno na região frontal e esse desenvolvimento cresce ao longo dos anos. Ademais, especificamente no lobo frontal, esse desenvolvimento se dá "de trás para frente", sendo o córtex pré-frontal um dos últimos a se desenvolver.

Vale ainda ressaltar que a região do córtex pré-frontal é a região cerebral mais intimamente relacionada a importantes componentes cognitivos, como as funções executivas, que são as habilidades necessárias para controlar nossos pensamentos, emoções e comportamentos. Como auxiliar, então, nossos filhos a permanecerem no seu estado de equilíbrio por mais tempo, ou seja, como ajudá-los a se tornarem resilientes a longo prazo? Como exercer de fato essa regulação conjunta?

De início, precisamos destacar que as crianças precisam viver as próprias experiências. Elas precisam ter a oportunidade de lidar com aquilo que sentem, de experimentar sensações e de, literalmente, sentir. Nossa ânsia de pais, de querer vê-los sempre felizes e sorridentes, tira deles as oportunidades de desenvolverem habilidades. Crianças com necessidades atendidas, com pais equilibrados, que permitem que elas vivenciem emoções, que busquem por soluções, que abram espaço para o diálogo e para a possibilidade de argumentação, são crianças mais receptivas e mais abertas aos desafios que surgem.

Nesse contexto, precisamos ainda referenciar que mais importante do que cessar um comportamento desafiador é entendê-lo, é buscar o que está gerando esse comportamento. Essa tarefa necessita de acolhimento em primeiro lugar e, em segundo, que os pais tenham ferramentas para fazer essa análise competente.

Quando os pais mudarem o foco do comportamento para a causa desse comportamento e permitirem que seus filhos vivenciem as consequências dos seus atos, se colocando como apoio, a receptividade começa a aparecer. E, em seguida, o equilíbrio e o desenvolvimento da resiliência.

Já sabemos que crianças em sofrimento, no momento da dor, da dificuldade de lidar com aquilo que estão sentindo, não possuem aprendizado positivo. Chamo de "aprendizado positivo" aquele que traz o desenvolvimento das habilidades que desejamos ver no adulto do futuro.

Assim, quando a minha filha se joga no chão do supermercado ao ter uma bala negada, nesse momento não há espaço para correção ou sermão. O objetivo primário é que essa criança retome ao seu estado de equilíbrio para que, daí sim, o aprendizado positivo tenha espaço.

Vamos ao exemplo prático.

Imagine a seguinte situação: minha filha, com dois anos e meio, no meio do supermercado, diante de uma dificuldade imensa de lidar com a frustração de ter tido a compra de uma bala negada por mim, se atira no chão, se debatendo.

Normalmente, quando algo assim acontece, reagimos de duas formas: culpamos a nossa criança, dizendo que ela é terrível, impossível, mal-educada ou culpamos a nós mesmos: "Eu não sei educar, sou uma péssima mãe, péssimo pai".

Quando agimos procurando culpados, saímos do foco de encontrar o que está por trás do comportamento desafiador. O comportamento dos nossos filhos, assim como o comportamento de qualquer pessoa que convive conosco, diz respeito a eles e não a nós. Não é o comportamento deles que nos faz bons ou maus pais.

Precisamos assimilar que não conseguimos fazer das nossas crianças modelos nossos. Não temos como fazer delas o que queremos. Temos é que olhar para a nossa criança, aceitar como ela é e, aos poucos, ir mostrando como ela mesma pode lidar com suas características, suas emoções e seus comportamentos e se relacionar com o mundo de maneira saudável.

Pergunte-se: o que gerou esse comportamento? O que está por trás? Imaginaremos que seja em decorrência da frustração de não ter a bala (usando o exemplo de minha filha). Isso é o mesmo que dizer: minha filha teve um ataque porque não conseguiu lidar com uma emoção negativa.

Já sabemos que esse comportamento nos mostra, num primeiro momento, que ela está com dificuldade de tomar uma boa decisão em virtude do próprio desenvolvimento cerebral. É claro que também podem existir outros fatores associados gerando esse comportamento, mas a fase em que se encontra o seu desenvolvimento é uma razão principal.

No cérebro das crianças, há uma falta de conexão entre o andar de cima (parte mais racional, que toma boas decisões, nosso "juízo" e que ainda é pouco desenvolvido nas crianças) e o andar de baixo do cérebro (primitivo, emocional, responsável por respostas automáticas, nossas ações por impulso, parte mais desenvolvida nas crianças). Em virtude disso, sei que, enquanto minha filha não se acalmar e não conseguir acionar a parte superior do seu cérebro, aquela parte mais racional, não será possível conversar com ela, ensiná-la e orientá-la. Portanto, o que eu preciso fazer é auxiliá-la a se acalmar.

Como fazer isso?

Bom, primeiro temos que ter em mente que algumas crianças aceitam bem, nessas horas, contato físico, outras não. Precisamos conhecer nossas crianças.

Se a criança reagir bem diante do contato físico, você pode oferecer um abraço e dizer "entendo que você gostaria muito daquela bala e que ficou muito braba com a mamãe. Fique aqui no meu colo até se acalmar". Você também pode pedir um abraço.

Se a criança não reagir bem diante do contato físico, você pode pegar a criança no colo, largar o seu carrinho de compras onde está e ir com ela até o carro. Dizer para a criança que ficarão ali até o momento em que ela consiga se acalmar. Tente dizer palavras que auxiliem como: "Eu também ficaria triste se não pudesse comprar algo que eu tivesse vontade", "a mamãe entende a sua frustração", "eu sei, filha, realmente é muito ruim não poder pegar a bala agora".

Quando a criança já estiver calma, você pode validar a emoção repetindo as frases acima, mas lembrando-a de que balas não estavam na lista ou, na hipótese de não terem feito o combinado antes, dizer-lhe que a mamãe não tinha dinheiro, ou ainda que, durante a semana, não compramos bala (se isso for uma regra da casa, também já conhecida por ela).

Uma alternativa para os pais pode ser explicar à criança, nesse momento já de tranquilidade, que se atirar no chão não é uma possibilidade. Ela pode se machucar. Mostre para ela que, nessas horas, a criança pode pedir um colo, apertar as mãos, respirar. A ideia é que ela tenha recursos diferentes do ataque para lidar com aquilo que sente, que ela possa ir construindo um conjunto de ferramentas para lidar com situações difíceis, cada vez maior e mais sofisticado.

É indiscutível que os adultos de referência têm papel fundamental no processo de aprendizagem de autorregulação das crianças. A regulação conjunta e o exemplo dado são responsáveis pelo desenvolvimento da resiliência no decorrer da vida e do estado de equilíbrio dos pequenos.

Buscar por autoconhecimento, entender o que se passa com as nossas crianças em cada fase do seu desenvolvimento, enxergar de fato nossos filhos como pessoas que merecem ser respeitadas, nos permite construir relações com sentido e que agreguem valor na nossa vida.

Referências

GOMES, D. M. *Crianças felizes: o guia para aperfeiçoar a autoridade dos pais e a autoestima dos filhos.* Barueri: Manole, 2019.

SIEGEL, D.; BRYSON, T. *O cérebro que diz sim: como criar filhos corajosos, curiosos e resiliente*s. São Paulo: Planeta, 2019.

20

APRENDENDO COOPERATIVAMENTE NA PRIMEIRA INFÂNCIA

É possível trabalhar com crianças para desenvolver habilidades que as ajudem no cognitivo, social e afetivo? Com exemplos práticos e embasados na aprendizagem cooperativa, explicamos como isso pode ser feito com convivência e cooperação planejadas em sala de aula visando ao desenvolvimento amplo e integral das crianças e suas habilidades socioemocionais.

LEA VERAS E NATÁLIA GHIDELLI

Lea Veras

Mediadora de Aprendizagens da Edutiê, consultora educacional, professora da rede municipal de São Carlos/SP e pesquisadora em Metodologias Ativas. É PhD pela Carnegie Mellon University e pós-doutora pela Universidade de São Paulo. Idealizadora e fundadora de organizações que visam enriquecer a educação no Brasil, desenvolve ações educativas e formação de professores em ambientes de ensino formais e não formais. Engenheira e pedagoga, é encantada pelo desafio de tornar os diálogos mais construtivos e as aulas mais dinâmicas, integrando todos os estudantes a partir das suas diversidades.

Contatos
www.edutie.com.br
leaveras@edutie.com.br
16 99797 0905

Natália Ghidelli

Pedagoga formada pela Universidade Federal de São Carlos, possui experiência em ensino bilíngue, educação infantil e anos iniciais do ensino fundamental. Também é educadora em Disciplina Positiva e consultora educacional da Edutiê. Participou como coautora do livro *Entre nós – desafios da parentalidade na primeira infância*, publicado em 2020, e como autora de planos de aula para a plataforma da Associação Nova Escola. Trabalha por uma comunicação e relações mais respeitosas, inclusivas e enriquecedoras dentro e fora da sala de aula.

Contatos
www.edutie.com.br
natalia@edutie.com.br
16 99735 4825

Cooperar não é algo inato: está ligado a um conjunto de habilidades que precisamos aprender e exercitar ativamente. Por isso, deveríamos incorporar possibilidades de cooperação nas práticas cotidianas desde a primeira infância, momento de grande desenvolvimento social e emocional. Entretanto, infelizmente, nem sempre isso ocorre em ambientes escolares: comumente temos apenas propostas de atividades individuais dificultando o desenvolvimento de qualidades para vida em sociedade. Além disso, é comum valorizar crianças que conseguem ficar paradas e atentas a toda explicação da professora[1]. Embora atenção e concentração também sejam importantes, elas não deveriam excluir outros atributos. Tanto elas quanto saber trabalhar em grupo levam um tempo para serem desenvolvidas plenamente e exigem práticas intencionais planejadas por parte das educadoras.

Ou seja, para que nossas crianças aprendam a se relacionar com o outro e consigo mesmas de maneira adequada, são necessárias vivências com esse propósito. A esse conjunto de aprendizados chamamos habilidades socioemocionais[2], termo presente em muitos documentos sobre desenvolvimento infantil. Neste capítulo, tratamos sobre as habilidades socioemocionais no contexto da sala de aula sob a ótica da Aprendizagem Cooperativa[3].

Para tornar o assunto mais concreto, imagine a seguinte cena: uma professora recebe um novo aluno após três meses do início das aulas. Ele tem dificuldades para se adaptar, pois era a primeira vez que ele frequentava uma escola. Enquanto ela dá atenção para esse aluno, outra criança, seguindo seu exemplo, também começa a chorar de saudades da mãe. Uma terceira acaba deixando escapar xixi nas calças e uma quarta pede aprovação da educadora ao terminar a atividade que realizava sozinha. Existe ainda um grupinho mexendo nos potes de tinta e nos papéis que seriam usados depois do intervalo enquanto mais duas crianças reclamam sem parar que estão com fome.

---

1 Nota das Autoras: Na Educação Infantil, temos uma realidade de quase 100% de profissionais da educação do sexo feminino e, assim, para honrar essas mulheres, decidimos usar o termo professora em vez de generalizar para o masculino como nossa língua usualmente o faz.

2 Nota das Autoras: Por vezes, outros termos como Competências Socioemocionais ou Habilidades Socioafetivas são utilizados sem fazer distinção de significado na prática diária.

3 Nota das Autoras: Aprendizagem Cooperativa é uma metodologia ativa baseada em trabalhos em grupo que visam à cooperação em detrimento da competição. Ela foi sistematizada a partir dos anos 80 pelos irmãos Roger T. Johnson, David W. Johnson e Edythe Johnson Holubec. A metodologia está ancorada em cinco pilares essenciais (Interdependência Positiva, Responsabilidade Individual, Processamento Grupal, Interação Face a Face e Desenvolvimento de Habilidades Sociais), dos quais apontaremos três que julgamos os mais importantes no trabalho com crianças na Educação Infantil. Vide referência Johnson, Johnson e Holubec (1994) para mais detalhes.

Na tentativa de contornar o caos, a professora dá um pedaço de massa de modelar para alguns brincarem individualmente enquanto ajuda a criança que fez xixi, acolhe a criança em adaptação e a que chorava de saudade.

Na hora do lanche, a professora descobre que os que brincavam de massinha haviam grudado o material nos cabelos de outra amiga, nas paredes, na fechadura da porta, embaixo das mesas e em várias partes da sala. Na hora do parque, a professora já está esgotada e ainda falta fazer atividade e a roda para encerrar o dia.

Essa professora fez o seu melhor: acolhe todas as crianças, se mostra disponível, as ajuda a desenvolver competências como a paciência e resiliência. Mas será que ela está realmente as ajudando a seguir nas suas jornadas da vida de maneira autônoma e significativa? E será que a escola oferece apoio sobre como trabalhar habilidades socioemocionais a partir do esperado para a Educação Infantil?

A Base Nacional Curricular Comum (BNCC), documento normatizador brasileiro das expectativas para a Educação Infantil, indica a importância de se planejar em prol do desenvolvimento da criança como ser complexo, plural e amplo:

> *Essa concepção de criança como ser que observa, questiona, levanta hipóteses, conclui, faz julgamentos e assimila valores e que constrói conhecimentos e se apropria do conhecimento sistematizado por meio da ação e nas interações com o mundo físico e social não deve resultar no confinamento dessas aprendizagens a um processo de desenvolvimento natural ou espontâneo. Ao contrário, impõe a necessidade de imprimir intencionalidade educativa às práticas pedagógicas na Educação Infantil, tanto na creche quanto na pré-escola.*
> (BNCC, 2018, p. 38)

O documento aponta algumas habilidades a serem desenvolvidas, além de outros aspectos essenciais para a educação formal, mas não dá uma ideia de como colocar isso em prática visto que cada escola tem uma realidade, recursos e metodologias diferentes. Então como fazer isso? Como transformar a intencionalidade pedagógica em ações? Vejamos algumas possibilidades.

Em primeiro lugar, a criança deve ter espaço físico para se desenvolver. Esse espaço precisa ser preparado para que ela possa se movimentar o mais livremente possível: se a todo momento você precisa dizer "não faça isso, não faça aquilo", sem dar opções para onde direcioná-la, ela não terá oportunidades para exercer sua autonomia. Ainda assim, destacamos que essa movimentação não significa a criança fazer o que quiser. Regras existem no mundo adulto e tê-las na sala de aula as prepara para viver em sociedade. Para terem maior oportunidade de sucesso, elas precisam ser simples e estar em sintonia com o que possa trazer o máximo de possibilidades adequadas para a faixa etária. Assim ela entende o que não pode fazer e, a partir disso, tem grande liberdade para fazer o resto dentro daquele ambiente apropriado para ela.

Em segundo lugar, ela deve ter espaço para seu desenvolvimento emocional. Ou seja, é importante que ela tenha também a liberdade de expressar sentimentos e emoções para atingir sua maturidade emocional de modo saudável.

Em terceiro lugar, é importante também apresentar situações variadas de interações para ela vivenciar e experimentar diferentes formas de viver em sociedade. Uma forma de se fazer isso na escola é propiciar trabalhos em equipe com intencionalidade de que sejam grupos realmente cooperativos. Saber trabalhar em equipe, por si só, já é uma habilidade e, ao fazê-lo, se abrem oportunidades para o desenvolvimento de outras habilidades socioemocionais.

Vale destacar que apenas estar em grupo não significa ser cooperativo. Quantas vezes estivemos em um grupo quando a sensação era a de que era melhor ter feito sozinho o trabalho? Por isso mesmo é tão importante a intencionalidade de educadores em preparar alunos para que entendam o que é cooperar de verdade. Mas, claro, essa intencionalidade precisa estar adaptada à maturidade de quem aprende: crianças muito pequenas pouco entendem empatia e são muito mais centradas em si do que no grupo. Ainda assim, podemos usar de meios para que o convívio entre elas e delas conosco possa, paulatinamente, se tornar uma convivência harmônica e cooperativa.

Ao aplicar as diversas possibilidades de trazer colaboração para a sala de aula, precisamos garantir que as atividades de grupos atendam a três fundamentos, embasados na Aprendizagem Cooperativa:

1. **Responsabilidade Individual** (RI) equivale a garantir que cada indivíduo deve fazer a sua parte. Por meio dela, os membros de uma equipe devem saber que cada um tem um papel e que não pode se apoiar no trabalho dos outros sem ter sua devida parte de trabalho e esforço;

2. **Interdependência Positiva** (IP) corresponde a quando todos dependem de cada um e cada um depende de todos, como uma ajuda mútua necessária. É preciso estar claro para todos os membros do grupo que ou todos participam e o resultado da atividade será bem sucedido ou nada feito;

3. **Verificação de Grupo** (VG) é o famoso *feedback*. Você o dá para sua criança? Tanto o positivo, aquele que reforça comportamentos adequados, quanto o de indicação de pontos a melhorar, que ajuda a criança a ver como continuar na sua jornada de crescimento.

Parece muito para crianças pequenas? Vejamos alguns exemplos que mostram que não. As situações que ilustraremos são reais e mostram como podemos usar esses três elementos na sala de aula.

Caso 1 - Preparando lanche coletivo na escola

Imagine uma situação com crianças de aproximadamente quatro anos com uma responsável por trazer o lanche para todos a cada dia. No momento de lanchar, a criança responsável pelo lanche do dia escolhe outras duas que a ajudam a prepará-lo.

Cada uma fica responsável por uma ação de preparo (RI): uma corta o pão, outra coloca o recheio e a terceira organiza os pratos e pães na bandeja para que os colegas se sirvam.

Se a primeira deixar de cortar o pão, a segunda não consegue colocar o recheio, tampouco a terceira pode colocá-lo na bandeja (IP).

Por fim, durante o lanche, a professora e os amigos dão o *feedback* sinalizando o bom trabalho, o cuidado e a ajuda dos três colegas que prepararam o lanche e, também, apontam se faltou algo e o que poderia ser melhor (VG).

Caso 2 - Montando o mural da turma

Visualize uma professora construindo um mural com um par de asas desenhadas. Ela pede que cada criança trace suas mãos em um papel colorido e desenhe o que gostaria de fazer naquele ano na escola. Ela preenche o desenho das asas com as mãos das crianças formando as penas e transforma o mural em um par de asas coloridas daqueles que vemos em tantas fotografias atualmente.

Os desenhos são individuais e, se uma criança não o faz, sua contribuição fará falta na figura final e ela não participará do mural (RI). As crianças precisam do desenho da professora e das demais crianças para formar um mural completo, colorido e bonito (IP). No final, todos apreciam o resultado e dão *feedbacks* sobre o que gostaram do mural e como poderiam fazer de maneiras diferentes em uma próxima vez (VG).

Interessante perceber a cooperação no dia a dia escolar de crianças pequenas, não? Além dos casos, resumimos algumas dicas práticas para programar atividades cooperativas com crianças ao longo da Educação Infantil considerando os três pilares mencionados.

- **Para bebês (0 a 1 ano e 6 meses)**: peça que a criança escolha (RI), dentre as opções plausíveis separadas pela educadora (IP), qual objeto ela utilizará para brincar ou qual roupa ela colocará. Com bebês que ainda se comunicam pouco verbalmente, utilize estratégias como aproximar o objeto da mão e dizer algo relacionado àquela escolha. Tanto para bebês mais novos quanto os mais velhos, destaque algo verdadeiro que demonstre a qualidade daquela escolha frente à outra como, por exemplo, no caso de escolha de roupas de cores distintas, pode-se falar "que bom que você escolheu a camiseta azul, ela combina com sua calça verde" (VG).

- **Para crianças bem pequenas (1 ano e 6 meses a 3 anos e 11 meses)**: nessa fase, a sala de aula pode ser vista como uma grande equipe que trabalha junto. Crie pequenas responsabilidades para as crianças como: na hora de recolher os brinquedos, uma das crianças recolhe os azuis e a outra recolhe os vermelhos, enquanto isso outra criança ajuda você a varrer a sala ou limpar alguma outra coisa (RI e IP). O *feedback* pode ficar por sua conta ao fazer uma roda agradecendo pela ajuda daqueles que colaboraram no dia (VG). Outra dica é criar duplas para atividades como lavar as mãos, servir-se de lanche e subir no escorregador. Cada integrante da dupla ajuda o outro ou cumpre um papel importante como: encorajamento na hora de escorregar, segurar o copo enquanto o amigo segura o prato na hora de pegar o lanche, entre outras (RI e IP). O *feedback* também pode vir da professora incentivando as crianças a agirem dessa forma (VG).

- **Para crianças pequenas (4 anos a 5 anos e 11 meses)**: além dos exemplos anteriores que podem continuar a ser usados para essa faixa etária, podemos acrescentar atividades de artes em grupo. Por exemplo, ao fazer uma escultura, cada um do grupo busca um material para fazer uma parte (RI), e em seguida, montam-na juntos (IP) para ser apreciada pelos demais colegas de outros grupos em uma exposição. A apreciação dos resultados e os comentários sobre eles na hora da roda podem ser um excelente *feedback* (VG). Nessa faixa etária, também podemos aplicar os casos mencionados integralmente: dividir tarefas na hora do lanche e construir um mural juntos são colaborações com pleno desenvolvimento das habilidades socioemocionais.

162 | Habilidades socioemocionais

Palavras finais

Por fim, destacamos que as habilidades socioemocionais precisam ser praticadas intencionalmente desde a Educação Infantil, em especial no ambiente escolar. Para que essas práticas sejam frutíferas, precisamos ter em mente alguns pilares amplamente estudados que embasam formas de fazê-lo a partir de trabalhos em equipe. Entre eles, vale lembrar-se de ter sempre bem claro para a criança qual a importância do papel dela (RI), o quanto todos terão prejuízo se ele não for cumprido (IP), além de sempre enfatizar ao fim de uma tarefa ou de parte dela o que poderia melhorado e o que está bom (VG).

Talvez, se a professora lá do início do capítulo colocasse em prática meios para que seus alunos pudessem se apoiar mutuamente em grupo, o dia dela teria sido menos caótico. Isso não é fácil, mas é possível a partir de muita prática, apoio da escola e aprofundamento nos fundamentos para uma cooperação real.

Esperamos que esta leitura ajude você no seu caminho de proporcionar um desenvolvimento pleno das habilidades socioemocionais das suas crianças.

Referências

BRASIL. Base Nacional Comum Curricular, 2017, Ministério da Educação.

JOHNSON, D.W.; ROGER T. J.; EDYTHE J. H.; EDYTHE J. H. *The new circles of learning*: Cooperation in the classroom and school. ASCD, 1994.

21

HABILIDADES SOCIOEMOCIONAIS E A MÚSICA

Neste capítulo, trago para vocês um pouco da experiência do aprendizado das habilidades socioemocionais com a música. As habilidades socioemocionais são fundamentais para o desenvolvimento humano. É a capacidade de se relacionar com outros indivíduos e superar desafios de maneira saudável e equilibrada. Enquanto a música desperta sentimentos e emoções e desenvolve nas crianças a capacidade de expressá-las. Acredito que o sucesso de um negócio, de uma liderança ou de uma proposta pedagógica é colocar seu coração em tudo o que fizer, ter o cuidado e o carinho de fazer pelos outros aquilo que você gostaria de receber. Não tenha medo, simplesmente vá e faça, os frutos com certeza você colherá.

LÉIA MARIA GALIONI GRECHI

Léia Maria Galioni Grechi

Léia Maria Galioni Grechi, 42 anos, pedagoga, escritora, criadora de metodologias para ensino musical, mãe da Larisse e da Sophia, fundadora do Instituto Musical Viva Arte, um espaço dedicado às atividades de formação musical e pedagógica. Formada em Pedagogia e Administração Escolar pela Universidade Cidade de São Paulo e pelo The Orff Course Certification Program. Cursou abordagem pedagógica de Loris Malaguzzi em Reggio Emilia (Itália 2015/2016/2017) e abordagem Emmy Pikler na Association Pikler Locsy (França 2015), a educação de 0 a 3 anos e os cuidados com os bebês e crianças pré-escolares, estudou com o mestre Jos Wytack, discípulo de Carll Orff em Portugal, 2018. Autora do projeto "O bebê e a música", apresentado no 1º Encontro Nacional da Rede Pikler, Rio de Janeiro 2018, "O processo musical no desenvolvimento de crianças com lesões neurológicas", apresentado nas conferências mundiais da ISME – Internacional Society for Music Education – Porto Alegre julho/2014 e na EAS – European Association for Music in Schools, em Leuven Bélgica abril/2013, Nicosia - Chipre maio/2014 e do projeto Reggio Emilia's approach as a tool for the construction of musical education – Malmo Suécia maio/2019. Autora das metodologias *A turma da ilha do som* para o ensino de piano, teclado, flauta doce, violino, violão, musicalização infantil e a coletânea em quatro volumes *Orff* para as crianças brasileiras.

Contatos
leiagrechi@gmail.com
11 99404 8839

As habilidades socioemocionais são fundamentais para o desenvolvimento humano. É a capacidade de se relacionar com outros indivíduos e superar desafios de maneira saudável e equilibrada.

Elas facilitam o desenvolvimento na resolução de conflitos, tornam a convivência respeitosa e amigável tanto no âmbito escolar, familiar e profissional. Além de melhorar a autoestima e o próprio bem-estar.

A fase da educação infantil é momento de descobertas, das brincadeiras e interações entre as crianças. A escola possibilita esses momentos de diversão e aprendizagem.

São alavancas para que os alunos aprendam os conteúdos favorecendo a construção de competências cognitivas.

Nesta citação de Loureiro (2003, pg114), "... a música é uma prática social, pois nela estão inseridos valores e significados atribuídos aos indivíduos e à sociedade que a constrói e que dela se ocupam..."

Sendo assim, as habilidades são determinantes para o convívio social, pois a prática pedagógica com atividades musicais bem estruturadas traz a reflexão, o debate entre as crianças, permitindo resolver situações complexas e assim buscar o trabalho em equipe para a solução das atividades.

A música desperta sentimentos e emoções e desenvolve nas crianças a capacidade de expressá-las.

Experiências sonoras nas aulas

Compreendem as habilidades, o autoconhecimento, a empatia, a cooperação e a resiliência.

- Autoconhecimento - leva o domínio de si, aprendendo a respeitar os limites, sendo eles físicos ou emocionais, para manter o foco e a disciplina para realizar um objetivo, possibilitando com este domínio desenvolver as demais habilidades com muito mais sucesso.
- Empatia - saber se colocar no lugar do outro e compreender as situações vividas por este ser. A empatia promove a solidariedade e evita conflitos no ambiente de convívio social, tornando as relações mais justas e harmoniosas.
- Cooperação - ajuda na execução de tarefas diárias, despertando o trabalho em equipe para que juntos possam buscar um mesmo ideal na finalização das mesmas.
- Resiliência – pode aumentar a resistência nos momentos de crise e situações adversas. Quando alcançada, possibilita um maior controle sobre as emoções e leva a criança ao despertar de sentimentos positivos de persistência, determinação, foco e resolução de problemas.

Com esta combinação de habilidades bem desenvolvidas, a criança pode aprender e respeitar seus limites reais, superar as adversidades que a impedem de seguir , como por exemplo, a timidez, o medo de falar em público, a ansiedade frente a atividades como provas, apresentação de trabalhos etc.

Vale lembrar que cada criança tem uma personalidade e necessidade diferente, por isso não existe um padrão certo de estímulo, mas é necessário que essas práticas sejam inseridas na vida de cada criança tanto pela família como pela escola, geralmente em todas as idades.

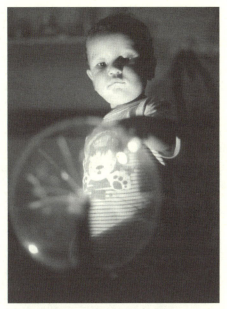

Explorando luz, sombra e sons

Segundo Muszkat, a "exposição precoce à música contribui para a construção de um cérebro biologicamente mais conectado, fluido, emocionalmente competente e criativo". As crianças, de maneira geral, expressam as emoções mais facilmente pela música do que pelas palavras. Neste sentido, o estudo da música pode ser uma ferramenta única para ampliação do desenvolvimento cognitivo e emocional das crianças, incluindo aquelas com transtornos ou disfunções do neurodesenvolvimento como o déficit de atenção e a dislexia (MUSZKAT, 2010, p. 68).

A prática musical desperta emoções, desafios, habilidades e competências que auxiliam no desenvolvimento infantil significativamente. A criança fica com o raciocínio muito mais rápido, cria sinapses cerebrais diferentes daquelas que não são expostas à música.

Ao cantar, dançar, tocar um instrumento, a criança pode desenvolver sua criatividade criando e compor pequenas melodias desenvolvendo os conceitos musicais, além de participar de atividades coletivas que incentivem a prática de todas as habilidades já mencionadas acima.

A educação musical é de extrema importância no desenvolvimento das competências, sejam elas no âmbito socioemocional quanto no âmbito cognitivo.

Segundo Platão, a música pode ser considerada a ferramenta pedagógica mais poderosa que existe, pois desenvolve o cérebro para diversas formas de raciocínio.

Muitas pesquisas são desenvolvidas e têm demonstrado cada vez mais a importância do ensino musical para o desenvolvimento da mente humana. A música contribui para o desenvolvimento de diversos fatores como a concentração, raciocínio mais rápido, memória, equilíbrio, entre outras.

É um canal facilitador da aprendizagem na primeira infância do desenvolvimento cognitivo, motor, linguístico, entre outros, levemente lúdica e divertida.

A criança vive a música intensamente desde o período gestacional, desde quando os ouvidos são formados ela é exposta diariamente a um conjunto intenso de sons. Todo ser é musical. Quando nascemos e crescemos, essa exposição deve ser continuada para que não se perca esse grande conjunto de possibilidades sonoras.

A música não é apenas diversão ou uma possibilidade de expressão para as crianças, ela consegue desenvolver várias funções cerebrais em conjunto, estabelecendo uma conexão entre o racional e emocional para o sucesso da aprendizagem.

E para que esta rotina de aprendizado se torne cada vez mais prazerosa e eficaz, em minhas buscas pedagógicas inseriram a abordagem de Reggio Emilia nos contextos musicais para criar um diferencial no ensino musical.

Autoconhecimento, empatia, cooperação e resiliência nas aulas de música

Reggio Emilia e Loris Malaguzzi

Logo após o fim da Segunda Guerra Mundial, em uma cidade no nordeste da Itália, de nome Reggio Emilia, os habitantes viram a pequena vila em que moravam ser reduzida a cinzas.

Um grupo de cidadãos sentiu a necessidade de reconstruir o tecido social, cultural e político da comunidade. Nasceu a vontade por meio de uma escola para **crianças** pequenas – **a escola 25 Aprille** (25 de abril, em português), em Villa Cella. Construída a partir de um esforço comunitário, do qual o próprio Loris Malaguzzi fez parte, contou com verba obtida da venda de um tanque de guerra abandonado, alguns caminhões e cavalos deixados pelos alemães em retirada.

Com o passar dos anos, essa escola ficou universalmente conhecida pela abordagem pedagógica para a educação infantil.

O pedagogo e educador Loris Malaguzzi foi o criador da ideia de Reggio Emília, sendo até hoje seu incentivador primordial.

As crianças podem compartilhar seus conhecimentos e saberes, sua criatividade e imaginação por meio de múltiplas linguagens, sem enfatizar nenhuma. As múltiplas linguagens se evidenciam através do desenho, do canto, da dança, da pintura, da interpretação, enfim, divulgadas por distintas passagens que se somam na execução do projeto e nos saberes que são construídos. Anotar, fotografar, gravar e filmar são partes principais da rotina.

A abordagem de **Reggio Emilia** evidencia que a diferença da subjetividade reforça o valor de cada indivíduo, por isso zela por um modelo educativo que dê conta de todas as particularidades dos estudantes e das suas famílias.

Esta pedagogia é considerada hoje a melhor do mundo e serviu de fonte de apoio e inspiração para a Educação Infantil de países de contextos bem diferentes como Suécia e Senegal, Dinamarca e Nova Zelândia, Espanha e Estados Unidos etc.

Os mais importantes princípios do projeto:

- As crianças são protagonistas ativas do processo de desenvolvimento.
- Participação e escuta
- Aprendizado como processo de construção subjetivo e no grupo
- Pesquisa e documentação educativa
- Ambiente, espaços e relações

Uma escola que espera...

...espera a criança, os pais e todo pessoal. Acolhe-os com a luminosidade do início ao fim do período de aulas. Um ambiente de diálogo que enfatiza as relações e informações entre interno e externo. Foi assim que nasceu o Espaço Viva Arte, uma escola de música diferente que possibilita o aprendizado das habilidades socioemocionais através da música concretamente eficaz.

Convidamos as famílias a serem parceiras e trabalhar lado a lado com a escola e partilhar das normas de convivência, espaços de discussão e reflexão.

Nosso desejo é que as crianças sintam essa sintonia entre a família e a escola de música, trabalhando juntos para ser o melhor lugar para se fazer música.

Nossa missão é para que as famílias e a criança encontrem um ambiente acolhedor, um ambiente que convida a passar um tempo com seus filhos e a participar de nossas experiências e assim aprender música de uma forma dinâmica, lúdica e eficaz.

Já são doze anos nesta missão com a colheita de muitos frutos e possibilidades musicais incríveis.

Aqui as experiências musicais são trabalhadas e provocadas nas crianças com materiais diversos, não convencionais e não estruturados, possibilitando a criação e estimulando a criatividade em todos os polos.

Partitura musical com materiais não estruturados. Cesto dos tesouros musicais – instrumentos com materiais naturais

Referências

EDWARDS, C.; GANDINI, L.; FORMAN, G. *As cem linguagens da criança: a abordagem de Reggio Emilia na educação da primeira infância*, v. 1. Editora Penso, 2015.

LOUREIRO, A. M. A. *O ensino da música na escola fundamental*. São Paulo: Papirus, 2003.

MUSZKAT, M. *Música, neurociência e desenvolvimento humano*. 2010. Disponível em: <http://www.amusicanaescola.com.br/pdf/Mauro_Muszkat.pdf>. Acesso em: 21 mai. de 2018.

RINALDI, C. *Diálogos com Reggio Emilia: Escutar, investigar e aprender*. 13. ed. Paz e Terra, 2012.

22

OS BENEFÍCIOS DA COOPERAÇÃO POSITIVA

Neste capítulo, será abordada a importância de envolvermos as crianças em atividades colaborativas. A pratica da cooperação traz inúmeros benefícios para o desenvolvimento infantil: desenvolve a responsabilidade social, promove desenvolvimento cognitivo, assegura o sono e vigor físico e fortalece o vínculo familiar.

LUCÉLIA CASTRO

Lucélia Castro

Pedagoga graduada pela UEPA (2005), com pós-graduação em Psicopedagogia pelo Instituto Superior de Teologia Aplicada-ITA (2009), pós-graduada em Atendimento Educacional Especializado AEE pela Instituição Candido Mendes (2019), pós-graduada em Neuropsicopedagogia Clinica pelo Instituto Souza (2019). Técnica em Neurometria Aplicada pela Sociedade Brasileira de Neurometria (2020). Certificada em Coaching Parental pela Parente Brasil (2020). Certificada em Disciplina Positiva pela PDA-USA (2020). Mãe da Ana Paula (9 anos) e Alice (7 anos), acredita no potencial de cada criança e é fascinada pelo desenvolvimento infantil.

Contatos
lucelia78@yahoo.com.br
Instagram: @luceliacastrooficial
Facebook: luceliacastro/lucelia
91 98120 5008

Trocar fraldas, dar banho, papinha na boca, são algumas necessidades que precisam ser supridas nos primeiros meses de vida da criança, necessariamente nos primeiros três anos. Conforme vão crescendo, torna-se fundamental transformar essas necessidades atendidas em colaboração por parte da criança. E aí está o X da questão, como fazer e o que fazer para canalizar essas necessidades para cooperação?

Os cuidados ofertados à criança, lá no início da vida, ou seja, no período onde ocorrem os primeiros desenvolvimentos, quando há direcionamento e treinamento de seus pais e cuidadores, tornar-se-ão em cooperação. É fantástico pensarmos assim, pois se almejamos a participação dos filhos nas atividades laborais quando estiverem maiores, investir em treinamento desde muito cedo é extremamente necessário.

Por certo, todos que assumem papel direto no cuidado da criança têm sua parcela de colaboração. A sociedade ainda carrega como ideologia a figura materna como sendo sua, a responsabilidade exclusiva em educar os filhos, e de quebra conduzir os trabalhos domésticos, isentando muitas vezes os outros membros da família de assumirem e desenvolverem sua participação.

Em modelo familiar assim, as crianças também deixam de ter participação e acabam sendo tidas como incapacitadas. Autonomia, laboriosidade, cooperação são habilidades que devem ser desenvolvidas desde a mais tenra idade. Não podemos acreditar que com um toque de uma varinha mágica nossos filhos farão trabalhos pelos quais não receberam treinamento. Todos na família precisam tomar parte dos deveres diários, devem-se ensinar que a cooperação constitui parte da dinâmica familiar. Assim como alimentação, vestuário, educação e saúde, as atividades laborais necessitam também ter destaque.

Cooperação e responsabilidade social

As crianças, ao tomarem parte das funções diárias da casa, aprenderão também a se posicionar na sociedade. As pequenas funções, os pequenos recados, são maneiras de aguçarmos a responsabilidade social. A mente ativa e a energia avassaladora da criança devem ser canalizadas em trabalhos específicos conforme a sua respectiva faixa etária. Quando a criança deixa de participar dos encargos, cria-se nela uma imagem de menos valia, o senso de pertença e importância fica comprometido e perdemos a oportunidade de praticar uma educação que foque na prestatividade e responsabilidade social. As funções são mútuas, pai, mãe e filho com sua parcela de colaboração, os encargos não devem repousar em apenas algumas figuras da família, mas é necessário exercitar o sentimento de importância, de cooperação por todos que diretamente esteja atrelado a esse núcleo familiar.

Cooperação e desenvolvimento cognitivo

Vivemos em uma era em que crianças e adolescentes estão demasiadamente expostos ao uso de telas. Essa é uma das razões pelas quais eles apresentam pouco vigor mental e muscular.

A tecnologia de certa forma priva as crianças desse contato direto com o concreto, com o natural, o palpável, e isso tem seus impactos. Muita facilidade pode promover a ociosidade, e a ociosidade enfraquece o cérebro.

Olhando pelas lentes das neurociências, entendemos a importância de investir na educação das crianças desde os primeiros anos de vida. Nos três primeiros anos, ocorrem trilhões de conexões entre os neurônios (sinapses), são as famosas janelas de oportunidades. E nós como pais e cuidadores não podemos desperdiçar.

Por certo, esse cérebro que está em construção necessita de ferramentas para se desenvolver de modo saudável, e uma dessas ferramentas chama-se cooperação. As crianças, assumindo desde cedo sua participação nos cuidados de si mesma e das tarefas de casa, sentirão prazer em contribuir, e consequentemente ajudarão a tornar mais leve a jornada materna e paterna. Tomar parte das funções diárias possibilitará a essa criança o desenvolvimento cognitivo, potencializará seu senso de importância, que transformará em positivismo, confiança e utilidade.

Cooperação e o sono

E o sono? Qual sua relação com a cooperação positiva? Tudo a ver. Por ser uma necessidade fisiológica natural, acabamos muitas vezes passando por esse processo sem dar sua devida atenção. O corpo precisa ser preparado durante o dia para que o momento de tirar a soneca da noite seja relaxante e prazeroso.

A hora de dormir das crianças é um terror para muitos pais. Daí a necessidade de inserirmos na rotina da criança algumas atividades colaborativas. Esse processo deve ser praticado com muita paciência, pois assim a criança sentirá vontade de participar. Tudo que é forçado gera resistência e não é isso que os pais querem.

Atividades moderadas durante o dia, considerando a idade e peculiaridade da criança, é uma alternativa para noites mais tranquilas. Diferente dos adultos, que acabam engrenando uma atividade após a outra, as crianças necessitam de intervalos maiores para desenvolver as suas. Respeitar o ritmo da criança é fundamental. Umas são mais ágeis em determinadas atividades, outras levam um tempo maior para cumprir, mas isso não deve servir de justificativa para o não envolvimento das mesmas nas atividades diárias.

Entender o seu filho já é um grande passo, as demais coisas serão conquistadas com acompanhamento e treinamento. Envolver os filhos, delegar funções é um caminho para termos noites mais tranquilas. Depois de um dia produtivo, seu corpinho ficará preparado para desfrutar de um sono relaxante e estará mais disposto para a prática de outras atividades.

Cooperação e vigor físico

Todo o nosso corpo precisa se movimentar, é importante o exercício muscular, coordenação motora bem trabalhada. Isso acontece com treinamento diário. Investir alguns minutos do dia em atividades laborais é investir também na renovação do vigor físico.

É necessário a inserção das crianças em tudo o que a família faz, o exercício da vida prática desenvolve a coordenação motora. Uma criança que tem bem trabalhado o controle muscular e motor terá menos dificuldade na escola. Amarrar o cadarço de um sapato, dobrar uma roupa, guardar uma louça, ou até mesmo varrer uma casa exige movimentos precisos, planejamento e compreensão das etapas. Independentemente da tarefa que a criança vá desenvolver, exige a integração dela para compreender o processo que resultará na finalidade da atividade. Isso proporcionará o refinamento do seu controle muscular, que resultará em atividades finas e mais precisas. A ociosidade atrofia os nervos, os órgãos e os músculos. A inatividade causa prejuízos para o desenvolvimento da criança. Por fim, delegar funções às crianças ajuda a fortalecer o senso de pertença e importância.

Cooperação e vinculo familiar

Não há uma descrição mais verdadeira para o significado de vínculo do que essa: "Vínculo" - O que tem capacidade de ligar, unir, atar uma coisa a outra. O que estabelece uma ligação afetiva ou moral entre duas ou mais pessoas: vínculo amoroso (dicionário online de português). E é esse senso de verdade que precisamos desenvolver no relacionamento com os nossos filhos. Construir um relacionamento onde podemos estar ligados, unidos afetivamente.

Existem muitas formas saudáveis de construirmos vínculos familiares: brincar com a criança, tempo de qualidade, suprimento das necessidades, escuta ativa, tudo isso gera conexão e estabelece vínculo. Mas não há como deixar de mencionar que a cooperação positiva também é um princípio da conexão.

O partilhar dos encargos mostra à criança que ela é importante, que sua participação é necessária para que as coisas ocorram, garantindo assim previsibilidade. Para que esse processo flua bem, os pais precisam investir tempo em treinar a criança na atividade que lhe foi confiada. Sabendo que, independentemente da atividade, necessariamente terá etapas para serem cumpridas, raras são as atividades que são realizadas em etapas únicas.

A escovação dos dentes, por exemplo, segue vários passos até chegar à sua finalidade. Primeiro pega a escova, desenrosca o creme dental, coloca o creme na escova, alguns molham com um pouco de água antes de inserir na boca, finalizando com a escovação, que também requer passos, como escovar primeiramente os dentes superiores, depois inferiores e assim sucessivamente. Quando há o auxílio paciente dos pais nessas atividades, há consequentemente estabelecimento de vínculos.

É necessário externar à criança que você aprecia sua participação, que confia nele, mesmo que você veja algo que precise melhorar. Retire suas lentes julgadoras e perfeccionistas, esse não é o momento para buscar a perfeição, é momento de valorizar cada esforço, cada empenho do seu filho em contribuir com você. Agindo dessa forma, os filhos não serão tardios em corresponder, além de aliviar os encargos diários.

É responsabilidade dos pais motivarem o espírito de cooperação nos filhos, despertarem neles o desejo de contribuir de maneira autônoma nas atividades de casa e no cuidado de si. Cooperar é uma habilidade socioemocional muito necessária atualmente, e que só será consolidada com persistência.

Referências

DICIO, Dicionário online de português. Disponível em: https://www.dicio.com.br/vinculo/. Acesso em:

NELSEN, J; ERWIN, C.; DUFFY, R. A. *Disciplina Positiva para crianças de 0 a 3 anos: como criar filhos confiantes e capazes.* Barueri: Manole, 2018.

WHITE, E. G. *Mente, caráter e personalidade, volume II: guia para a saúde mental e espiritual/.* Tatuí: Casa Publicadora Brasileira, 2016.

WHITE, E. G. *Orientação da criança: como ensinar seu filho no caminho em que deve andar.* Trezza. Tatuí: Casa Publicadora Brasileira, 2014.

23

O DESENVOLVIMENTO SOCIOEMOCIONAL E O AMBIENTE ESCOLAR NA PRIMEIRA INFÂNCIA

Convido você a refletir comigo: seria o adulto a somatória de todas as experiências da criança que foi um dia? Existirá relação entre a gestão das emoções e vulnerabilidades com a infância? O desenvolver das habilidades emocionais durante a infância seria um facilitador na gestão de suas emoções e competências na vida adulta? Neste contexto, falaremos sobre importância do ambiente escolar na primeira infância como potencializador das habilidades socioemocionais, do pertencimento, da criatividade e da proatividade, sendo o núcleo a oportunizar as crianças o protagonismo como ser humano atuante neste imenso sistema que ultrapassa os portões do ambiente escolar e que chamamos de vida.

LUCIENE SANTOS

Luciene Santos

Educadora e pesquisadora, mestra em Ciências pela Universidade Federal do Rio de Janeiro (UFRJ); especialista em Neuropsicopedagogia e Pedagogia Sistêmica Institucional pela Uniamérica; e Psicopedagogia pela Universidade Cândido Mendes. Possui mais de 20 anos de experiência em gestão educacional, coordenação pedagógica, atuando em instituições públicas e privadas. Fundadora da Escola para Escolas, consultoria de gestão pedagógica e administrativa para gestores e formação continuada para educadores de pequenas e médias instituições de ensino. Apaixonada pelo desenvolvimento humano, principalmente o infantil, e incentivadora de uma educação que acredita no protagonismo da criança, realiza sua maior especialização, vivenciando o maternar com Amanda e Lucca.

Contatos
www.lucienesantos.com.br
lucienesantos@yahoo.com.br
Instagram: @luhsantos.oficial / @escolaparaescolas
21 99186 3676

É o espirito da criança que poderá determinar o verdadeiro progresso humano
e, talvez, o início de uma nova civilização
Maria Montessori

Durante a infância, diversas habilidades são adquiridas e desenvolvidas. O desenvolvimento socioemocional pode ser destacado como prioridade para os educadores devido à relação direta com o processo de educação integral de uma criança. Saber lidar com as suas emoções faz toda a diferença no processo de aprendizagem, sendo a primeira infância o período ideal para o desenvolvimento dessas habilidades.

Há algum tempo venho pesquisando e refletindo sobre as potencialidades das diversas áreas do desenvolvimento da criança na primeira infância. Sendo ela base fortalecedora para a construção de um adulto saudável intelectual, físico e emocionalmente.

Essas pesquisas e estudos realizados, enquanto educadora, ganharam sentimentos e grandeza prática nos últimos sete anos em que venho vivenciando de maneira prazerosa e intensa a "especialização" da maternidade. Podendo compreender e fomentar as reverberações do impacto da parceria de um ambiente familiar e escolar possibilitadores para o desenvolvimento integral na primeira infância.

Compreende-se como primeira infância o início do período da gestação até os seis anos de idade da criança. Maria Montessori, em seu livro *Mente Absorvente* (1949), define a infância como:

> *Uma fase em que as crianças estão em um rápido processo de formação, abertas e receptivas ao novo, onde se deparam com novidades e novos desafios do aprendizado. Durante esse tempo, o cérebro da criança passa por um amadurecimento intenso e está mais sensível a estímulos e absorção do ambiente. Por isso, os cuidados e estímulos nesta fase devem ser redobrados, garantindo que as experiências sejam ricas e positivas.*
> Montessori

Mudanças neurológicas nas estruturas físicas, cognitivas e comportamentais são características essenciais para definir o processo de desenvolvimento integral e, na infância, isso ocorre de maneira ordenada e relativamente duradoura. Nos primeiros anos de vida, o cérebro humano forma mais de 1 milhão de conexões neuronais por segundo, de acordo com estimativa do *Center of the Developing Child*, da Universidade de Harvard. Durante a primeira infância, 90% do cérebro é formado, garantindo a base das conexões cerebrais responsáveis pela capacidade intelectual, raciocínio lógico e socioemocional, ou seja, é quando uma pessoa começa a desenvolver suas habilidades e tendências de comportamento para a vida adulta.

As crianças aprendem e se desenvolvem interagindo com outras pessoas e com o mundo que as cercam. Saber lidar de maneira saudável com tudo isso é muito importante para que o desenvolvimento ocorra de maneira tranquila e integral.

Ensinar a criança como reconhecer suas emoções e situações adversas do cotidiano é tão importante para o seu desenvolvimento quanto os estímulos psicomotores, de engatinhar, falar e andar. As imitações de expressões faciais é um dos primeiros passos em direção a compreensão da emoção do outro.

Vale ponderar que as crianças, no período da primeira infância, respondem e vivenciam experiências emocionais, positivas ou não, de maneiras muito diferentes de crianças mais velhas ou adultos. Assim, o desenvolvimento socioemocional na primeira infância requer espaços de fala e de escuta que permitam a criança conhecer seus sentimentos e emoções, bem como aprender a reconhecê-los nas pessoas à sua volta. Neste contexto, a parceria entre um ambiente familiar acolhedor, impulsionador e um ambiente escolar preparado, estimulador e possibilitador, é de primordial importância para o desenvolvimento socioemocional infantil.

O papel do ambiente escolar no desenvolvimento socioemocional

Até pouco tempo, a educação brasileira apresentava para a primeira infância um atendimento centrado no assistencialismo. A partir da implementação da BNCC (Base Nacional Curricular Comum, 2017), um olhar mais atencioso, voltado ao desenvolvimento de habilidades socioemocionais e cognitivas foi inserido à educação infantil.

O espaço escolar na primeira infância deve ser acolhedor, proporcionando um ambiente de experimentação, despertando a curiosidade natural das crianças, nutrindo o desejo pelo aprender, pela descoberta e por partilhar saberes. Ou seja, a construção do conhecimento na infância deve ocorrer de maneira conjunta, natural e tendo como protagonista a criança.

Estudos realizados por Maldonado-Carreño & Votruba-Drzal (2011) apontam a importância das construções das relações e dos vínculos emocionais desenvolvidos neste período. Os primeiros amigos, os primeiros grupos sociais fora do ambiente familiar e, principalmente, a relação com o professor ou cuidador. Os professores são reconhecidos pelas crianças como referências, assim como os pais ou pessoas de cuidado do núcleo familiar: observando e copiando as atitudes vivenciadas no dia a dia. Desta forma, a capacitação desses profissionais e o seu desenvolvimento socioemocional devem ser constantes e prioritários.

Quando inseridas em um ambiente preparado, com profissionais atentos e capacitados, as crianças podem se desenvolver livremente, auxiliando-as a adquirir a compreensão e a orientação de si mesmas e do mundo que as rodeia.

Na prática, isso significa oferecer na proposta curricular atividades nas quais as crianças tenham oportunidades de desenvolverem e usarem sua inteligência emocional. Baseadas neste pilar de desenvolvimento socioemocional, as escolas estão atentas para a criança de modo integral, promovendo habilidades como comunicação, colaboração, perseverança, pensamentos críticos, dentre outras.

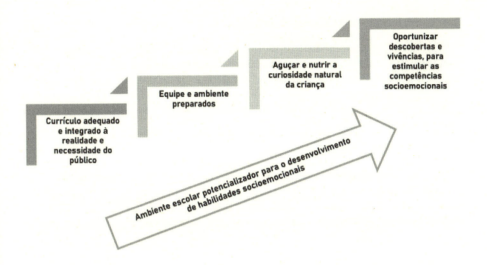

Um ambiente escolar que possibilite o desenvolvimento de habilidades socioemocionais deverá apresentar:

Principais habilidades socioemocionais desenvolvidas na primeira infância no ambiente escolar

- Aprender a expressar os sentimentos de maneira saudável

A infância é um período marcado por uma série de sentimentos com as quais acriança ainda não sabe lidar muito bem. As habilidades socioemocionais vão fazer com que ela interprete melhor o que sente e, consequentemente, saiba lidar melhor com as emoções.

O choro, a birra, a fome, a alegria, o pertencimento, são acolhidos e compreendidos pelos educadores, auxiliando e estimulando a criança a identificar, compreender e expressar as suas necessidades de outras formas possíveis.

A música, as dramatizações e desenhos no cotidiano da primeira infância são importantes aliados na hora de auxiliar as crianças a identificarem os sentimentos como medo, alegria, raiva, amor e tantas outras, essenciais para desenvolver a sua sensibilidade, compreendendo e assimilando sentimentos, emoções e sensações de maneira lúdica.

- Ensinar o compartilhar e dividir

A ideia de compartilhar para a criança é um grande desafio, ter que "abrir mão" de algo, mesmo que por pouco tempo, não é das atividades mais agradáveis para as crianças. No entanto, esse aprendizado é crucial para a formação de jovens e adultos altruístas.

- Naturalização da empatia e o respeito ao outro

O olhar para o outro, suas necessidades, acolher e respeitar, devem nortear todo convívio escolar. Por isso, a capacitação de professores e demais funcionários da escola é essencial. Identificando assim as oportunidades e a melhor maneira de transmitir esses valores para as crianças.

- Compreensão do tempo para cada coisa

Durante a primeira infância, o sentido de urgência é latente na criança, acostumando-se à ideia de receberem o que querem/precisam rapidamente. Esse comportamento pode ser reforçado, por vezes, pela ansiedade da família em avançar etapas do desenvolvimento da criança. É necessário mostrar a elas a relevância de saber esperar e de reconhecer o tempo certo para cada coisa. Habilidade muito importante a ser desenvolvida desde cedo.

- Ter foco para alcançar os objetivos

Ao saber identificar seus sentimentos, as crianças se tornam mais capazes de manter o foco necessário para alcançarem o que desejam, ajudando a evitar a dispersão. Assim, melhoram a concentração e a construção prática de um método ou procedimento para alcançar o que desejam. Essa característica é fundamental para qualquer pessoa: a competência de saber planejar.

- Estimular comportamentos de cooperação e valorização do coletivo durante o cotidiano

O desenvolvimento das habilidades socioemocionais contribui para que a criança construa relações mais saudáveis com as pessoas e os ambientes que a cercam. Ela aprende a trabalhar em equipe, cooperar, respeitar o espaço, o tempo e a conviver com a diversidadede maneira natural.

- Incentivar e fortalecer a autonomia

Incentivar de maneira segura a capacidade para que a criança tome suas decisões de maneira independente. Empoderar e dar oportunidade de se decidir de maneira espontânea, segura e livre sobre ações do seu cotidiano, levando a criança a buscar soluções criativas e inovadoras para seus desafios.

- Incentivar a criatividade

Possibilitar meios para que a criança possa usar seu conhecimento e habilidades para criar ferramentas de inovação ou adaptar-se ao meio, descobrir novas maneiras de fazer alguma coisa ou inventar algo novo a fim de resolver um problema ou melhorar a vida cotidiana.

- Incentivar a autoestima

Fortalecer a autoestima das crianças, incentivando-as a valorizarem suas características e habilidades e se reconhecerem como seres únicos e especiais, auxiliando na apreciação que se faz de si mesmo.

- Fortalecer a confiança

Proporcionar possibilidades para que as crianças construam e fortaleçam a autoconfiança, a capacidade de crer no seu potencial, desvinculando-a da aprovação do outro.

É essencial que, durante a primeira infância, as crianças recebam estímulos e tenham experiências adequadas para cada período do seu crescimento. As habilidades serão desenvolvidas por meio da observação, da convivência e do diálogo. A ludicidade é o melhor caminho para que elas aprendam como lidar com suas habilidades emocionais.

O Brincar para desenvolver habilidades socioemocionais

As atividades lúdicas proporcionam recursos extremamente importantes para desenvolvimento e ampliação de quase todos os domínios do desenvolvimento infantil (motor, cognitivo, socioemocional).

O brincar é um fenômeno complexo e multidimensional, que além da interação engloba algumas regras, tais como os citados por Mafalda Figueiredo (2015):

- O brincar é um comportamento intrinsecamente motivado;
- O brincar é espontâneo, no sentido em que os seus objetivos são autoimpostos e não impostos por outros;
- O brincar consiste num conjunto de atividades simbólicas e não apenas sensoriais e motoras;
- O brincar é livre e requer total envolvimento da criança.

É por meio do brincar que a criança consegue simular situações e conflitos de sua vida familiar e social e, consequentemente, a expressão de suas emoções. O brincar permite que ela viva e experimente seus sentimentos de maneira prazerosa. Por isso, tão importante quanto o olhar cognitivo, se faz necessário um momento no cotidiano para "não fazer nada", onde a criança poder ser criativa no seu processo de brincar.

As brincadeiras, o diálogo, o afeto e os exemplos fazem parte desse caminho, construindo vivências afetivas e experiências sociais, que são fundamentais para que a criança aprenda a lidar melhor com suas emoções.

De acordo com programas globais de educação, aplicar as competências socioemocionais na educação infantil gera uma série de impactos positivos em várias esferas da vida de uma criança, preparando-a para o mundo, formando pensadores críticos e atuantes, capazes de compreender e respeitar as diferenças e tomar decisões, tendo a ética como bússola.

O desenvolvimento das habilidades socioemocionais na primeira infância representa uma nova forma de educar e as escolas e seus profissionais são personagens ativos deste processo. O desenvolvimento deve ser progressivo e articulado ao processo de aprendizagem, fundamentado nas leis que regem o desenvolvimento natural da infância e com o foco em uma formação que auxilie a criança a lidar com os desafios a serem superados sem sua jornada pessoal e social.

A tomada de consciência e a prática desse desenvolvimento na primeira infância, valorizando e incentivando competências como autorregulação, autoestima, autonomia, confiança e autoconhecimento, bem como habilidades de relacionamento com o outro e com o mundo que o cerca, como, por exemplo, ética, paciência, respeito, responsabilidade e consciência social, impactará em toda a vida da criança, transformando-a em um ser humano e cidadão agregador, consciente e responsável.

Nutrir a criança, principalmente na primeira infância com lúdico, curiosidades, experimentações, autonomia, senso coletivo, estímulos sensoriais, acolhimento, reco-

Luciene Santos | 185

nhecimento e respeito é um caminho assertivo para formar adultos conscientes de seus sentimentos e emoções, capazes de participar, conviver e atuar crítica e positivamente nos diferentes contextos onde serão inseridos, contribuindo para o desenvolvimento de uma cultura de respeito, paz e tolerância.

Referências

HARVARD, Center on the Developing Child at Harvard University. *Children's Emotional Development is Built into the Architecture of the Brain.* Disponível em: <https://developingchild.harvard.edu/resources/childrens-emotional-development-is-built--into-the-architecture-of-their-brains/#:~:text=Reports%20%26%20Working%20Papers-,Children's%20Emotional%20Development%20Is%20Built%20into%20the%20Architecture%20of%20Their,mental%20health%2C%20and%20social%20relationships.>. Acesso em: 01 nov. de 2021.

MALDONADO-CARREÑO, C.; VOTRUBA-DRZAL, E. *Teacher-child relationships and the development of academic and behavioral skills during preschool.* Disponível em: <https://pubmed.ncbi.nlm.nih.gov/21410918/>. Acesso em: 01 nov. de 2021.

MONTESSORI, M. *Mente absorvente.* Ed. Nórtica, 1987. p. 167-178).

24

ESCOLA E FAMÍLIA JUNTOS NO DESAFIO DE DERRUBAR MUROS E CONSTRUIR PONTES

Abordar a temática que integra o tema família e escola no processo educacional é sempre algo desafiador. Tal desafio se potencializa quando ancoramos os pilares dessa temática na importância de ações estratégicas que se propõem a estimular significativamente o desenvolvimento de habilidades socioemocionais, cada vez mais indispensáveis para os dias atuais. Embora a parceria entre família e escola seja relevante e indiscutível para resultados transformadores no processo de ensino-aprendizagem dos estudantes, são comuns os relatos de educadores sobre a dificuldade de estabelecer vínculo com as famílias no cotidiano escolar, devido às atribuições e também por ser uma prática que exige uma intervenção especializada para entrelaçar essa parceria. A finalidade deste capítulo é apresentar estratégias que favorecem a aprendizagem e o desenvolvimento das habilidades socioemocionais, adaptadas às diferentes demandas que surgem no cotidiano escolar, apoiados por um programa especializado em visitas pedagógicas para as famílias dos estudantes.

LUÍS ANTÔNIO NAMURA POBLACION

Luís Antônio Namura Poblacion

Engenheiro formado pelo Instituto Tecnológico de Aeronáutica (ITA). Especialista em Marketing e Administração de empresas, com MBA em Franchising pela Louisiana State University. Foi Docente de Matemática, Física, Química e Eletrônica. Atuou como professor na Faculdade de Economia, Administração, Contabilidade e Atuária (FEA–USP) e Fundação Getulio Vargas (FGV), nos cursos de graduação e pós-graduação. Ministra palestras e seminários no Brasil e nos Estados Unidos, nas áreas de Marketing, Administração e Tecnologias na Educação, tratando, em especial, de temas relacionados a mudanças no ambiente educacional, melhoria da qualidade e suas implicações no cotidiano das escolas. Atualmente, preside o grupo Vitae Brasil, com empresas em cinco divisões: educação, saúde, meio ambiente, energia e *startups*.

Contatos
plannetaeducacao.com.br
namura@vitaebrasil.com.br
12 2139 2850

Você já parou para pensar no que é indispensável para o desenvolvimento educacional? Estabilidade emocional, autonomia, resiliência, empatia, felicidade e criatividade são conceitos importantes na trajetória educacional de qualquer estudante.

Educadores do mundo todo se desdobram para encontrar estratégias multidisciplinares que potencializam o desenvolvimento cognitivo e fundamentam o aprendizado em matemática, geografia, história e demais disciplinas do currículo escolar que, além de fundamentais na construção do conhecimento, pensamento crítico e resolução de problemas, são essenciais e imprescindíveis em diversas situações do cotidiano.

A questão que intriga e desafia familiares e educadores é: como estruturar atividades pedagógicas que despertam emoções nos estudantes de modo a proporcionar situações que possibilitem o desenvolvimento de habilidades socioemocionais para favorecer a aprendizagem?

De acordo com Dr. Spencer Kagan, pesquisador e ex-professor de psicologia e educação na Universidade da Califórnia, Berkeley, em seu livro *Emotion-Friendly Teaching* (ainda sem tradução no Brasil), há cinco razões para despertar emoções positivas nos estudantes durante o processo de aprendizagem, detalhadas a seguir.

1. Melhorar a cognição: despertar emoções positivas proporciona um aumento considerável de funções cognitivas e isto ocorre devido aos quatro seguintes fatores:

- **diminuição da ansiedade:** quando temos baixos níveis de ansiedade, o córtex pré-frontal é menos inibido, o que leva a uma melhora no pensamento, resolução de problemas e criatividade;
- **liberação de dopamina:** as emoções positivas liberam dopamina, que estimula os níveis de atenção, motivação e os centros de recompensa no cérebro. Nós não apenas nos tornamos mais motivados a resolver problemas, mas também nos concentramos melhor nas tarefas;
- **redução do cortisol:** o cortisol é o hormônio do estresse e interfere diretamente no aprendizado e na memória. Quando os níveis estão baixos, temos percepção e pensamento mais amplos e retemos com mais facilidade o que é aprendido.
- **diminuição da estimulação das amígdalas:** quando as amígdalas são estimuladas, elas enviam sinais de perigo diretamente ao córtex pré-frontal, diminuindo nossa habilidade de pensar racionalmente.

2. Fortalecer a memória: despertar emoções positivas aumenta a atenção e o aprendizado. O cérebro é projetado para se lembrar de qualquer evento/assunto relacionado às emoções. Para comprovar esse experimento, faremos o exercício de nos lembrar onde estávamos no dia em que a seleção brasileira jogou contra a Alemanha e perdeu por 7 x 1, na Copa do Mundo de 2014. Ainda neste contexto, de exercitar nossa memória, vamos recapitular onde estávamos um dia antes deste evento? Poucos, ou ninguém, se lembrarão. E por que isso acontece? Porque as emoções são responsáveis por dizer ao cérebro que isso é algo que precisa ser memorizado.

O conceito de memorizar coisas associadas às emoções, na linguagem científica, é chamado de aprimoramento da memória retrógrada. Esse princípio, descoberto pelo professor emérito do Departamento de Neurobiologia e Comportamento da Universidade da Califórnia, Irvine, James McGaugh - Ph.D. e seus colaboradores, foi descrito no livro *Memory and Emotion*. Neste estudo, o autor nos dá amplas evidências que o cérebro é projetado para lembrar de coisas associadas à emoção.

Durante o dia vivenciamos uma série de experiências, mas por que apenas algumas são armazenadas pelo cérebro e outras não? Os eventos associados às emoções são repassados durante a noite no hipocampo. Quando o conteúdo é importante e está amparado por uma emoção positiva, o cérebro trabalha e repassa esse conteúdo durante a noite para consolidá-lo na memória de longo prazo.

3. Aumentar a motivação: podemos dizer que as emoções motivam as ações. Na definição de emoção temos: "1. Ato de deslocar, movimentar; o que significa efetivamente movimento para uma ação". Desta forma, quando a emoção positiva é intensificada, potencializamos a motivação. Ninguém se motiva se não houver alguma emoção. Por isso, trabalhá-las em conjunto com as ações pedagógicas é essencial para uma aprendizagem efetiva.

4. Estabelecer relevância: propor ações pedagógicas que envolvam emoções torna a participação **do estudante** maior à medida que:

- atinge seus interesses;
- aborda suas preocupações;
- impacta no seu desenvolvimento interpessoal e intrapessoal;
- potencializa seus resultados presentes e futuros;
- capacita em determinado conteúdo.

Todo conteúdo que envolve e desperta emoções é considerado indispensável.

Emoção ···≫ Relevância ···≫ Atenção ···≫ Memória e Aprendizado

5. Aumentar o significado: à medida que trabalhamos as emoções positivas, as atividades pedagógicas se tornam mais significativas. Vamos, então, exercitar nossa memória mais uma vez... Pense em alguns filmes que você já assistiu. Quais são mais notórios em sua memória? Neste experimento, podemos refletir que os filmes que mais mexeram com as suas emoções estão consolidados em sua memória.

É claro que as cinco razões aqui descritas, além de nos levarem a refletir sobre a necessidade de pensar nas emoções vivenciadas pelos estudantes no processo de aprendizagem, também nos fazem refletir sobre o quanto a parceria família e escola pode potencializar estes conceitos.

Surge agora uma questão. Em meio a muitas discussões sobre o papel de cada instituição (Família e Escola), como podemos de fato separar as responsabilidades e atribuir funções exclusivas para cada uma delas? Se desejamos uma educação sólida, concreta e de qualidade, mais do que nunca se faz necessário que ambas as instituições estejam em sincronia para oportunizar aos alunos plenas condições de um desenvolvimento cognitivo e emocional.

Embora a importância dessa parceria seja reconhecida por especialistas e assegurada pela Constituição Federal, são diversos os fatores que podem comprometê-la e, consequentemente, impactar no aprendizado dos estudantes.

Em geral, a atuação dos familiares nas ações escolares limita-se a atividades pontuais, como reunião com os responsáveis ou eventos abertos em datas comemorativas. Contudo, se desejamos realmente favorecer e aprimorar esta parceria, se fazem necessárias ações estratégicas que favoreçam e, por sua vez, potencializem os resultados.

Diante desta emblemática necessidade, visando potencializar essa indispensável relação, especialistas apaixonados por educação se dedicam a desenvolver, em diversos municípios do país, o programa educacional denominado Pró-Família, que nos últimos anos alcançou mais de 135 mil famílias por meio de visitas pedagógicas que promovem resultados surpreendentes.

Durante as visitas, mais do que apoiar a parceria com as famílias, o programa proporciona reflexões e orientações que fomentam um diálogo assertivo, amalgamado em afetividade, acolhimento e emoções positivas que potencializam o desenvolvimento integral dos estudantes. Em sua essência, a metodologia possui uma estruturação formada por um conjunto consistente de teorias, tendo como base a Psicologia Histórico-Cultural de Lev Vygotsky.

Para contextualizar um pouco mais sobre os reflexos do programa nas ações relacionadas à parceria Família e Escola, compartilho registros que proporcionam reflexões indispensáveis sobre a importância do olhar acolhedor e empático em impactar direta e indiretamente o processo de ensino-aprendizagem vinculado às emoções dos estudantes.

Muitas são as atribuições diárias que garantem o aprendizado dos alunos. O tempo, quando estamos em sala de aula, parece voar e acaba sendo muitas vezes curto para tantas ações indispensáveis. Com toda a demanda habitual, realizar uma visita pedagógica para a família de um aluno é algo muitas vezes distante da realidade.

Das muitas demandas que habitualmente chegam até nossa equipe, compartilho a história de um estudante que chamaremos de João (nome fictício para preservar a identidade do estudante) com a idade de 10 anos, matriculado no 5º ano de uma escola pública no estado de São Paulo.

Após a equipe gestora tomar conhecimento das faltas consecutivas e baixo rendimento do aluno, nossa equipe foi acionada para uma intervenção com objetivo de compreender melhor a problemática e estabelecer ações positivas para impulsionar o aprendizado do estudante.

Após os devidos procedimentos para dar início à visita pedagógica, nossa equipe foi até a residência do aluno. Dado o acolhimento inicial, ainda fora da moradia, a mãe evidenciava sentimentos de gratidão por receber uma equipe afetiva e humana disposta a contribuir com a aprendizagem do seu filho.

Assim que a agente educacional entrou no lar improvisado, dentro de um lava-rápido próximo à unidade escolar, foi possível observar que a família estava passando por um período complexo e desafiador. A genitora explicou que em troca da moradia ela e sua família precisavam cuidar do imóvel. Sem trabalho fixo e ocupada com os afazeres do ambiente, com muita timidez ela revelou severos problemas financeiros que estavam impactando até mesmo na alimentação da família. Entre muitos relatos e desabafos, demonstrando muita preocupação com o filho, a genitora confidenciou à equipe que observava no João um comportamento preocupante de possíveis sinais de depressão infantil, desencadeando graves problemas intrapessoais e uma acentuada fragilidade na saúde física. Nossos agentes educacionais, que realizaram a visita, orientaram a mãe para estabelecer uma rotina simples e importante a fim de atender as necessidades educacionais do filho, como diálogo no retorno da escola, verificação dos materiais diariamente, momento de fazer a tarefa e idas frequentes à escola para uma conversa com gestores e professores. O diálogo, a demonstração de interesse e uma rotina são fatores importantes e possíveis em qualquer ambiente e fazem enorme diferença no emocional tanto da criança quanto da família.

Concluída a visita pedagógica à família, uma devolutiva foi dada aos professores e gestores visando estruturar um plano de intervenções ancoradas nas possibilidades locais para apoiar o processo educacional do João.

Com o passar dos meses, apoiados nas ações de acompanhamento do programa, com as intervenções pedagógicas propostas pelos professores e gestores, observamos significativos avanços na trajetória escolar, bem como elevado aumento na frequência do aluno, passando de 18% de frequência no 1º semestre para 86% no 3º semestre. Além disso, a melhoria significativa no relacionamento com professores, colegas de classe e com a família foram observados pela mãe e pelos professores, bem como aumento significativo do rendimento escolar.

Entre muitas histórias transformadoras, na tabela abaixo é possível analisar os registros referentes aos benefícios que as visitas à família trazem ao cotidiano escolar dos estudantes, ao favorecer a aprendizagem medida por meio do rendimento acadêmico, além de diminuir significativamente o absenteísmo e a evasão escolar. Os dados abaixo são evidências da efetiva eficácia do programa em uma unidade escolar no litoral norte de São Paulo.

ALUNO	ANO	NOTAS ANTES DA VISITA PEDAGÓGICA	NOTAS APÓS VISITA PEDAGÓGICA
L. R.P. S.	2° A	8	10
M. I. A. G.	2° C	6	10
P. V.S. R.	2°A	6	10
M. L. C. M.	4°A	7	9
G.R. L. V.	5°A	4	9
G. M. C.	5°B	5	9
R. D. R. V.	5°B	5	9
L. G. M. N.	3° A	0	8
K. D. C.	5B	2	8
M. E. S. A.	5°A	6	7
V. V. O. K.	5°B	5	7
P. M.H. C.	1° A	4	6
I. S. S. P.	6°A	5	6
A. L. A. B.	5°B	4	5

Por derradeiro, porém não menos importante, cabe salientar que o objetivo em compartilhar estes registros é proporcionar a você, leitor, a importante reflexão sobre como um programa especializado, com metodologia de acolhimento e sensibilização das famílias, é capaz de promover o fortalecimento não só do vínculo, como da responsabilidade mútua, visando favorecer o desenvolvimento cognitivo e socioemocional a fim de transformar vidas.

Referências

KAGAN, S. *Brain-friendly teaching: tools, tips, & structures*. San Clemente, CA: Kagan Publishing, 2016.

KAGAN, S. *Emotion-friendly teaching: accelerating social-emotional learning* (SEL). San Clemente, CA: Kagan Publishing, 2020.

MCGAUGH, J. L. *Memory and emotion*. New York, NY: Columbia University Press, 2003.

25

COMO DESENVOLVER AS HABILIDADES SOCIOEMOCIONAIS A PARTIR DE UMA PARENTALIDADE CONSCIENTE

Como educar filhos emocionalmente saudáveis e equilibrados sendo que nem mesmo os pais conseguem ter controle sobre suas emoções e comportamentos? A parentalidade consciente nos faz olhar para nossa história e ressignificá-la, sairmos do piloto automático, estarmos com atenção plena às nossas emoções e podermos ajudar nossos filhos no desenvolvimento saudável de suas habilidades socioemocionais.

REJANE VILLAS BOAS TAVARES CORRÊA

Rejane Villas Boas Tavares Corrêa

Desde o início da faculdade de Psicologia, o estudo de Inteligência Emocional foi o que me encantou pela sua forma sistêmica de olhar o ser humano. Especializei-me em Terapia Sistêmica de Casais e Famílias e conduzi um trabalho focado em Psicologia Intercultural, preparando intercambistas e familiares durante o tempo de permanência no exterior. Percebendo que alguns pacientes adoeciam nesse processo, realizei uma especialização em Psicologia da Saúde e Psicossomática. O interesse pelo assunto cresceu e acabei realizando muitos cursos de aprofundamento em Inteligência Emocional. Tornei-me *practitioner* em Programação Neurolinguística, ministrei cursos e treinamentos em Desenvolvimento Humano. Hoje, atuo como psicoeducadora parental com certificação em Atuação Consciente, com foco em Disciplina Positiva e Comunicação Não Violenta. Sou membro e pesquisadora do grupo PAS (Prevenção ao Abuso Sexual) e atuo como professora de Educação Socioemocional na Escola da Inteligência®.

Contatos
rejanevbtc@gmail.com
Instagram: @rejanevb_psico
LinkedIn: Rejane Villas Boas
14 98170 9129

Você sabe o que são habilidades socioemocionais?

Habilidade é algo que somos capazes de desempenhar com leveza e destreza, de maneira excelente. Podemos ter várias e exercitá-las. Ou não. Quanto mais exercitamos, mais competente ficamos! Algumas nascem com a pessoa. Mas a maioria pode ser desenvolvida e aprimorada com estudos e exercícios.

É desenvolver melhor nosso relacionamento social com os outros (inteligência interpessoal) e com as nossas próprias emoções (intrapessoal). As competências socioemocionais são um conjunto de habilidades que podemos exercitar no dia a dia em qualquer ambiente e, inclusive, em casa. Quanto mais se pratica, mais oportunidade de acessar. Lembra que a prática leva à perfeição?

Existem várias habilidades que podemos querer praticar. Cada um de nós já temos algumas que usamos mais e às vezes nem sabemos serem essas famosas: respeito, tolerância, cooperação, trabalho em equipe, responsabilidade, criatividade, entre outras. Algumas com mais destrezas. Algumas querendo melhorar. Algumas precisando que melhorem!

Tenho boas notícias! E algumas não tão boas! A boa é que qualquer dia é dia para começar a praticar aquelas que precisamos. Paciência costuma ser uma que as pessoas vivem pedindo e perdendo. Mas se perdemos é porque temos, certo? Basta voltar um pouquinho e recomeçar a treinar.

Agora a não tão boa: filhos aprendem muito com exemplos. São esponjinhas para absorver o que passamos para eles. Sejam coisas saudáveis ou não. Por isso, decidi escrever sobre o tema. Não adiantaria falarmos sobre maneiras de educá-los emocionalmente se não tivermos uma melhor gestão das nossas emoções e se relacionar melhor com o mundo.

Um minuto de silêncio agora para que vocês me perdoem por ser a portadora dessa notícia. Mais para frente aceitarei suspiros aliviados por saberem que nunca é tarde para começar e que vocês irão conseguir, já que estão buscando, estudando e dispostos a fazerem o melhor a cada dia.

Para começar, precisamos fazer uma reflexão sobre o que precisa ajudar seu filho a desenvolver ou melhorar. Muito provavelmente essa observação ajudará a se olhar também, já que muito dos comportamentos deles são seu reflexo.

Muitas vezes não temos tempo de nos olhar, nos conhecer, saber o que de fato importa já que corremos tanto e o piloto automático permanece ligado. Esse será o momento de criarmos consciência sobre nossos comportamentos para ajudarmos nossos tesouros a serem melhores também. Se queremos criar seres autoconfiantes e emocionalmente sustentáveis, precisamos reconhecer e abraçar nossa história, ressignificando também nossas dores. O exercício de uma parentalidade consciente passa pelo processo do autoconhecimento e do reconhecimento das nossas falhas. Quando nos tornamos pais, revivemos nossa infância. Mas, dessa vez, do outro lado. Com uma carga grande de responsabilidade pelo papel que desempenhamos. Afinal, não existe ex-pai e ex-mãe. Talvez seja um dos grandes motivos que sentimos tanto peso nesse papel. Não há pausa nem descanso em servirmos de inspiração e modelo aos nossos filhos.

Diante da informação que não se pode mudar a realidade nem trocar de lugar por um minuto sequer, o jeito é trabalhar com afinco e começar a lutar. Não temos o hábito de estudar para sermos pais. A grande maioria mal tem tempo de ler e estudar sobre sua profissão. Imagina para algo que, dizem por aí, deve ser instintivo? Então, se é instintivo, viveremos para alimentar e defender nossas crias e, depois que souberem andar sozinhos, mandaremos se virar na selva! Como os animais!

Se você ficou chocado (a) é sinal que entendeu rapidamente que não tem a ver com o instinto. Tem a ver com busca de informação, conscientização e responsabilidade sobre o papel a desempenhar. Ninguém nasce pronto para a parentalidade. Há de se preparar e buscar ajuda para desempenhá-la da melhor forma que você puder, conseguir com os recursos que tem e com a rede de apoio que tiver. Exatamente, não há comparações nem julgamentos sobre essa questão. Cada um será da melhor forma que conseguir.

Mãos à obra!

Educar não é fácil e vocês já devem ter ouvido falar isso. Mas se não educarmos nossos filhos, quem o fará? Meu objetivo com tantos questionamentos é que vocês comecem a perceber que olhar para você e sua história antes de querer começar a utilizar qualquer ferramenta de educação socioemocional, além de lhe curar, já abrirá caminho para que esse processo aconteça de modo mais leve.

Pensaremos no exemplo: quero ensinar meu filho sobre a habilidade da escuta ativa. Mais do que ouvir, que é uma função fisiológica, escutar ativamente é estar atento, com o coração aberto, sem querer solucionar o problema, sem julgamento e disposto a acolher. Porém, na sua história de vida, você foi uma criança que não era ouvida em suas necessidades, não podia falar o que pensava e estava sempre obedecendo às regras de silêncio. O que aprendeu sobre escuta ativa? O que entendeu sobre ouvir o que o outro fala? Quando alguém lhe deixou falar, o que pensava sem ser julgado ou desprezado? Como pode acreditar que conseguirá ouvir seu filho e ensiná-lo que deve ouvir amorosamente alguém se sua memória (mesmo que inconsciente) é a de que criança não tem vez, não sabe o que fala ou não entende nada? Se não aprendeu que pode ser ouvido e isso dói em você, terá dificuldade em ensinar seus filhos que essa é uma habilidade importante para toda a vida e deve ser exercitada, independentemente da sua profissão. Por isso que acredito que educação socioemocional e parentalidade consciente perpassa nossa história antes de tudo.

Indico três passos para uma boa conexão com os filhos antes do início do treino das habilidades: escuta, confiança e diálogo. A escuta é ativa, como o exemplo que citei: amorosa e sem julgamentos. Abra-se para que seus filhos falem livremente sobre ideias, atitudes e pensamentos. Confiança é algo que precisamos exercitar primeiro em nós, confiar que os filhos são capazes de aprender e realizar. Se confio no meu filho, fica mais fácil ele confiar em mim para se abrir e se sentir acolhido quando precisar de ajuda e colo. Diálogo é a união desses dois passos anteriores. Se escuto e confio, me abro para que o diálogo aconteça e os filhos perceberão isso levemente, sem precisar exigir nada.

Se os filhos aprendem pelo que veem e não pelo que ouvem, a decisão de se conscientizar sobre nossas emoções é o primeiro passo. Então falemos sobre gestão das emoções. Uma linda e desafiadora habilidade. Quem nunca, ao chegar em casa irritado, e estressado do trabalho se depara com as crianças gritando e pulando loucamente, fazendo um barulho ensurdecedor? Será possível ver a luz azul e pensar: "São só crianças. Que bom que são saudáveis e podem brincar sem preocupações!" Se alguém pensou isso, por favor me mande uma mensagem no privado porque eu não conheço ninguém assim. E realmente será um prazer lhe conhecer!

Seria incrível, mas não é tão simples. Essa é uma habilidade que requer muito treino, um pouco de tempo e umas pitadas de paciência. Gravem isso: inteligência emocional não é manter sempre o equilíbrio. É poder se perder e voltar para se reencontrar. Na situação citada, passe reto e vá para o banho. Esfrie (literalmente) a cabeça, dê um tempo para você, respire e depois, sim, conseguirá falar com mais calma para pedir o que precisa. Combine previamente com seu cônjuge que essa poderá ser uma alternativa para quando estiver muito nervoso e debatam outras formas de extravasar a raiva quando ela aparecer.

Não significa que os pais perderão a autoridade quando se perdem no comportamento. Somos humanos e mudar paradigmas causa desconforto e, às vezes, deslizes. Se decidiu mudar, siga, mesmo que haja deslizes porque a incongruência é que prejudica a confiança e o resultado da intenção. Cada família decidirá quais habilidades fazem mais sentido para suas crenças e valores. Aqui estão algumas sugestões apenas.

Autoestima e autoconfiança são de extrema importância desde sempre e para sempre. Autoestima é amor, carinho por si mesmo. Autoconfiança é acreditar naquilo que posso fazer, que sou capaz de conseguir. Podemos desenvolvê-las concomitantemente. A maioria das pessoas não tem uma imagem muito boa de si e nem confiam muito naquilo que são capazes de fazer. E para ensinar para os filhos pode parecer mais complicado. Então, fazer as pazes com você mesmo e com o que nunca foi estimulado em você sobre esse autoamor, sobre acreditar no que você pode fazer ajudará bastante. Uma forma de estimular a autoestima é encorajar nossos filhos em seus comportamentos. Não é elogiar. Elogio diz respeito ao resultado de uma ação. Encorajamento diz respeito ao processo: a iniciativa, esforço, dedicação, criatividade, persistência, coragem, comprometimento... e mais um pouco! Encorajar é reconhecê-lo por ter tentado mesmo que o resultado não tenha sido o esperado. O que já leva o gancho para autoconfiança: quando ele entende que tem os meios para conseguir algo e começa a acreditar que ele pode sempre tentar, mudar as estratégias quando não consegue o resultado, parar para pensar, recalcular a rota e não enfraquecer diante dos obstáculos! Um pode ser ligado ao outro e, independentemente das nossas histórias de perdas e fracassos, podemos estimulá-los na busca desse autoreconhecimento e valorização. Lembre-se que aqui podemos nos observar fazendo o que precisa ser feito, agindo no piloto automático de fazer o que deve fazer e não porque de fato fomos encorajados a buscar nossos sonhos e vocação. Excelente oportunidade de ressignificar e agradecer que chegou até aqui mesmo sem acreditar em você mesmo, não é?

Particularmente, eu aposto muito no desenvolvimento da autonomia. A cada fase do desenvolvimento dos nossos filhos, sugiro que lhes seja dada a confiança de fazer por si só aquilo que eles já são capazes de fazer: ensine-os, supervisione-o e encoraje-os a fazer. Não faça pelos filhos aquilo que eles conseguem fisiológica e emocionalmente fazer sozinhos. Na parentalidade consciente, é preciso observar os medos e traumas para que não sufoque os filhos ou seja negligente se acaso tiver uma história de abandono na infância. É um olhar para si e para sua história que sugiro enquanto quiser ensinar algo. Se for difícil, muito desafiador, causar inquietação: bingo! Tem coisas suas que estão vindo à tona nesse momento e é muito importante você perceber isso para continuar e ter os resultados que espera.

Ultimamente muito se fala também sobre resiliência. O quanto precisamos exercitar e, muitas vezes, nem sabemos que tem esse nome? A resiliência é um termo da física que fala sobre a propriedade que alguns corpos têm de retornar à forma original após terem sido submetidos a uma força externa. Usamos o mesmo nome, no sentido figurado, falando sobre o desenvolvimento humano, a capacidade que um indivíduo tem de enfrentar as intempéries da vida, as dificuldades que vão lhe aparecer no caminho, adaptando-se e crescendo após as crises. É uma habilidade que é treinada e praticada durante toda a vida, porque sempre teremos situações desafiadoras para enfrentar. O que vai mudando ao longo da vida é o tempo que levamos para nos levantar depois do tombo e é justamente aí que vemos a evolução: devagar vamos lidando melhor e mais rápido com os problemas.

Para ajudar nesse processo, precisamos nos organizar na forma que enfrentamos as dificuldades que nos aparecem no dia a dia. Estimulá-los ajudará a não ter medo de errar e encarar melhor as frustrações, lutar por aquilo que acham importante sem medo de críticas e entender que aprendizado envolve prática. Pessoas com baixa resiliência emocional desistem fácil, preferem não fazer para não errar, são suscetíveis demais às críticas. Vale muito a pena trabalhar essa habilidade em casa exercitando também a nós, sendo sinceros com eles quanto às dificuldades e mostrando como lidamos com alguns desafios que aparecem no dia a dia.

Por último - e não menos importante -, desenvolver o pensamento crítico é imprescindível para a construção de um grande ser humano. Hoje em dia há muita oferta de informação pronta e poucas situações em que os jovens precisam pensar para tomar decisões. Todo ser humano passa a vida buscando se sentir pertencente. Estimulá-los a não seguir a onda dos amigos, não dar tudo o que eles pedem sem que realmente precisem, evitar respostas prontas, estimular o planejamento de objetivos, analisar consequências, não serem impulsivos para resolver as coisas, isso também ajuda a refletir durante a adolescência para que não tenham necessidade de fazer qualquer coisa a qualquer custo para pertencer a tribos e grupos. Praticar essa habilidade faz com que ela vire competência de dizer não quando as coisas não são congruentes com o pilar interno da autoestima que foi construído em casa. E isso não tem preço. Tem valor!

26

O "FELIZES PARA SEMPRE" NA PRIMEIRA INFÂNCIA

O desenvolvimento das habilidades socioemocionais ganhou destaque na educação das crianças nos últimos anos. Desde então, temas e seus tabus têm sido questionados, revisados e alterados para se encaixar aos valores adotados pela sociedade atual. Nesta linha, as canções, histórias e personagens infantis foram temas que sofreram adaptações, ainda que algumas opiniões sejam divergentes. O que podemos afirmar é que, seja qual for o ponto de vista adotado, o equilíbrio é sempre a chave para possibilitar as experiências mais ricas e significativas às crianças.

ROBERTA NASCIMENTO SOARES

Dedica-se à educação de bebês e crianças há mais de 25 anos, com foco nas relações parentais e vínculos na primeira infância. Mantenedora e diretora escolar na Baby Prime Berçário e Educação Infantil em São Paulo. É psicóloga, pedagoga com especialização em Administração Escolar e Consteladora Familiar Sistêmica com formação internacional registrada na ABRATH.

Roberta Nascimento Soares

Contatos
www.babyprime.com.br
diretoria@babyprime.com.br
Instagram: @babyprimeoficial / @consteladorarobertasoares

Cresci ouvindo a história da Chapeuzinho Vermelho na versão em que o lobo comia a vovó e o caçador, para salvá-la, cortava a barriga do lobo. No final, todos seguiam felizes.

Meu sono foi embalado pela música "Boi da cara preta, pega essa criança que tem medo de careta".

As princesas passavam por perigos e eram salvas por príncipes para, juntos, serem felizes para sempre. Sempre transitei minhas brincadeiras entre ser cada vez um personagem.

As lembranças que guardo da "moral da história" é que o bem vencia o mal. Sobre as canções, até hoje me remetem direto à voz doce de minha mãe cantando para mim.

Na escola infantil eu ouvia a música da "minhoca, me dá uma beijoca..." E tudo o que eu pensava disso era que havia ali, uma grande trapalhada.

"Atirei o pau no gato" era usada como brincadeira de bater as mãos em dupla. Nunca me imaginei maltratando um animal.

O Cravo brigava com a Rosa, saía ferido e a Rosa, despedaçada. E tudo o que eu podia pensar era em amigos ficando de mal para sempre.

Será que eu era muito inocente?

E essa não é a principal característica de uma criança?

Cresci, estudei, vivo inserida na educação e me deparei com as letras de músicas e histórias corrigidas para versões mais educativas, que não ofereçam visão distorcida da realidade (afinal, ninguém é feliz para sempre) e que visem o bem das pessoas, dos animais, o empoderamento feminino, entre outras possibilidades.

Versões que fazem todo sentido quando queremos criar uma sociedade mais igualitária, empática e livre.

Numa das novas versões de Chapeuzinho, a vovó apenas é trancada no armário e o lobo nem é tão mau assim.

Em outra, o lobo é bobo (mas essa é considerada bullying com o lobo).

As músicas que falavam dos animais foram todas reformuladas, e nas histórias, os príncipes passaram a ser coadjuvantes (sobraram para os meninos os heróis, já que ser príncipe não está mais em alta).

Ponto para a atualidade, onde as adaptações têm mais coerência com a criação de hoje em dia.

Afinal a cultura é viva e pode ser modificada a cada geração e adaptar-se às mudanças de linguagens e contexto.

Pensando assim, as adaptações tornaram-se politicamente corretas e os valores transmitidos através delas são mais direcionados para o tipo de sociedade que queremos formar.

Seguindo esta linha de raciocínio, pais, escolas e educadores passaram a corrigir as letras das músicas, alterar enredos dos contos de fadas ou evitar histórias de bruxas, monstros e seres assustadores.

As justificativas vão desde oferecer conteúdo com valores corretos, evitar pesadelos e medos desnecessários, a até evitar que gerem agressividade nas crianças.

Os pais e educadores têm preocupações autênticas sobre muitos assuntos que permeiam o universo infantil, afinal preservar valores é atitude louvável, sem sombra de dúvidas.

Mas, de repente, surge uma geração de crianças que, de tanta preocupação dos adultos cuidadores, acabam tendo vivências e experiências, fundamentais para o desenvolvimento saudável, totalmente limitadas.

São aspectos pessoais, emocionais e sociais protegidos por outro tipo de "felizes para sempre", onde não há monstros, não há a luta do bem contra o mal, não há brigas, não há assuntos a serem discutidos.

E então surge outra indagação:

Será que está certo banir as cantigas e contos infantis politicamente "incorretos" do repertório das crianças?

Será mesmo que as canções de ninar e contos de fadas com bruxas, duendes, monstros, seres fantásticos e assustadores, passam mensagens negativas para as crianças e devem ser excluídas de seu repertório?

Para os especialistas, certamente não. Uma vez que os elementos assustadores já fazem parte do imaginário infantil, independentemente de ouvirem ou não contos ou músicas com teor assustador. É muito improvável que conteúdos assim sejam desencadeadores de traumas ou fobias, muito pelo contrário:

> *Graças ao faz-de-conta, a criança pode imaginar, imitar, criar ou jogar simbolicamente e, assim, pouco a pouco, vai reconstruindo em esquemas verbais ou simbólicos tudo aquilo que desenvolveu em seu primeiro ano de vida. Com isso, pode ampliar seu mundo, estendendo ou aprofundando seus conhecimentos para além de seu próprio corpo. Além disso, pode entrar no universo de sua cultura ou sociedade aprendendo costumes, regras e limites.*
>
> MACEDO, 2004, pg. 10

O que vemos na verdade, ao evitar que as crianças tenham contato com o mal, são muito mais crianças que apresentam dificuldades para lidar com frustrações, que sofrem em demasia quando perdem um jogo e que ficam amedrontadas e inseguras frente a assuntos desconhecidos, muitas vezes por simples falta de repertório para lidar com eles.

Vemos uma fase em que é fundamental descobrir e experimentar "sendo superprotegida".

Fazendo isso, os adultos estão, na verdade, isentando as crianças de vivenciar situações e experiências que as auxiliam na construção de seus próprios juízos de valores, ou seja, o resultado pode estar indo na contramão.

Para os bebês, as canções de ninar, nesse momento da vida, estão mais relacionadas ao aconchego, ao vínculo, ao bem-estar, ao som da voz de quem está cantando ou narrando a história.

É na infância que a criança tem as maiores janelas de oportunidades para desenvolver as habilidades que serão primordiais para toda a vida adulta.

Este é o período em que o cérebro mais precisa de estímulos, visto que 90% das conexões cerebrais são estabelecidas até os seis anos.

Em outras palavras, as interações sociais contribuem para impulsionar a atividade cerebral. Quando negligenciada, muitas ligações entre os neurônios deixam de acontecer, o que afeta o seu potencial de aprender e se desenvolver.

Na primeira infância, fase da fantasia, as crianças se identificam com os papéis dos personagens, vivenciando os valores e elaborando os seus próprios a partir das relações que estabelecem. É o que chamamos de 'jogo simbólico'.

Para Piaget (apud KISHIMOTO, 2009 pg. 59), brincando, a criança assimila o mundo à sua maneira, sem compromisso com a realidade. É o que ele chama de jogo simbólico, até mesmo sozinha ela é capaz de brincar, evoluindo para o estágio de jogo sociodramático, ou seja, para a representação de papéis, como brincar de médico, de casinha, de mãe etc.

Ao realizar a brincadeira, a criança se apropria dos elementos da realidade de acordo com sua própria percepção que vai se ampliando à medida que testa mais. A criança precisa da repetição, de ouvir várias vezes, brincar das mesmas coisas. Ela faz isso para absorver o máximo de percepções possíveis, até elaborar seu próprio entendimento acerca da problemática apresentada.

Para o jogo acontecer, é necessário que se tenha acesso a "todas as regras", e quando privamos as crianças de contos de fadas que tragam medo, diversidade, história do bem contra o mal, fazemos justamente o contrário.

Claro que os pais têm as melhores intenções ao apresentar aos filhos um mundo colorido, livre de conflitos, mas é fundamental que saibam que os pequenos estabelecem relações diferentes dos adultos.

Criança nenhuma, nos primeiros anos de vida, ao ouvir Chapeuzinho Vermelho, imaginará sangue escorrendo da barriga do lobo como uma grande tragédia.

Para isso acontecer, ela teria que ter uma referência anterior. Precisaria ter visto uma cena parecida em algum lugar, num contexto de realidade, como na TV em algum filme/programa inapropriado para a idade, por exemplo.

Ver o parto cesárea do irmãozinho pelo vidro do hospital é outro possível exemplo que pode trazer um contexto de realidade que a criança não tem como administrar antes dos seis anos e pode ser que isso interfira nesta fase, pois diferentemente dos adultos que estão ali, focados no novo bebê que será apresentado, para a criança é muito mais importante olhar para a sua mãe que está lá atrás, e o que vê muitas vezes, é a mãe deitada cheia de sangue por perto.

O mundo infantil tem sua dinâmica, que é bastante distinta do mundo adulto.

Quando se tiram o lobo, as bruxas, quando não se "atira o pau no gato", se está também tirando a oportunidade de a criança conhecer a dicotomia entre o bem e o mal, o feio e o belo, o certo e o errado.

Esses e outros valores estão presentes na maioria das canções e contos infantis e são importantes para a formação de opinião sobre esses conceitos, para aprender a lidar com os conflitos, além de ser excelente oportunidade de aproximar os pais e cuidadores das crianças para troca de experiências.

Pensando assim, podemos entender que a fobia por determinado personagem, confundindo ficção com realidade, só ocorre quando são utilizados pelos adultos para ameaçar as crianças, seja em troca de bom comportamento, para se alimentar bem ou dormir quando os cuidadores querem.

Dizer que o bicho-papão ou o homem do saco virá buscá-la é uma grande ameaça para a criança. Essas ameaças podem desenvolver traumas e distúrbios. E isso em nada tem relação com os enredos das histórias, mas, sim, com uso feito desses personagens pelos adultos.

Estamos vivenciando nova mudança de paradigmas na educação das crianças: a do equilíbrio, onde podemos ter a certeza que a diferença entre o remédio e o veneno está na dose.

Não é privando os filhos das frustrações que os ajudamos, e sim é estando ao lado deles para ser seu porto seguro quando necessário, colo quando preciso for e adotando, muitas vezes, o papel de vilão da história, quando temos que orientar e dar educação. Isso é significativo para o desenvolvimento emocional.

Muitos adultos hoje têm medo de não serem "aceitos" ou "amados" por seus filhos quando os ouvem dizendo que não gostam mais deles. E a criança diz isso simplesmente por repudiar alguma regra imposta naquele momento, ou por não ter sua vontade atendida.

Os adultos precisam lembrar-se, nessa hora, que nem o "feliz para sempre" e nem "estou de mal para sempre" para a criança seguem a mesma linha de tempo e nem têm a mesma simbologia e duração que teria para um adulto.

A criança é intensa e tem o direito de se desenvolver e tornar-se um ser humano independente.

Privá-los dos elementos que lhes possibilitam isso é como jogá-los na jaula dos leões sem terem treinamento para isso.

A vida adulta requer habilidades socioemocionais cada vez mais definidas e saber lidar com frustrações e ter resiliência frente às dificuldades são, sem dúvida, as habilidades mais difíceis de se aprender, principalmente se o ensinamento vier somente na vida adulta.

Ao invés de privar os filhos de "sofrimentos", esteja ao lado deles, orientando-os. Seja empático, diga que compreende o que a criança está sentindo. **Estimule que a criança nomeie seus sentimentos.**

Diga: "Eu sei que você está com **medo**" ou "Eu sei que você está com **raiva**", seguido de um: "**Estou aqui com você e isso vai passar**".

Este comportamento é muito mais saudável do que deixar que a criança cresça com a falsa ideia de que vive em um mundo colorido, sem preconceitos, sem vilões, sem dicotomias.

O lobo mau serve para que a criança, quando adulta, saiba se afastar de pessoas interesseiras e maldosas.

A Chapeuzinho tinha a opção de escolher outro caminho. E se tivesse feito isso? Veja que excelente discussão para se ter com sua criança de cinco ou seis anos.

Mas isso só será possível se a ela for possível vivenciar antes, na fantasia, todos os papéis. Se nas brincadeiras puder ser a mamãe ou o papai, a professora, o professor, a Chapeuzinho e até o lobo mau.

O poder da dramatização durante a brincadeira e, sobretudo, dos aspectos emocionais envolvidos com cada personagem, contribuem diretamente para a aprendizagem infantil.

A criança precisa poder rir com os pais e cuidadores e chorar perto deles também. Há que se aprender com o choro dos filhos.

Primeiro a paciência para ouvi-lo sem enlouquecer ou ceder imediatamente a qualquer pedido descabido para cessá-lo. Depois a serenidade e a confiança de quem é adulto e sabe que o pequeno não está usando de maldade para "irritar" você e sim está confuso com o domínio de suas emoções.

Oportunizar que a criança chore, não só por não ter um desejo atendido na hora, como uma pequena criança tirana faz, e sim por poder vivenciar as mais diversas emoções sem precisar escondê-las de quem mais a ama. Isso fortalece a confiança.

Neste momento, a posição "olho no olho" (abaixar na altura da criança) é a que mais funciona.

Questione o porquê do choro e ouça os seus motivos, use um nome para aquilo que a criança está sentindo e expressando através do choro. Por vezes isso é tudo o que ela precisa.

Ser firme em suas convicções adultas de educação e criação são a base para se estabelecer uma relação emocional com os pequenos.

Compartilhem as suas emoções com eles.

Seus exemplos sempre serão, com certeza, uma via excepcional de aprendizagem. Mas lembre-se que compartilhar emoções não é ser amigo e tornar seu filho um confidente seu.

É manter o seu papel na hierarquia familiar, que passa segurança ao filho e demonstrando que, seja em qualquer papel que estivermos, acertamos e erramos, ficamos tristes, frustrados e também muito felizes.

Nomeie os seus sentimentos e ofereça às crianças a oportunidade de desenvolver as suas próprias opiniões acerca deles.

Elogie os processos, parabenize os acertos e apoie os erros no sentido de mostrar como podemos consertar um.

Se você não sabe como fazer isso, corra para aprender.

Hoje temos muito mais informações disponíveis sobre o desenvolvimento infantil e também sobre o desenvolvimento das habilidades socioemocionais.

Usar canções, histórias e personagens infantis pode fornecer ricos elementos para conversas com as crianças. Conversas essas que irão fortelecê-las emocionalmente e aprofundará o vínculo entre vocês.

Permitir à criança sentir, nomear e dar novo significado para suas emoções, sentimentos e pensamentos auxiliará na construção de instrumentos imprescindíveis para lidar com as adversidades no decorrer de toda a vida.

O objetivo maior é mostrar que a felicidade está nas conquistas diárias e não só na expectativa final.

Quem tem uma criança sob sua responsabilidade tem mudanças a serem feitas.

Educar dá trabalho, mas vale muito a pena acompanhar o desenvolvimento saudável e ver seu bebê tornar-se um adulto responsável.

Concluindo, não é banindo as cantigas e contos infantis politicamente "incorretos" do repertório das crianças que criaremos adultos mais conscientes, e sim, o acompanhamento diário, a escuta ativa, a conversa e a reflexão sobre determinado conteúdo.

Não permitam que os tablets e celulares "eduquem" seus filhos.

Nem tão pouco busque privá-los de pequenas frustrações ou de vivenciarem o medo que se faz presente nos conteúdos infantis.

Esteja junto deles. Com eles e por eles.

Pode não ser fácil, mas nunca impossível!

Passe bons momentos contanto histórias e cantando com eles.

Traga os príncipes, princesas, bruxas, fadas, monstros, vilões e heróis para a vida de vocês.

Resgate sua criança interior e crie memórias afetivas de qualidade com seus filhos.

Esta fase passa muito rápido, de verdade. Aproveite enquanto o tempo está disponível para vocês.

Referências

CENTER on the Developing Child – Harvard University. Brain Architecture. Disponível em: <https://developingchild.harvard.edu/science/key-concepts/brain-architecture/>. Acesso em: 01 nov. de 2021.

KISHIMOTO, T. M. *Jogo, brincadeira e a educação*. 12. Ed. São Paulo: Cortes, 2009.

MACEDO, L. Faz-de-conta na escola: a importância do brincar. *Revista Pátio*, Porto Alegre, p. 10, dez. 2003 mar. de 2004.

27

UM CAMINHO PARA O DESENVOLVIMENTO DAS HABILIDADES SOCIOEMOCIONAIS NA PRIMEIRA INFÂNCIA

A inteligência socioemocional se manifesta no pensar, no gerir emoções, nas relações consigo mesmo e com os outros, na capacidade de decidir, em encarar os desafios como aprendizado, na trajetória para a ascensão pessoal e profissional. O contexto escolar tem suas propostas, especialistas da área sinalizam as exigências para os profissionais do futuro. Mas, afinal, como fomentá-la nos pequenos?

SANDRA SILVA

Sandra Silva

Graduada em Pedagogia, com especializações nas áreas de Psicopedagogia e Psicologia e Saúde Mental; formações em Yoga com Histórias®, Hipnose Ericksoniana, Reiki, Thetahealing® e Regressão & Vidas Passadas. Atuo como professora de Yoga para crianças, escritora, terapeuta e psicopedagoga holística. Sou coautora nos títulos *Relatos da quarentena* com o conto *Desafios existenciais* e *Desprenda-se! - entenda como técnicas, terapias e ferramentas podem trazer à tona o melhor de você* com o capítulo "Uma mente mais aberta". Sou autora do livro sobre o tema autoconhecimento e espiritualidade *Ramatís – essência e autoencontro*. Buscadora incansável por recursos e metodologias alternativas para patrocinar a expansão da pessoa humana em sua plenitude, considerando as perspectivas física, emocional, mental e espiritual de sua natureza. Atendo crianças, adolescentes e adultos.

Contatos
www.sandrasilvaterapias.com.br
s.ceciliasilva.ss@gmail.com
Facebook.com/sandrasilvaterapeuta
Instagram: @terapeuta.sandra.silva
11 97972 22 88

O caminho para desenvolver as competências socioemocionais é longo, mas é preciso – em meio a esse trajeto - construir significados. Em se tratando da primeira infância é, na verdade, um projeto de médio e longo prazos. Exige abertura para o novo, dedicação, investimento na aquisição de conhecimento e uma reformulação na cultura do desenvolvimento nessa fase da vida, principalmente entre as coletividades família e escola.

Entidades e organizações internacionais têm assegurado parâmetros educacionais sobre os quais é preciso constituir a formação integral das futuras gerações no mundo. A Unesco – Organização das Nações Unidas para a Educação, Ciência e Cultura – juntamente com Jacques Delors, elaboraram, em 1990, um documento fundamentando os quatro pilares da educação para o século XXI, oferecendo reflexões sobre as diversas questões relacionadas ao ato de educar ao longo da vida. São eles:

1. Aprender a ser
2. Aprender a fazer
3. Aprender a conhecer
4. Aprender a conviver

A prática desses valores já fazia parte da realidade de outros países. Aqui no Brasil, o MEC – Ministério da Educação – estabeleceu, em 1996, a incorporação desses conceitos na Lei de Diretrizes e Bases nº 9394. Atualmente, com a BNCC - Base Nacional Comum Curricular -, houve uma revisitação clara aos quatro pilares da educação, na qual foram editadas orientações que abrangem as várias áreas do conhecimento e que validam efetivamente os estudos de Gardner. Concedendo, então, às instituições de ensino, o desafio de criar metodologias que correspondam ao desenvolvimento interdisciplinar e mais efetivo desses saberes. A partir daí, difundiu-se a urgente, embora tardia, relevância nacional em parametrizar as habilidades e competências socioemocionais.

Em nosso país, o que está pouco definido dentro desse contexto de reformulações educacionais é o papel da família. As mudanças na forma de conduzir a formação holística da criança na primeira infância precisam ser discutidas e aprofundadas junto à escola. É imprescindível estreitar essa relação, é preciso parceria verdadeira, priorizando o futuro das novas gerações, favorecendo a constituição do ser, promovendo encontros e debates, visando recolocar os atores dessa construção em seus devidos papéis e responsabilidades.

A concepção das inteligências múltiplas do psicólogo, neurologista e cientista norte-americano Howard Gardner, sacudiu o âmbito educacional na década de 1980.

Gardner defendeu que os conceitos a respeito das competências intelectuais humanas eram fragmentados e insatisfatórios. Para ele, os dados coletados pelos testes de QI (Quociente de Inteligência) – que medem o conhecimento cognitivo e o raciocínio lógico-matemático de uma pessoa – eram insuficientes para mensurar outras competências inerentes aos seres humanos.

Em suas pesquisas, Gardner estudou o conceito de inteligência em diversas culturas, concluiu que somos todos diferentes e que temos um número de aptidões mentais relativas à individualidade de cada um. Classificou essas aptidões em nove tipos: inteligência linguística, inteligência lógico-matemática, inteligência corporal, inteligência espacial, inteligência intrapessoal, inteligência interpessoal, inteligência musical, inteligência natural e inteligência existencial.

O trabalho de Howard Gardner facilitou uma visão holística do indivíduo, na qual cada pessoa consegue perceber-se como inteiro à sua própria maneira, identificando e desenvolvendo suas diferentes intelectualidades, descobrindo assim seus verdadeiros potenciais.

É essencial repensar coletivamente os valores fundamentais para que nossas crianças cresçam em uma base bem estruturada, a fim de que venham a se tornar indivíduos seguros, equilibrados mentalmente e emocionalmente aptos a desenvolver suas múltiplas inteligências, conectando a habilidade de raciocínio à gestão das próprias emoções nos momentos de conflitos e desafios da vida, nas relações consigo mesmo (intrapessoal) e com os outros (interpessoal) no ato em que elas ocorrem, construindo um "legado contínuo de superação, de felicidade, bondade, flexibilidade e resiliência, fazendo dos erros oportunidades para crescer em vez de sufocar as emoções" geradas por eles ou desviando-se das adversidades com justificativas ou culpabilizando o outro por seus comportamentos inadequados e insucessos.

Pesquisas científicas e as competências socioemocionais

Além de Gardner, profissionais de diversas áreas têm estudado a respeito dos fatores que têm afetado o resultado na vida futura das crianças. Dentre eles, destacou-se, também, o economista e professor americano James Heckman, prêmio Nobel de Economia, que pesquisou e acompanhou por 30 anos a importância de se investir na qualidade do desenvolvimento na fase inicial de 0 a 6 anos e mediu os impactos na vida desse grupo.

> *Estudo da universidade norte-americana de Columbia aponta que, para cada dólar investido no desenvolvimento da inteligência socioemocional de uma criança, 11 dólares são devolvidos à sociedade. Ensinar as crianças a se autoconhecerem, ganharem confiança e se relacionarem com o mundo ao seu redor pode torná-las não somente pessoas melhores, mas indivíduos com menos tendência a sofrer de ansiedade e depressão – e, consequentemente, com chances maiores de se tornarem profissionais de maior sucesso.*
> Tonia Casarin, coach, professora e escritora

Heckman comprovou que as habilidades socioemocionais são elementos cruciais para alcançar resultados significativos na vida pessoal e familiar. "Investir em capital humano – saúde, educação e apoio às famílias – garante a formação de um adulto de sucesso e melhora os resultados econômicos de uma sociedade a médio e longo prazos", declara.

Os resultados obtidos foram extremamente positivos não só para o indivíduo, mas para toda a sociedade. Seus estudos apontaram: melhora na autoestima, na aprendizagem, na relação entre pais e filhos, na relação interpessoal, na expressão verbal da criança, isso em curto prazo.

No médio e longo prazos – da adolescência e até por volta dos 30 anos de idade – os benefícios se mantiveram e o crescimento pessoal do grupo foi evidenciado: melhora no desempenho acadêmico, diminuição de casos de gravidez na adolescência, reconhecimento dos próprios talentos e limitações, diminuição dos índices de criminalidade e da ansiedade e depressão, queda nos casos de *bullying*, maior empregabilidade e empreendedorismo, mais saúde na família, maior capacidade em superar perdas e ampliação da consciência da assistência à infância com a mobilização das gerações seguintes na manutenção desses investimentos.

Ansiamos o dia em que o ideal das políticas públicas no Brasil favoreça, verdadeiramente e em comum acordo com engajamento internacional, investimentos necessários para o desenvolvimento de nossas crianças na primeira infância. Mas, na ausência do Estado, cabe a nós, pais e educadores, transformar essa realidade com o que temos de recurso, traçar a construção de uma trajetória de sucesso para as próximas gerações e, consequentemente, um futuro melhor para o nosso país.

Yoga para crianças como caminho: um recurso para desenvolvimento das habilidades

> *O yoga é uma forma de trabalhar corpo, mente e emoções utilizando todas as inteligências que há dentro de nós.*
> Rosa Muniz

Em síntese, yoga significa comunhão entre corpo, pensamentos e emoções. Partindo da prática psicofísica dos ásanas – posturas – e exercícios respiratórios – pranaymas – progressivamente conquista-se a harmonia e o equilíbrio com o todo que nos compõem, ascendendo uma sabedoria interna em entender os nossos sentimentos no instante em que se manifestam em nosso corpo.

As crianças, diferentemente dos adultos, ainda estão em estreita conexão com o seu corpo, pois é por meio dele que elas exploram os diversos ambientes com os quais se relacionam, investigam novas possibilidades e aprendem com muito mais facilidade. A filosofia do yoga mantém o foco nesse contato.

O yoga ajuda na elasticidade e fortalecimento do corpo, melhora e corrige erros posturais das crianças, fortalece a imunidade e ajuda a combater a ansiedade, a depressão e *déficit* de atenção, elimina problemas de insônia, além de promover o desenvolvimento cognitivo e emocional da criança.

> *O yoga não é uma simples ginástica, nem uma instituição religiosa ou uma seita nova [...] Yoga não é superstição. É ciência. Ciência da boa, que a medicina acata e utiliza. Os médicos bem informados receitam Yoga.*
>
> Hermógenes

"Um dos principais objetivos de inserir o yoga na vida das crianças é ensiná-las a transitar entre as suas emoções – raiva, medo, insegurança – ajudando-as a entrar em contato consigo mesmas" e apresentar, também, a elas uma vivência na filosofia de valores contidos nos princípios yamas e nyamas, transmitidos por meio da linguagem lúdica das histórias.

Com os *yamas* e *nyamas*, as crianças aprendem a prática de conceitos como gratidão, não violência, disciplina, verdade, alegria, respeito a todos os seres, autoconhecimento, resiliência, entre outros que podem ser inseridos quando utilizadas as metáforas das histórias infantis e também nos exercícios de meditação e relaxamento com afirmações positivas – *Sankalpas* –, incentivando a emersão das habilidades socioemocionais.

No Yoga, cada ásana é um jeito de estar para chegar a um jeito de ser.
Antony Blay

A prática dos ásanas promove um estado de presença, foco e concentração, desenvolve a capacidade da auto-observação – desenvolvimento da inteligência corporal e espacial – estimulando o encontro de recursos internos para resolver conflitos – criar estratégias – do mundo externo (inteligências intrapessoal, verbal e matemática).

Os mantras e as músicas utilizadas durante o relaxamento despertam a sonoridade e a expressão musical (inteligência musical) e a interação entre os relacionamentos professor-aluno e aluno-aluno, motivada também pela contação de histórias, favorece o desenvolvimento da inteligência interpessoal na maneira como se relacionam com as personagens.

Se todas as crianças de oito anos aprenderem meditação, nós eliminaremos a violência do mundo dentro de uma geração
Dalai Lama

A meditação lúdica também é um momento muito importante da aula, que propicia inúmeros benefícios. A criança é conduzida, ludicamente, a aquietar seu corpo e sua mente, entrando na frequência Alpha das ondas cerebrais – ideal para assimilar novas aprendizagens – e, por meio da imaginação, vivenciar situações que remetem à construção de valores, à melhora da aprendizagem e à transformação de si mesmo, ouvindo as afirmações do Sankalpa sugeridas pelo professor ou refletindo sobre os ensinamentos que a história proporcionou.

Por fim, patrocinar a vivência e o acesso a toda essa abundância de conhecimento adquirida na prática disciplinada do yoga para crianças é um fator potencialmente transformador e promotor do desenvolvimento do indivíduo em sua integralidade, que desperta e evidencia as habilidades e potencialidades de cada individualidade, preparando o pequeno ser a tornar-se cada vez melhor naquilo que ele é essencialmente bom.

Referências

ANTUNES, C. *Como desenvolver as competências em sala de aula*. 4.ed. Petrópolis, RJ: Ed. Vozes, 2002.

BLAY, A. *Fundamento e técnica do Hatha Yoga*. São Paulo: Ed. Loyola, 1986.

BRASIL. Ministério da Educação. Base Nacional Comum Curricular (BNCC). 2018. Disponível em: http://basenacionalcomum.mec.gov.br/. Acesso em: 20 out. 2020.

BRASIL, Lei de Diretrizes e B. Lei nº 9.394/96, de 20 de dezembro de 1996. *Disponível em: <portal.mec.gov.br* › arquivos › pdf › lei9394_ldbn1.pdf>. Acesso em: 01 nov. de 2021.

CASARIN, T. Curso de Competências socioemocionais para educadores. Disponível em: <https://www.toniacasarin.com.br/produto/curso-competencias-socioemocionais--para-educadores/>. Acesso em: 11 set. 2020.

DWECK, C. S. em seu livro Mindset – A psicologia do sucesso. São Paulo: Ed. Objetiva, 2017.

ESCOLA da Inteligência. *Educação Socioemocional.* Disponível em:<https://escoladainteligencia.com.br/habilidades-socioemocionais-como-elas-impactam-no-futuro/>. Acesso em: 01 mar. de 2021.

GARDNER, H. *Inteligências múltiplas: a teoria na prática.* Porto Alegre: Artes médicas, 1995.

HERMÓGENES, J. Autoperfeição com hatha yoga: um clássico sobre saúde e qualidade de vida. Rio de Janeiro: Ed. BestSeller, 2020.

KAMINOFF, L.; MATTHEWS, A. *Anatomia do Yoga: guia ilustrado de posturas, movimentos e técnicas de respiração.* Baurei: Manole, 2013.

LAMA, D. Citação Dalai Lama. Disponível em: <https://leiturinha.com.br/blog/meditacao-para-criancas/>. Acesso em 01 mar. de 2021.

SIEGEL, D. J.; BRYSON, T. P. *O cérebro da criança: 12 estratégias revolucionárias para nutrir a mente em desenvolvimento do seu filho e ajudar sua família a prosperar.* São Paulo: Ed. Inversos, 2015.

SOARES, J.; MUNIZ, R. Curso "Yoga com histórias®". Metodologia João Soares & Rosa Muniz. Disponível em: <www.yogacomhistórias.com.br>. Acesso em: 15 jan. de 2021.

WEINBERG, M. *James Heckman e a importância da educação infantil.* Disponível em: <https://veja.abril.com.br/revista-veja/james-heckman-nobel-desafios-primeira-infancia/ A economia do potencial humano – arquivo em pdf heckamnequation.org>. Acesso em: 23 fev. de 2021.

28

FELICIDADE E HABILIDADES SOCIOEMOCIONAIS: QUAL A RELAÇÃO ENTRE ELAS?

Partindo da premissa do desejo de felicidade que os pais têm para os filhos, buscamos neste capítulo entender de maneira um pouco mais objetiva sobre a felicidade, explorando quais ações práticas relacionadas às habilidades socioemocionais podemos aprender e ensinar às crianças de modo a construirmos uma vida de bem-estar.

SARAH MARINS

Sarah Marins

Psicóloga graduada pela UNESP (2013), com especialização pelo CETCC em Terapia Cognitivo-Comportamental; aprimoramento em Terapia Cognitivo-Comportamental para crianças; graduação em Pedagogia pela UNIP (2008); orientadora parental certificada pela Positive Discipline Association (PDA). Atua como psicóloga clínica, atendendo crianças, adolescentes, adultos e orientando famílias.

Contatos
marins.sarah@gmail.com
11 94533 3663

Às vezes sua alegria é a fonte do seu sorriso, mas às vezes seu sorriso
pode ser a fonte da sua alegria.
THICH NHAT HANH

Podemos arriscar que um desejo comum a todos os pais é de que os filhos sejam felizes. Com a evolução da neurociência, hoje é possível entender de maneira mais objetiva um tema subjetivo como a felicidade. Há muitas pesquisas que estudam o bem-estar, e nos revelam tanto os benefícios que este traz bem como qual o nosso poder de influência sobre ele. Este segundo ponto foi revolucionário, pois descobrimos que a felicidade não está à mercê do acaso, da sorte ou destino, é um efeito de ações intencionais, uma habilidade (como descrita por Richard Davison) e, portanto, pode ser treinada, aprimorada e desenvolvida.

A Psicologia Positiva, criada por Martin Seligman, é um movimento científico que, através de estudos ligados à neurociência, propõe quais ações são necessárias para construir uma vida com bem-estar. Seus cinco pilares são:

- Emoção positiva;
- Engajamento;
- Sentido;
- Realização;
- Relacionamentos positivos.

Habilidades socioemocionais: o que são e como ensiná-las

As habilidades socioemocionais consistem na capacidade que temos de reconhecer e regular nossas próprias emoções e também a dos outros, e a partir disso tomar decisões de ações. Parece algo simples, mas, na prática, é bastante complexo. Acredito que todo adulto consegue ter diversos exemplos de situações vivenciadas ou observadas nas quais parecem não ter controle sobre suas ações e agem no calor da emoção. Temos inúmeras situações diárias que ilustram situações como essas: um chefe enraivecido, uma briga no trânsito, pais que se descontrolam com os filhos, brigas intensas entre casais...

Basta observar a frequência com que situações como essas ocorrem na vida cotidiana para concluirmos que temos muito a aprimorar quando se tratam de habilidades socioemocionais. E isto torna a tarefa de ensinar estas habilidades às crianças algo muito desafiador, pois como ensinamos algo que não sabemos?

Estamos em um momento em que temos cada vez mais entendido, de maneira teórica, a importância do autocontrole emocional. E este é um primeiro passo no processo da aprendizagem, nossa compreensão teórica caminha numa velocidade mais rápida do que nossa habilidade prática, por isso é comum nos frustramos quando idealizamos uma situação e, na prática, o resultado é diferente. Às vezes, o incômodo com a frustração é tão intenso que tendemos a acreditar que não é possível realizar o que idealizamos que é utópico. Mas os estudos da Psicologia Cognitiva-Comportamental comprovam que o ato de ensaiar mentalmente suas ações diante de uma situação promove autoconhecimento, amplia repertório de comportamento e é um primeiro passo para uma mudança gradativa de nossas ações.

Portanto, estudar sobre habilidades socioemocionais e tentar aplicar na prática, sem julgar nosso desempenho, é o caminho para o aprendizado. E por estarmos neste estágio de desenvolvimento, no qual estas habilidades ainda não fluem de maneira automática nas nossas interações, é aconselhável que com as crianças façamos da mesma forma: ensinar habilidades socioemocionais de maneira sistematizada, teórica e, o quanto for possível, na prática, dando modelos.

Alguns passos práticos de ações que podemos praticar e ensinar às crianças com o intuito de desenvolver tais habilidades são:

- Praticar momentos de pausa nos pensamentos;
- Identificar e nomear o que estamos sentindo;
- Refletir sobre o porquê deste sentimento;
- Escolher como agir.

É um processo que, embora complexo, pode ocorrer em segundos. No entanto, como qualquer início de aprendizagem, precisamos de condições diferenciadas para poder treinar uma habilidade, até que, gradualmente ela vá se automatizando e flua de uma maneira rápida e sem muito esforço.

Explicarei a seguir mais detalhadamente os benefícios de cada uma dessas habilidades e como podem ser trabalhadas.

Espaçamento entre os pensamentos

Vivemos em um mundo cada vez mais acelerado, no qual estamos a maior parte do tempo ocupados, com pouco tempo de ócio. Recebemos um elevado número de estímulos desde muito cedo e é comum que as crianças tenham a agenda preenchida. Que momento sobra para olharmos para nós? Observar o que estamos sentindo e pensando?

Uma das consequências dessa ausência de observação é que só olhamos para nós em situações limítrofes, quando nossas emoções "gritam", quando estão muito intensas. Acontece que nesses momentos é muito desafiador regular as emoções, estamos funcionando mais no nosso modo primitivo, a parte racional de nosso cérebro está em segundo plano nesta situação. O ideal é não deixarmos chegar neste limite e, para isso, a auto-observação é o primeiro passo.

A meditação e o mindfulness são comprovadamente benéficos para esse fim, é importante que esta habilidade seja treinada diariamente para se tornar um hábito. O foco na respiração é o principal recurso para iniciar a auto-observação e a autoregulação. Portanto, treinar com as crianças respirações profundas, lentas e diafragmáticas (aquelas que expandem o abdômen e não o tórax) é uma excelente maneira de contribuir para o desenvolvimento dessas habilidades.

Descrever sentimentos

Não há como nos conhecermos sem nos observarmos. Portanto, esta é uma das grandes contribuições das pausas entre os pensamentos, possibilitar a auto-observação, momentos em que nos distanciamos da situação e buscamos um olhar mais amplo, como se estivéssemos de fora da situação. Feito isso, nos empenhamos em compreender o que sentimos, e uma das formas de fazermos isso é nomeando nossas emoções. Há um vasto dicionário para descrever os sentimentos, é importante explorarmos com as crianças essa variedade de nomenclatura, as sutilezas que diferem umas das outras, de modo a nos aproximarmos com a máxima precisão de uma que corresponda ao que sentimos.

Para realizarmos com eficácia esta etapa de descrição das emoções, é preciso deixar os julgamentos de lado. O objetivo não é avaliar se é certo ou errado ter aquele sentimento, mas apenas identificá-lo e descrevê-lo. Por exemplo, quando uma criança chora por ter ralado o joelho, é comum falas como "não foi nada; não precisa chorar", quando o mais adequado seria "você deve estar sentindo dor; você parece assustada". Outra situação típica é quando uma criança bate na outra, em geral dizemos "que feio; não pode", quando o mais adequado, num primeiro momento, seria "você parece estar com raiva; acho que você está frustrada".

Mais uma vez vem o questionamento do quanto somos capazes de fazer isso, do quanto autocontrole nós adultos temos. É desafiador não agirmos como as crianças, ou seja, não termos uma atitude impulsiva diante de um comportamento impulsivo delas. Contudo, isto não precisa ser um empecilho para ensinarmos. Pelo contrário, pode ser um facilitador para o nosso olhar empático para com a criança, um olhar acolhedor, que genuinamente compreende o desafio que é controlar nosso comportamento.

Entendendo o porquê das emoções

As emoções têm o seu papel no processo evolutivo, tanto as agradáveis quanto as desagradáveis, e foram selecionadas por se mostrarem úteis no processo de sobrevivência. Como em quase todos os âmbitos da vida, o mais saudável é que elas estejam equilibradas, tanto na variabilidade quanto na intensidade.

Embora cada caso seja único e multideterminado, um caminho para compreendermos o porquê das emoções é iniciar essa reflexão a partir da finalidade de cada uma delas. Analisaremos então a principal função das emoções básicas, aquelas que são consideradas universais: a raiva geralmente aparece quando nos sentimos injustiçados ou frustrados; alegria nos mostra o que nos faz bem, o que valorizamos o que nos motiva e faz sentido para nós; o nojo nos protege de possíveis perigos do que é estranho, desconhecido ou pouco comum para nós; a tristeza, assim como a alegria, também nos mostra o que é importante e significativo para nós, mas sinaliza a ausência disso, seja por uma perda ou por atitudes que não condizem com nossos valores; e por último o amor, que nos revela com o que estamos conectados, nos mostra com o que nos importamos para além de nós.

Uma forma de ensinarmos essas habilidades às crianças é auxiliando-as no processo de descrição e levantamento de hipóteses de modo a buscar possíveis explicações para o que sentimos. Tomando as frases dadas como exemplo no tópico anterior, essas seriam algumas possibilidades de intervenção: "você deve estar sentindo dor por ter ralado o joelho; você parece assustada por ter caído de repente"; "você parece estar com raiva pelo fato do amigo ter pegado o brinquedo da sua mão; acho que você está frustrado por não poder brincar com esse carrinho agora".

Escolhendo como agir

E, por fim, chegamos ao último passo. Após observar, identificar e compreender o que sentimos e porque sentimos, escolhemos o que fazer diante disso. A ordem neste processo é importante, compreender o porquê sente determinadas emoções é o que vai me dar uma orientação do que fazer.

É neste momento que ensinamos sobre moral e regras sociais, o que avaliamos como certo ou errado são as atitudes, os comportamentos e não as emoções. Não existe certo ou errado quando se trata de sentimentos. É importante deixarmos isso claro nas intervenções com as crianças, enfatizando que respeitamos e compreendemos o que ela sente e que podemos não concordar com o comportamento dela. Dando continuidade às frases dos tópicos anteriores, possíveis colocações seriam: "você deve estar sentindo dor por ter ralado o joelho, pode apertar com força a minha mão se achar que isso ajuda a aliviar; você parece assustada por ter caído de repente, pode ficar no meu colo até essa emoção passar"; "você parece estar com raiva pelo fato do amigo ter pegado o brinquedo da sua mão, você pode mostrar isso a ele com palavras ou com uma cara de bravo e não pode bater; acho que você está frustrado por não poder brincar com esse carrinho agora, você pode escolher outro brinquedo por enquanto, propor uma divisão no tempo com o carrinho e não pode puxar da mão dele".

Oferecer possibilidades de ações é uma forma de ampliar o repertório de ideias das crianças, mas nem sempre essas ideias precisam vir dos adultos. Pelo contrário, é importante que construamos essas soluções em conjunto, a fim de que as crianças desenvolvam e aprimorem esta habilidade. É surpreendente a capacidade que elas têm de elaborar soluções para os problemas, é importante darmos espaço para isso, perguntando com frequência quais as sugestões que elas têm para determinada resolução.

Como as habilidades socioemocionais contribuem para felicidade

Considerando que as habilidades socioemocionais nos auxiliam a reconhecer sentimentos, regular intensidade das emoções, resolver problemas e nos relacionar positivamente, é justamente o encadeamento das ações que acabamos de descrever: espaçar os pensamentos para possibilitar a auto-observação, identificação e descrição de emoções para então realizar a tomada de decisão mais benéfica para si e para o outro.

Ao treinarmos estas habilidades em nós, desenvolvemos não somente a aptidão de nos compreendermos, como também a capacidade de compreensão do outro, o que é fundamental para a tomada de decisão visando um bom relacionamento social, um olhar respeitoso consigo próprio e com o outro.

Quando ensinamos as crianças a se observarem, estamos ensinando que ela, melhor do que ninguém, é capaz de saber o que lhe faz bem, o que lhe é importante, o que a agrada e o que a incomoda. Ensinamos que o autoconhecimento vem de dentro e não de fora, que somos seres únicos e especiais. E, genuinamente, compreendemos que não podemos julgar os outros, nem mesmo uma criança, a partir de nós. Não devemos ensinar às crianças o que é importante para nós, devemos ensiná-las a descobrir o que é importante para elas.

A forma com que lidamos com os outros é um reflexo de como lidamos com nós mesmos. Portanto, se formos capazes de nos tratar com tamanho respeito e importância, é dessa forma que trataremos os outros. Respeitando e compreendendo que cada ser é único, não olharemos com julgamento ou superioridade para o que é diferente de nós, para o que difere das nossas prioridades e de nossos valores. Olharemos com respeito.

Quando entendemos que ninguém é capaz de nos conhecer melhor do que nós mesmos, praticamos com mais frequência à autoescuta, ficamos mais habilidosos em identificar o que sentimos e, compreendendo o que as emoções querem dizer, vamos tendo mais clareza do que queremos, tomamos decisões coerentes com quem somos utilizando as emoções como bússola para nossas escolhas. Dessa forma, experienciamos mais emoções agradáveis, nos engajamos, pois estamos envolvidos em atividades significativas para nós, vemos sentido no que fazemos, nos sentimos realizados e estabelecemos relações positivas, pois respeitamos a nós e aos outros. E estes são os pilares comprovados cientificamente pela Psicologia Positiva, para uma vida de bem-estar.

Referências

DAVIDSON, R. J.; BEGLEY, S. *O Estilo Emocional do cérebro*. Ed. Sextante; 1. ed. 2013.

FABER, A.; MAZLISH, E. *Como falar para o seu filho ouvir e como ouvir para o seu filho falar*. Ed. Summus Editorial. São Paulo, 2003.

FREDRICKSON, B. *Positividade: descubra a força das emoções positivas, supere a negatividade e viva plenamente*. Rio de Janeiro: Ed. Rocco. Rio de Janeiro, 2009.

NELSEN, J. *Disciplina positiva*. Barueri: Ed. Manole, 2015.

PRETTE, Z.; PRETTE, A. *Psicologia das habilidades sociais na infância*. Petrópoles: Ed. Vozes, 2005.

RODRIGUES, M. *Educação emocional positiva: saber lidar com as emoções é uma importante lição*. Ed. Sinopsys, 2015.

SELIGMAN, M. E. P. *Aprenda a ser otimista*. Ed. Nova Era. Rio de Janeiro, 2005.

SELIGMAN, M. E. P. *Felicidade autentica: use a psicologia positiva para alcançar todo seu potencial*. Ed. Objetiva. Rio de Janeiro, 2019.

SIEGEL, D.; BRYSON, T. *O cérebro da criança*. Ed. nVersos, 2015.

TOLLE, E. *O poder do agora: um guia para a iluminação espiritual*. Ed. Sextante. Rio de Janeiro, 2010.

29

NEUROCIÊNCIA DAS EMOÇÕES E SUA CONEXÃO COM A APRENDIZAGEM

Aprender é uma capacidade inerente do cérebro. Algumas dessas funções cognitivas surgem por meio de reflexos e instintos que se aprimoram diante da necessidade de sobrevivência. Já outras dessas funções carecem de estímulos e intervenções ancoradas no conhecimento de alguém, seja ele um familiar ou educador. Embora aprender seja um regente cognitivo, a ação só se torna efetiva sob a ótica de uma emoção e a intensidade deste caminho neural singular e abstrato é quem determinará a relevância do aprendizado. Este capítulo tem a modesta tentativa de oferecer aos leitores uma reflexão sobre a seriedade do desenvolvimento das habilidades socioemocionais vinculadas ao processo de aprendizagem durante a formação de nossos filhos e alunos.

SUELEN BRAGA

Suelen Braga

Mãe da Ana Lívia, graduada em Pedagogia e Psicologia pela Universidade Paulista (UNIP), especialista em Neurociência aplicada à aprendizagem pela Universidade Federal do Rio de Janeiro (UFRJ) e especialista em Tecnologias, Formação de Professores e Sociedade pela Universidade Federal de Itajubá (UNIFEI). Educadora Parental certificada pela Positive Discipline Association (PDA) – California (USA). *Apple Teacher* e *Apple Professional Learning*, idealizadora de treinamentos, oficinas e *workshop* sobre tecnologia, educação socioemocional, resolução de conflitos embasada nos pilares da comunicação não violenta e disciplina positiva. Professora apaixonada pelo desenvolvimento infantil e processo de aprendizagem. Atualmente coordenadora de um programa de essência única e transformadora cujo objetivo é fomentar a integração entre família e escola por meio de visitas pedagógicas a casas dos estudantes. Vice-presidente do CACS-FUNDEB de São José dos Campos. Entre todas as suas certificações e especializações, considera como mais especial o título de mãe, que acredita que amar e mudar as coisas interessa mais!

Contatos
suelen_braga@ufrj.br
LinkedIn: suelen-braga
Lattes: 2375251231046410

Um pássaro quando aprende a voar
sabe mais de coragem que de voo.
Autor Desconhecido

Metáforas e histórias referente a pássaros sempre me despertaram curiosidade e encantamento, acho intrigante uma ave tão pequenina, sensível, frágil ter tamanha coragem de alçar voos destemidos. Mas qual a relação dos pássaros com habilidades socioemocionais?

Acredito que, na sociedade contemporânea, essa relação é maior que se pode imaginar. Enquanto pais e educadores, regularmente nos deparamos com a necessidade de ter coragem de nos lançarmos nos desafios de ensinar e aprender. Mas como ressignificar o que aprendemos ao longo de nossa formação profissional e experiência parental o que não experimentamos em nossa formação cognitiva?

O desafio de ressignificar a forma que ensinamos é complexo, isso porque a maior parte da nossa formação foi absorvida fragmentadamente, ou seja, a grande maioria de nós aprendeu os conteúdos curriculares quase sem nenhuma associação com empatia, criatividade, autoconfiança, sociabilidade, resiliência e inteligência emocional. O método de aprendizagem ao qual fomos formados sempre esteve pautado em treinos cognitivos de realizar exercícios de cálculo em nossos cadernos, cópias de textos extensos e a treinos repetitivos para decorar as tabuadas, estados e capitais e assim por diante.

Nosso processo de aprendizagem poucas vezes teve como pauta a reflexão sobre os conceitos matemáticos aplicados em experiências do cotidiano e inteligência emocional para a resolução de conflitos. Geralmente, foram poucas as vezes em que fomos desafiados a refletir e associar matemática com questões habituais do cotidiano, como, por exemplo, observar a essência da disciplina em medidas de uma receita, nas estratégias de uma brincadeira ou jogo e até mesmo na contagem do tempo ou de uma batida musical. Seguramente se nosso processo de aprendizagem tivesse ancorado em nossas emoções e nos efeitos causados em nossos comportamentos, possivelmente aprender matemática teria sido mais prazeroso e significativo, isso porque a emoção de ganhar um jogo de dominó sempre será mais motivadora que ver uma página cheia de cálculos a ser resolvida.

Mesmo compreendendo os impactos de aprender fragmentadamente e ter significativas dificuldades de reconhecer o impacto das nossas emoções para a resolução de situações adversas do cotidiano, muitos de nós, pais e educadores, ainda preferimos optar pelos métodos pedagógicos tradicionais ao invés de optar pela ação corajosa de desbravar as infinitas possibilidades oferecidas pela tecnologia e metodologias ativas disponíveis no cenário educacional. Novamente relembro a metáfora sobre pássaros que, ao identificar a necessidade de seu primeiro voo, fazem a opção pela coragem de voar e só depois ao longo de suas experiências se aprimoram em técnicas especializadas. Este mesmo conceito precisa ser aplicado a nós. No início, será necessária uma boa dose de coragem para desenvolver em nossos filhos e alunos as habilidades socioemocionais tão indispensáveis para este século e que foram potencializadas devido aos desdobramentos da pandemia mundial.

Ao dar início a aplicabilidade de uma nova didática, seremos surpreendidos por situações inesperadas e desafiadoras, ocasionando ansiedade e oportunizando o sentimento de impotência e vontade de desistir. Quando isso acontecer, será necessária coragem de optar pelo desejo de seguir quebrando paradigmas cristalizados para que nossos filhos e alunos nem mesmo por uma fração de segundos pensem em desistir assim como cogitamos nas incertezas da experiência do novo.

E se, ainda assim, você chegou até aqui descrente da ineficiência de alguns métodos pelo qual nossa aprendizagem foi conduzida, lhe desafio a refletir sobre o impacto das suas emoções em situações desafiadoras, como, por exemplo, controlar sua impulsividade diante de uma situação de ansiedade ou ter resiliência no ato de aprender com seus erros, planejar ações a curto, médio e longo prazo ou ainda superar limites, desenvolver autoconfiança e autoestima, tomar decisões e se autoavaliar. Habitualmente você já se deparou com algum desses desafios e se ancorou em inteligencia emocional para solucioná-nos? Talvez a resposta não seja positiva para boa parte das situações. É muito possível que você já tenha mudado de opinião e se sentido mais criativo e encorajado após alguns minutos de reflexão embaixo do chuveiro.

Pode-se nomear esse momento como "restrição sensorial". Em geral, quando estamos sob o chuveiro, a sensação de prazer e relaxamento possibilita ao córtex visual (área na parte posterior do cérebro, responsável por processar os estímulos que entram pelos olhos) desligar-se ligeiramente, possibilitando que antes de uma epifania a conexão com nosso entorno esteja menor, ampliando nossa atenção com nosso interior.

Muitos dos pais e educadores que tive a oportunidade de trocar experiências ao longo dos últimos anos no país relatam grandes dificuldades de reconhecer suas emoções, bem como evidenciam que a autorregulação para gerir uma ou mais das situações pontuadas acima é um grande desafio. Boa parte ainda relata que sua autoestima é tão baixa que se sentem incapaz de grandes feitos e realizações, tanto na vida pessoal quanto na vida profissional.

Neste sentido, a Neurociência nos proporciona uma grande variedade de estudos que afirmam que o cérebro, em situações de estresse, reprojeta um comportamento já obtido. Curioso como aquele trecho da canção que diz *Você culpa seus pais por tudo, e isso é absurdo* (Legião Urbana) faz total sentido! Isso porque a experiência "o caminho neural de uma sinapse" em determinada situação será alicerçado na "cópia" de uma referência. Para modificá-lo, será necessária uma neuroplasticidade em nosso cérebro, ou seja, precisamos compreender nossas emoções e o impacto delas no ato de optar por um novo comportamento, para que novas sinapses realizem percursos e assim desenvolvam novos caminhos para consolidar memórias e consequentemente novos aprendizados. Neuroplasticidade é o nome dado à capacidade do cérebro de aprender e reprogramar. Enquanto essa ação neural não é concretizada, o processo de repetição

228 | Habilidades socioemocionais

de comportamentos será comum, afinal é mais fácil percorrer um caminho que conhecemos do que projetar novos percursos. Isso também ocorre com nossas sinapses.

Durante o processo de aprendizagem, à medida com que recebemos estímulos, o cérebro passa a reconhecer as conexões neurais utilizadas com maior frequência, reforçando esses circuitos com o objetivo de formar a memória. Tais circuitos ou "caminhos neurais" pouco ou não utilizados vão sendo desativado. Esse processo denomina-se "poda neural", tendo como finalidade a redução do número de neurônios e sinapse muito comum ao longo da vida, sendo mais intenso nos primeiros anos. A ação é benéfica para o bom funcionamento do cérebro, e ao passo que algumas das conexões neurais se desativam, outras são concretizadas.

Ainda sobre o processo de aprendizagem, é importante diferenciar inteligência cognitiva e inteligência socioemocional, embora ambas sejam relevantes e indispensáveis para o desenvolvimento e aprendizagem. Cada uma delas apresenta uma função essencial, sendo a Inteligência cognitiva responsável por avaliar o quoeficiente de inteligência (Q.I.), que representa a intelectualidade e a capacidade de raciocínio lógico. Já no que tange à Inteligência emocional, sua responsabilidade é a avaliação do quoeficiente emocional (Q.E), que idealiza o controle de suas emoções para a automotivação e demais habilidades socioemocionais.

Todos os pressupostos teóricos defendidos neste capítulo encontram sustentação em pensadores renomados da psicologia e educação, como Jean Piaget, Lev Vygotsky, Henri Wallon, Maria Montessori, entre outros que, mesmo com concepções distintas, reforçam de maneira intrínseca a importância referente à abrangência de reflexões sobre aspectos cognitivos, afetivos e sociais, para que a aprendizagem seja efetiva. Além disso, nosso desafio de estruturar o manejo de uma didática que considera relevante as habilidades socioemocionais será ainda mais essencial se considerarmos os impactos do processo de aprendizagem ocasionados pelo covid-19. Na tabela a seguir será possível refletir sobre novas propostas para o desenvolvimento de uma didática sobre os conceitos.

Tabela 1. Princípios da neurociência como estratégia de manejo para o desenvolvimento das habilidades socioemocionais.

Princípios da Neurociência	Habilidades Socioemocionais
O cérebro tem a incrível capacidade de memória e emoções interligadas que corroboram para o processo de aprendizagem.	Promova situações que estimulem afetividade e diálogos que possibilitem **empatia e felicidade.** Encoraje as crianças a expor seus sentimentos e ideias, bem como a se colocar no lugar do outro sem julgamentos morais.
O cérebro se modifica aos poucos fisiológica e estruturalmente, como resultado da experiência.	Impulsione situações que possibilitem experimentar práticas de exercícios físicos para promover a saúde, **paciência, autoestima** e bem-estar.

O cérebro contextualiza períodos mais sensíveis para certos tipos de aprendizagem, as quais não se esgotam mesmo em idade avançada.	Desafie reflexões intrigantes que envolva **sociabilidade,** possibilitando ajustar expectativas e a resolução de conflitos.
O cérebro possui plasticidade neuronal (sinaptogênese), com forte densidade sináptica,o que possibilita maior capacidade generalizada de aprender.	Incentive situações que desenvolva a **responsabilidade e ética,** encoraje a reflexão de temas proeminentes de engajamento, respeito mútuo e pensamento crítico.
O cérebro possui inúmeras áreas no córtex cerebral que são simultaneamente ativadas no transcurso de novas experiências de aprendizagem.	Invista em situações que possam explorar o **autocontrole emocional** e com isso desenvolver a **confiança e resiliência**. Proponha reflexões reais, de modo que situações novas se ancorem na compreensão e consciência de novos comportamentos.
O cérebro foi evolutivamente concebido para perceber e gerar padrões quando testa hipóteses.	Provoque situações que contenham ricas reflexões sobre **autonomia e inteligência emocional**; incentive a elaboração de diferentes hipóteses por meio de pesquisas e evidências; aproprie-se do lúdico para criar situações desafiadoras.
O cérebro se contrapõe devido à herança primitiva, gravuras, imagens e símbolos que são essenciais para a memorização.	Proporcione situações interativas para ampliar a **criatividade** por meio de atividades artísticas, música e dramatizações para o desenvolvimento de memórias.

Agora que ampliamos nossa reflexão referente à importância do desenvolvimento das habilidades socioemocionais e sabemos sobre sua relevância no processo de aprendizagem dos nossos filhos e alunos, o que acha de se desafiar a uma mudança em seu método de ensino? Juntos podemos transformar a educação e mudar a forma de se aprender e ensinar para transformar o mundo em um lugar mais saudável e afetivo para todos. Pássaros podem voar, nós podemos sonhar e também alçar voos destemidos amando e mudando as coisas, a começar por nós.

Referências

BRANDÃO, M. L. *As bases biológicas do comportamento: introdução à neurociência.* São Paulo: EPU, 2004.

GOLEMAN, D. *O cérebro e a inteligência emocional: novas perspectivas.* Rio de Janeiro: Objetiva, 2012.

LENT, R. *Cem bilhões de neurônios: conceitos fundamentais de neurociência.* São Paulo: Atheneu, 2001.

30

TRANSTORNO DO DÉFICIT DE ATENÇÃO E HIPERATIVIDADE (TDAH) E A SUA RELAÇÃO COM AS HABILIDADES SOCIOEMOCIONAIS

Na prática clínica do dia a dia, percebe-se que, em crianças que apresentam algum transtorno do neurodesenvolvimento, há uma dificuldade significativa em lidar com suas emoções e com suas relações sociais. Neste capítulo, discutiremos as influências das habilidades socioemocionais em crianças com Transtorno de Hiperatividade e Atenção e apresentaremos uma estratégia visando trazer qualidade de vida ao paciente e auxiliá-lo a lidar com seus desafios.

VIVIANE VIEIRA KREUSCH

Viviane Vieira Kreusch

Psicóloga e Neuropsicóloga. Graduada pela UNIDAVI - Centro Universitário para o Desenvolvimento do Alto Vale do Itajaí, com pós-graduação em Avaliação Psicológica pela Faculdade Celer e em Neuropsicologia pela Faculdade Unyleya. Terapeuta Cognitivo Comportamental com Foco na Infância e na Adolescência pelo CETCC - Centro de Estudos em Terapia Cognitivo Comportamental. Terapeuta ABA pela Academia do Autismo. Idealizadora da NEUROPRO Clínica de Psicologia e Neuropsicologia.

Contatos
psicovivianevieira@gmail.com
Instagram: @neurosicologavivianevieira
Facebook: neuropsicologavivianevieira
47 99693 1249

Transtorno do déficit de atenção e hiperatividade (TDAH) e a sua relação com as habilidades socioemocionais

Habilidades Socioemocionais é uma área incipiente. A cada dia que passa, estudos mostram o quanto as habilidades sociais e emocionais são importantes para o convívio social do sujeito, assim como o seu próprio desenvolvimento enquanto ser humano.

Segundo Del Prette e Del Pettre (2005), o termo habilidades sociais, geralmente utilizados no plural, aplica-se a diferentes classes de comportamentos sociais do repertório de um indivíduo, que contribuem para a competência social, favorecendo um relacionamento saudável e produtivo com os demais". Logo, entende-se que a falta de habilidades sociais traz prejuízos ao sujeito. E, consequentemente, a dificuldade de gerenciar emoções, impulsos, demonstrar empatia, ter responsabilidade com o sentimento do outro que impacta na relação com as pessoas que convivem com o sujeito.

Já a Terapia Cognitiva Comportamental (TCC) desenvolvida pelo grandioso Aron Beck entende que as emoções e os comportamentos das pessoas são influenciados pela percepção que o sujeito tem dos eventos. Mais especificamente, é a forma que pensamos sobre o evento que determina a maneira como nos sentimos e nos comportamos (Beck 1964 apud Caminha Caminha e Dutra 2017). Esse fator levanta a hipótese de que se o sujeito tiver algo que implique na sua percepção emocional, ele vai consequentemente ter falhas no desenvolvimento de suas habilidades socioemocionais.

Na prática clínica encontramos um nicho de pacientes, mais específico crianças que, por apresentarem um transtorno do desenvolvimento, têm um agravante na compreensão do que se espera dela enquanto convívio social e emocional.

Transtornos do Desenvolvimento "são um grupo de condições com início no período do desenvolvimento. Os transtornos tipicamente se manifestam cedo no desenvolvimento, em geral, antes de a criança ingressar na escola, sendo caracterizados por déficits no desenvolvimento que acarretam prejuízos no funcionamento pessoal, social, acadêmico ou profissional" (DSM V, 2014). Nos transtornos do desenvolvimento, temos: Deficiências Intelectuais, Transtornos de Comunicação, Transtorno do Espectro Autista, Transtorno de Hiperatividade e Atenção e Transtornos Específicos de Aprendizagem, Transtornos Motores. Aqui vamos aprofundar e discutir sobre o TDAH - Transtorno de Hiperatividade e Atenção.

Conhecendo o transtorno de hiperatividade e atenção

Até pouco tempo atrás, acreditava-se que o Transtorno de Hiperatividade e Atenção (TDAH) era um transtorno apenas da infância, pois se notava que, com o passar dos anos, os sintomas que inicialmente eram evidentes quase desapareciam.

Estudos indicam que pacientes com TDAH têm um desenvolvimento tardio em algumas partes do cérebro e apresentam precocemente sintomas como desatenção, impulsividade e/ou hiperatividade que, atualmente, sabe-se que, apesar de iniciarem na infância, permanecem na vida adulta. O que difere é que, em cada etapa da vida, os sintomas mudam a sua forma de apresentação.

O norteador quanto aos sintomas utilizados atualmente é o DSM V (2014), que traz que os sintomas devem estar presentes na vida do indivíduo antes dos 12 anos, devem trazer prejuízos em dois ou mais contextos como, por exemplo, escola, casa e/ou atividades extras.

O TDAH pode ainda ser dividido em três subtipos: tipo desatento, onde os fatores tencionais são prejudicados; tipo hiperativo, onde a agitação psicomotora prevalece; e ainda o tipo combinado, onde tanto a hiperatividade quanto a desatenção estão presentes.

Para a realização do diagnóstico, é necessário consulta com um especialista, onde é realizada a entrevista com os pais e com a escola. Investigação do funcionamento cognitivo, em especial das funções executivas. Também é necessário o levantamento do histórico médico, familiar e desenvolvimental do paciente. O diagnóstico ainda é prioritariamente clínico. A utilização de testes neuropsicológicos não é obrigatória, mas sem dúvida traz um parâmetro mais apurado no planejamento da intervenção.

Alguns estudos mostram que a origem do Transtorno do déficit de atenção e hiperatividade (TDAH) pode ser genética, ambiental e biológica.

Sintomas de Desatenção	Sintomas de Hiperatividade	Sintomas de Impulsividade
Não presta atenção em detalhes ou comete erros por descuido em tarefas escolares, no trabalho ou durante outras atividades.	Remexe ou batuca as mãos ou os pés ou se contorce na cadeira.	Interrompe ou se intromete – mete-se nas conversas, jogos ou atividades.
Tem dificuldade de manter a atenção em tarefas ou atividades lúdicas.	Levanta da cadeira em situações em que se espera que permaneça sentado.	Tem dificuldade para esperar a sua vez.

Parece não escutar quando alguém lhe dirige a palavra diretamente.	Corre ou sobe nas coisas em situações em que isso é inapropriado.	Dá a resposta antes de a pergunta ter sido finalizada.
Não segue instruções até o fim e não consegue terminar trabalhos escolares, tarefas ou deveres no local de trabalho.	Com frequência é incapaz de brincar ou se envolver em atividades de lazer calmamente.	
Tem dificuldade para organizar tarefas e atividades.	Com frequência "não para", agindo como se estivesse "com o motor ligado".	
Dificuldade em manter materiais e objetos pessoais em ordem.	Frequentemente fala demais.	
Evita, não gosta ou reluta em se envolver em tarefas que exijam esforço mental prolongado.		
Perde coisas necessárias para tarefas ou atividades.		
Com frequência é facilmente distraído por estímulos externos.		
Com frequência é esquecido em relação a atividades cotidianas.		

Fonte: DSM V

O desafio das habilidades socioemocionais no TDAH

Para você que não tem um Transtorno do déficit de atenção e hiperatividade (TDAH), talvez seja até difícil de imaginar o que é conviver com dificuldades de atenção, comportamentos hiperativos e impulsivos. Mas parem para pensar, quais são os reais prejuízos que uma criança com TDAH enfrenta:

- Dificuldades escolares
- Constantemente ser chamada a atenção por estar dispersa
- Dificuldade de organizar seus objetos pessoais
- Perder objetos que são importantes para si
- Esquecer compromissos
- Esquecer o que iria dizer
- Não conseguir se controlar quando quer contar algo e com isso interromper uma conversa
- Fadiga mental
- Dificuldade em prever o perigo e com isso se colocar em risco
- Dificuldade de lidar com as próprias emoções devido à imaturidade
- Frustração quanto a sua capacidade cognitiva

Todos esses fatores são percebidos diariamente por quem convive com pacientes com TDAH. E o reflexo dos comportamentos mencionados acaba por causar consequência à criança e a quem convive com ela. Com isso, as relações sociais podem ficar fragilizadas, já que habilidades socioemocionais como responsabilidade, foco, persistência e empatia, controle de impulsos e disciplina ficam prejudicadas.

Crianças com TDAH podem ser em muitos momentos incompreendidas. Consideradas inclusive estafantes, mas há questões neurológicas por trás da dificuldade em desenvolver e manter habilidade socioemocionais,

Intervenção para o desenvolvimento de habilidade socioemocionais no TDAH

Atualmente estudos mostram que a Terapia Cognitiva Comportamental (TCC) é a abordagem que melhor tem conseguido resultados eficazes na intervenção clínica. Mas se o TDAH é condição neurobiológica, como uma terapia pode ajudar?

Todos os seres humanos já nascem sentindo algumas emoções tais como: raiva, medo, alegria, nojo, tristeza. Tais emoções são inatas, mas isso não quer dizer que sejam facilmente identificadas por quem as sente.

Com o passar dos anos, o convívio com família, escola, amigos e a vivência de situações ao longo da vida, desenvolvemos outras emoções como saudade, preocupação, empatia, senso de responsabilidade, foco, tolerância, criatividade, amabilidade, resiliência emocional, entre outros.

Segundo a Terapia Cognitiva Comportamental, as emoções ajudam-nos a avaliar as alternativas, oferecendo motivação para mudar ou fazer algo, e revelam nossas necessidades. No entanto, "os indivíduos com danos nas áreas cerebrais que conectam

236 | Habilidades socioemocionais

emoção e razão podem conseguir avaliar racionalmente prós e contras, mas não ser capazes de tomar decisões" (Leahy e Napolitano, 2013).

"Acontece que a criança acometida com TDAH pode, ao longo do seu desenvolvimento, através de experiências negativas, desenvolver pensamentos automáticos disfuncionais como por exemplo estes a seguir:" Para mim é difícil estudar então não adianta ir fazer a lição", ou ainda "não quero decepcionar meus professores, então eu nem tento fazer a lição". "A TCC fornece uma abordagem prática, baseada nas habilidades, para aprender padrões alternativos de pensamento e comportamento." (Stallard,2009)

Pensamentos automáticos são uma série de ideias que surgem na mente e alimentam os sentimentos de desvalia, raiva, medo, insegurança, assim como comportamentos de esquiva, dificuldades de organizar as tarefas e resolver problemas.

A Terapia Cognitiva Comportamental tem por objetivo auxiliar o indivíduo a desenvolver o seu autoconhecimento e reestruturar as crenças negativas e desadaptativas ao seu respeito. A medicação alivia os sintomas primários do TDAH, a TCC trata dos secundários.

Diante desses pensamentos e sentimentos, a criança começa a apresentar comportamentos disfuncionais, que por ter TDAH acabem sendo potencializados. O conjunto de tudo isso resulta no desenvolvimento de crenças limitantes na vida adulta. A TCC é uma estratégia que visa diminuir os prejuízos atuais, desenvolver uns comportamentos mais adaptativos.

A TCC tem como um dos seus princípios ser colaborativa. Terapeuta e paciente trabalham ativamente na resolução de problemas. E para isso, algumas técnicas podem ser aplicadas:

- **Psicoeducação sobre a TCC:** é um conjunto de técnicas e estratégias cujo objetivo ensinar ao paciente os preceitos da Terapia Cognitiva Comportamental.
- **Psicoeducação sobre o TDAH**: Auxiliar o paciente na busca de informações sobre o curto do TDAH e a forma que o mesmo se apresenta em sua vida.
- **Orientação de Pais e demais familiares:** São realizadas sessões individuais com os pais tanto para explicação do TDAH, da TCC e alinhar a idade do paciente com as expectativas dos pais em relação ao seu desenvolvimento.
- **Registro de Pensamento Disfuncional:** É uma técnica que visa elucidar ao paciente a identificação do seu funcionamento cognitivo.
- **Quadro de Rotinas:** Para pacientes com TDAH, a organização pessoal é um desafio. A construção de um quadro de rotinas tem por objetivo ser um suporte visual para facilitar o dia a dia do paciente.
- **Quadro de Incentivos:** Conquistas devem ser comemoradas e incentivadas. Crianças com TDAH têm dificuldades de acreditar em si mesmas e perceber seus avanços é uma estratégia que na prática clínica mostra-se bastante eficaz.
- **Debate Socrático:** Essa é uma técnica onde o paciente aprende a questionar os pensamentos e verificar a sua validade. O objetivo principal da TCC é ensinar o paciente a ser seu próprio terapeuta.

Cada uma destas propostas deve ser desenvolvida com a criança. E obviamente deve ser adaptada a necessidade da criança. A melhor intervenção é aquela que vê o ser humano além do seu diagnóstico.

Conclusão

Em síntese, a intervenção do TDAH tem sua base no uso de medicação, mas a experiência clínica evidencia que uma criança medicada está apenas por algumas horas sob efeito medicamentoso e, portanto, precisa de estratégia para lidar com suas dificuldades no restante do tempo.

A intervenção precoce, seguida da estimulação e do desenvolvimento de habilidades socioemocionais, é uma proposta que busca trazer autoconhecimento ao indivíduo. O autoconhecimento é chave para a autopercepção. É ensinar a criança a ter estratégias para lidar com suas limitações cognitivas. É fornecer à criança a possibilidade de tornar-se um indivíduo que consiga fazer e manter contatos sociais. É ofertar à criança a possibilidade de se tornar um adulto mentalmente saudável, socialmente habilidoso e emocionalmente equilibrado.

Apesar de o TDAH ser um transtorno estudado há várias décadas, nota-se que ainda existem diversas lacunas a respeito do curso da sua apresentação ao longo da vida do sujeito. O que todos os pesquisadores concordam é que quanto mais precoce a intervenção, maiores as possibilidades de o sujeito ter qualidade de vida.

Referências

AMERICAN PSYCHIATRIC ASSOCIATION. *Manual diagnóstico e estatístico de transtornos mentais: DSM-5*. 5. ed. Porto Alegre : Artmed, 2014.

BALESTRA, A. *Terapia cognitiva e Transtorno do Déficit de Atenção e Hiperatividade: um diálogo com o educador*. Disponível em: <https: //www .ctcveda.com.br/ vw/ 1DaMwMg_M DA_5f92b_/2009 _11_06_19_14.pdf>. Acesso em: 21 mar. de 2021.

BARKLEY, R. A. *Transtorno de déficit de atenção/hiperatividade: manual para diagnóstico e tratamento*. 3. ed. Porto Alegre: Artmed, 2008.

BECK, J. S. et al. *Terapia cognitivo-comportamental: teoria e prática*. 2. ed. Porto Alegre: Artes Medicas, 2013. xiv, 413p

DEL PRETTE Z. A. P. & DEL PRETTE, A. *Psicologia das habilidades sociais na infância: Teoria e prática*. Petrópolis: Vozes, 2005.

GONCALVES, H. A.; PUREZA, J. R.; PRANDO, M. L. Transtorno de déficit de atenção e hiperatividade: breve revisão teórica no contexto da neuropsicologia infantil. *Neuropsicologia Latinoamericana*, Calle, v. 3, n. 3, p. 20-24, 2011 . Disponível em: <http://pepsic.bvsalud.org/scielo.php?script=sci_arttext&pid=S2075-94792011000300003&lng=pt&nrm=iso>. Acesso em 21 mar. de 2021.

LEAHY, R. L.; TIRCH, D.; NAPOLITANO, L. A. *Regulação emocional em psicoterapia: um guia para o terapeuta cognitivo-comportamental*. Porto Alegre: Artmed, 2013.

STALLARD, P. *Bons pensamentos: bons sentimentos: guia de terapia cognitivo-comportamental para crianças e adolescentes*. Porto Alegre: Artmed, 2009.

WAGNER, F.; ROHDE, L. A. de.; TRENTINI, C. M. Neuropsicologia do Transtorno de Déficit de Atenção/Hiperatividade: Modelos Neuropsicológicos e Resultados de Estudos Empíricos. *Psico-USF*, Itatiba, v. 21, n. 3, p. 573-582, Dec. 2016. Disponível em: <http://www.scielo.br/scielo.php?script=sci_arttext&pid=S1413-82712016000300573&lng=en&nrm=iso>. Acesso em: 23 mar. de 2021.

31

A BNCC E AS EMOÇÕES NA PRIMEIRA INFÂNCIA

Este capítulo aborda o desenvolvimento de habilidades socioemocionais na primeira infância, no âmbito da família e da escola, à luz do novo paradigma de mundo digital e dos objetivos de aprendizagem previstos na Base Nacional Comum Curricular (BNCC).

VIVIANI AMANAJAS

Psicopedagoga, especialista em Avaliação, neurocientista e mestranda em Educação Profissional pelo IFB. Multiplicadora do Método das Boquinhas, escritora, voluntária do Movimento Orgulho Autista Brasil e ativista pela inclusão das pessoas com deficiência.

Viviani Amanajas

Contatos
maisinclusaonomundo.com.br
vivianiguimaraes@maisinclusaonomundo.com.br
Instagram: @maisinclusaonomundo
Facebook: maisinclusaonomundo

Introdução

O conhecimento sobre o nosso cérebro e como se desenvolve aumentou muito nos últimos anos. A fusão da neurociência com o estudo do desenvolvimento biológico mostrou o quanto são fundamentais os seis primeiros anos de vida e em que proporção esse período "afeta a aprendizagem, a linguagem, o comportamento e a saúde do indivíduo ao longo de sua existência" (Bartoszeck & Bartoszeck, 2004). Portanto, urge repensar os paradigmas tanto da prática pedagógica quanto da educação parental das nossas crianças.

Conforme o Censo de 2010 (IBGE, 2010), nossa população de 0 a 4 anos é de 13.796.159 indivíduos cujo "sistema nervoso central pode modificar algumas das suas propriedades morfológicas e funcionais em resposta às alterações do ambiente" (Masera, 2017). Por isso, toda estimulação recebida nas áreas motora, cognitiva, social, de linguagem e emocional traçarão o caminho que a aprendizagem e o desenvolvimento percorrerão.

Se a estimulação precoce tem um efeito marcante no desenvolvimento cerebral de uma criança, então quanto mais os órgãos sensoriais forem estimulados, maior será a sua possibilidade de crescimento. Os órgãos dos sentidos precisam perceber, organizar e interpretar todas as sensações.

É possível dizer que, assim como o que é estimulado se desenvolve, o que não é estimulado sofre uma poda cerebral, em que as estruturas neurais pouco eficientes ou não são usadas perdem a força e podem vir a ser eliminadas. Reconhecer o próprio corpo, perceber as sensações e ter uma base familiar fortalecida influenciarão a construção da criança como ser social e emocional. Colagrossi e Vassimon (2017) dizem que "nos primeiros anos de vida, o cérebro se desenvolve em uma velocidade muito rápida e as primeiras experiências vividas serão a base para a construção do conhecimento e da emoção".

A partir da segunda metade do Século XIX e do início do Século XX, a ligação entre emoção e razão passou a ser investigada no âmbito teórico de outros saberes além da filosofia, de ciências que passaram a investigar as relações entre corpo e mente, entre razão e emoção e os processos cognitivos que se conectam ao raciocínio e à memória (Barreto & Silva, 2010).

Habilidades socioemocionais na família e na escola

O ambiente familiar ensina independência, autonomia e responsabilidade, assim como repassa informações de como cuidar de si e de outras crianças. O que é certo ou errado. Essa compreensão das emoções e de como o outro reage e compreende tem importante papel na interação social (Bartoszeck & Bartoszeck, 2004).

A proteção à família mostra-se necessária, pois é nela que a criança estabelece seu primeiro vínculo com o mundo, ou seja, o início da sua socialização. Mas as últimas décadas foram marcadas por uma mudança de estrutura familiar que influenciou diretamente o contexto escolar. Com o aumento da carga-horária de trabalho dos pais, muitas funções que eram da família passaram para a escola ou a creche, onde as crianças emitem, hoje em dia, seus primeiros sinais emocionais. A escola ou a creche é a primeira fonte de informações sociais, e é ela que regulará as reações das crianças frente aos diversos aspectos do convívio social.

Casel (*apud* Colagrossi & Vassimon, 2017) apresenta as principais habilidades socioemocionais que precisam ser aprendidas: autoconhecimento, autorregulação, relacionamento pessoal e habilidades de relacionamento, consciência social, e tomada de decisões responsáveis. A implantação de programas de aprendizagem socioemocional no ambiente escolar é, portanto, fundamental para o seu sucesso dentro e fora da escola (Colagrossi & Vassimon, 2017).

Para a Base Nacional Comum Curricular (BNCC, *online*), o ensino de competências socioemocionais está presente em todas as dez competências gerais e é um fator de proteção à saúde mental e ao *bullying*. Para isso, estudar as emoções é o primeiro passo. O ambiente escolar deve priorizar o apoio e a proteção às vítimas, a conscientização dos agressores sobre o quanto suas atitudes são prejudiciais, garantindo assim um ambiente escolar sadio e seguro (Lopes Neto, 2005).

No entanto, por maior que seja o cuidado da escola com a criança, ela está longe de alcançar o mesmo nível de importância e influência que tem a relação entre pais e filhos. Portanto, a família precisa estar atenta a sinais que podem ser observados em crianças que são alvos de *bullying*, bem assim alerta Lopes Neto (2005) ao mencionar alguns possíveis indícios:

> [...] enurese noturna, alterações do sono, cefaleia, dor epigástrica, desmaios, vômitos, dores em extremidades, paralisias, hiperventilação, queixas visuais, síndrome do intestino irritável, anorexia, bulimia, isolamento, tentativas de suicídio, irritabilidade, agressividade, ansiedade, perda de memória, histeria, depressão, pânico, relatos de medo, resistência em ir à escola, demonstrações de tristeza, insegurança por estar na escola, mau rendimento escolar, atos deliberados de autoagressão. (Lopes Neto, 2005)

A Organização Mundial da Saúde (OMS *apud* Lopes Neto, 2005) chama a atenção para a importância da implementação de programas socioemocionais, principalmente na educação infantil e no ensino fundamental, pois são muito mais eficazes para o desenvolvimento da empatia.

As emoções no mundo digital

O uso excessivo das tecnologias digitais vem modificando o relacionamento familiar. As inovações tecnológicas acarretaram o isolamento dos membros da família, que acabam conectados no mundo virtual e distantes no presencial. Nesse sentido, Silva e Silva (2017) alertam para este fato quando afirmam que "o mundo virtual vai progredindo e confundindo seus limites com o mundo real".

A BNCC (2018) elenca seis direitos de aprendizagem e desenvolvimento para a primeira etapa da educação básica: Conviver, Brincar, Participar, Explorar, Expressar e Conhecer-se. Em relação à exposição de crianças às mídias digitais, Fernandes *et. al.* realçam possíveis consequências para este fenômeno, efeitos que vão de encontro ao pretendido pela BNCC (2018).

O primeiro item é o alerta onde se movimentar, explorar e participar não são cobrados da criança. A inteligência sensório-motora, tão importante nos dois primeiros anos de vida, adormece-se com o excesso de exposição às telas. A BNCC (2018) prevê que objetivos de aprendizagem e de desenvolvimento são dificultados a partir do momento em que uma criança não explora o mundo onde vive, porque se prendeu a uma realidade virtual, entre eles: a) perceber que suas ações têm efeitos nas outras crianças e nos adultos (**EI01EO01**); e b) apropriar-se de gestos e movimentos de sua cultura no cuidado de si, e nos jogos e brincadeiras (**EI02CG01**).

Outro ponto é que, por meio da tela, a visão e a audição são superestimuladas, enquanto as outras sensações podem se subdesenvolver. Quando isso acontece, algumas das habilidades estipuladas pela BNCC (2018) são relegadas a segundo plano, como: a) deslocar seu corpo no espaço, orientando-se (...) ao se envolver em brincadeiras e atividades de diferentes naturezas (EI02CG02); b) manipular, experimentar, arrumar e explorar o espaço por meio de experiências (EI01ET04). Assim, com o tempo, a criança pode deixar de se expressar e de sentir prazer, passando a não conseguir desenvolver outros objetivos.

A terceira consequência é deixar de conviver em diferentes ambientes e com diversas pessoas. O reconhecimento e o respeito ao outro, à sua opinião (**EI02EO06**), bem como o respeito às regras básicas de convívio social nas interações e brincadeiras (**EI02EF01**), estão diretamente afetados pelo aumento da influência do mundo digital na primeira infância. Além disso, o excesso de tela ou superestímulo ainda prejudica a formação das "dimensões espaço-temporais" da criança que, por vezes, não consegue ter a tridimensionalidade das experiências, o que atrapalhará a percepção de seu próprio corpo. Outros prejuízos a habilidades mencionadas na BNCC (2018) são: a) reconhecer seu corpo e expressar suas sensações em momentos de alimentação, higiene, brincadeira e descanso (**EI01EO05**); e b) explorar formas de deslocamento no espaço (pular, saltar, dançar) (**EI02CG03**).

Em relação a este ponto, destaca-se a falta de limites e de educação aos filhos. Os efeitos dessa criação serão percebidos ao longo da trajetória de vida daquela pessoa, que crescerá cheia de vontades e com pouca empatia. Nesses casos, a tendência é que a criança não: a) respeite regras básicas de convívio social nas interações e brincadeiras (**EI02EO06**).

Conclusão

Apesar dos novos desafios impostos pelo panorama de mundo digital, que resulta em diversos problemas psíquicos e socioemocionais, é indispensável que as habilidades socioemocionais da criança sejam estimuladas de maneira adequada tanto no ambiente familiar quanto no educacional.

A família precisa compreender a importância do seu papel na formação da consciência socioemocional da criança, além da impossibilidade de repassar essa atribuição para a escola. A escola, por sua vez, precisa oferecer programas de aprendizagem socioemocional, inclusive para cumprir as exigências da Base Nacional Comum Curricular (BNCC).

Colagrossi e Vassimon (2017) ressaltam que o investimento em educação, especialmente na primeira infância, reflete diretamente no aumento da produtividade, enquanto reduz os índices de evasão escolar, gravidez na adolescência e criminalidade. Ao que tudo indica, a tendência para as próximas décadas é que a tecnologia avance ainda mais. Por isso, a pesquisa sobre o desenvolvimento de habilidades socioemocionais no campo da educação mostra-se indispensável, do ponto de vista individual de crescimento da criança e social de desenvolvimento humano.

Referências

BARRETO, J. E. F.; SILVA, L. P. Sistema límbico e as emoções: uma revisão anatômica. *Revista Neurociências*, v. 18, n. 3, p. 386-394. São Paulo, 30 set. 2010. Disponível em: <https://periodicos.unifesp.br/index.php/neurociencias/article/view/8466>. Acesso em: 20 mar. de 2021.

BARTOSZECK, A. B.; & BARTOSZECK, F. B. Neurociência dos seis primeiros anos: implicações educacionais. *Harpia*, v. 1, n. 2. Curitiba, 2004. Disponível em: <https://educacao.mppr.mp.br/arquivos/File/projeto_estrategico/argumentos_neurologicos_neurociencia_6_prim_anos_bartoszeck.pdf >. Acesso em: 20 mar. de 2021.

BRASIL. Ministério da Educação. BNCC – Base Nacional Comum Curricular. *Competências socioemocionais como fator de proteção à saúde mental e ao bullying*. On-line. Disponível em: <http://basenacionalcomum.mec.gov.br/implementacao/praticas/caderno-de-praticas/aprofundamentos/195-competencias-socioemocionais-como-fator-de-protecao-a-saude-mental-e-ao-bullying>. Acesso em: 20 mar. de 2021.

BRASIL. Ministério da Educação. BNCC – Base Nacional Comum Curricular. Brasília, 2018. Disponível em: <http://basenacionalcomum.mec.gov.br/images/BNCC_EI_EF_110518_versaofinal_site.pdf>. Acesso em: 21 mar. de 2021.

CARVALHO, R. S. de.; SILVA, R. R. D. da. Currículos socioemocionais, habilidades do século XXI e o investimento econômico na educação: as novas políticas curriculares em exame. *Educar em Revista*, n. 63, p. 173-190. Curitiba, jan./mar. 2017. Disponível em: <https://revistas.ufpr.br/educar/article/view/44451 >. Acesso em: 20 mar. 2021.

COLAGROSSI, A. L. R.; VASSIMON, G. A aprendizagem socioemocional pode transformar a educação infantil no Brasil. *Constr. Psicopedag*, vol. 25, n. 26, p. 17-23. *Online*, 2017. Disponível em: <http://pepsic.bvsalud.org/scielo.php?script=sci_abstract&pid=S1415-69542017000100003 >. Acesso em: 20 mar. de 2021.

FERNANDES, C. M. EISENSTEIN, E.; SILVA, E. J. C. da. *A criança de 0 a 3 anos e o mundo digital.* SBP – Sociedade Brasileira de Pediatria. *Online*, mar. 2018. Disponível em: <https://www.sbp.com.br/fileadmin/user_upload/A_CRIANCA_DE_0_A_3_ANOS_E_O_MUNDO_DIGITAL.pdf>. Acesso em: 20 mar. de 2021.

IBGE – Instituto Brasileiro de Geografia e Estatística. Distribuição da população por sexo, segundo os grupos de idade. *Censo Brasileiro de 2010.* Rio de Janeiro: IBGE, 2010. Disponível em: <https://censo2010.ibge.gov.br/sinopse/index.php?dados=12>. Acesso em: 20 mar. de 2021.

LOPES NETO, A. A. *Bullying*: comportamento agressivo entre estudantes. *J. Pediatr.* (Rio J.), v. 81, n. 5, p. 164-172. *Online*, nov. 2005. Disponível em: <http://www.scielo.br/scielo.php?script=sci_arttext&pid=S0021=75572005000700006-&lng=en&nrm-iso>. Acesso em: 20 mar. de 2021.

MASERA, T. C. *Desenvolvimento infantil de zero a três anos.* Brasil Escola, 2017. Disponível em: <https://meuartigo.brasilescola.uol.com.br/pedagogia/desenvolvimento-infantil-de-zero-tres-anos.htm>. Acesso em: 19 mar. de 2021.

SILVA, T. de. O.; SILVA, L. T. G. Os impactos sociais, cognitivos e afetivos sobre a geração de adolescentes conectados às tecnologias digitais. *Rev. psicopedag.*, v. 34, n. 103, p. 87-97. *Online,* 2017. Disponível em: <http://pepsic.bvsalud.org/scielo.php?script=sci_arttext&pid=S0103-84862017000100009&lng=pt&nrm=iso>. Acesso em: 20 mar. de 2021.